DESENVOLVIMENTO COGNITIVO E EDUCAÇÃO

D451	Desenvolvimento cognitivo e educação : os inícios do conhecimento / Organizadores, José A. Castorina, Mario Carretero ; tradução: Alexandre Salvaterra ; revisão técnica: Sandreilane Cano da Silva. – Porto Alegre : Penso, 2014. 294 p. : il. ; 23 cm. – (volume 1) ISBN 978-85-65848-66-4 1. Psicologia – Ciência cognitiva. 2. Educação. 3. Psicologia da educação. I. Castorina, José A. II. Carretero, Mario.

CDU 159.95:37.015.3

Catalogação na publicação: Ana Paula M. Magnus – CRB 10/2052

José A. Castorina
Mario Carretero
Organizadores

Com a colaboração de Alicia Barreiro

DESENVOLVIMENTO COGNITIVO E EDUCAÇÃO

OS INÍCIOS DO CONHECIMENTO

VOLUME 1

Tradução:
Alexandre Salvaterra

Revisão técnica:
Sandreilane Cano da Silva
Pedagoga pela Universidade Estadual de Campinas (Unicamp).
Mestre em Psicologia Escolar e do Desenvolvimento Humano
pela Universidade de São Paulo (USP).

Reimpressão 2018

2014

Obra originalmente publicada sob o título
Desarrollo cognitivo y educación [I]:
Los inicios del conocimiento
ISBN 9789501261622

© 2012, Editorial Paidós SAICF, Buenos Aires.
© 2012, José Antonio Castorina y Mario Carretero, y cada autor por su propio texto.
Reservados todos los derechos.

Gerente editorial: *Letícia Bispo de Lima*

Colaboraram nesta edição

Editora: *Lívia Allgayer Freitag*

Capa: *Márcio Monticelli*

Ilustração de capa: © *shutterstock.com/Andrea Crisante,*
  white letters isolated on white background

Leitura final: *Cristine Henderson Severo*

Editoração eletrônica: *Formato Artes Gráficas*

Reservados todos os direitos de publicação, em língua portuguesa, à
PENSO EDITORA LTDA., uma empresa do GRUPO A EDUCAÇÃO S.A.
Av. Jerônimo de Ornelas, 670 – Santana
90040-340 Porto Alegre RS
Fone (51) 3027-7000 Fax (51) 3027-7070

É proibida a duplicação ou reprodução deste volume, no todo ou em parte,
sob quaisquer formas ou por quaisquer meios (eletrônico, mecânico, gravação,
fotocópia, distribuição na Web e outros), sem permissão expressa da Editora.

SÃO PAULO
Av. Embaixador Macedo Soares, 10.735 – Pavilhão 5 – Cond. Espace Center
Vila Anastácio – 05095-035 – São Paulo SP
Fone (11) 3665-1100 Fax (11) 3667-1333

SAC 0800 703-3444 – www.grupoa.com.br
IMPRESSO NO BRASIL
PRINTED IN BRAZIL

Autores

José A. Castorina (Org.). Professor adjunto da Faculdade de Filosofia e Letras da Universidade de Buenos Aires. Pesquisador principal do Conselho Nacional de Pesquisas Científicas e Técnicas (CONICET – Argentina) e diretor do Instituto de Pesquisas em Ciências da Educação da Universidade de Buenos Aires. Dedica-se à pesquisa de problemas epistemológicos na psicologia do desenvolvimento, em particular no que concerne aos conhecimentos de domínio social e sua relação constitutiva com as representações sociais.

Mario Carretero (Org.). Professor de Psicologia na Universidade Autônoma de Madri e pesquisador da Faculdade Latino-Americana de Ciências Sociais (FLACSO – Argentina), onde coordena o mestrado em Psicologia Cognitiva e Aprendizagem. Seus interesses de pesquisa se relacionam com o estudo da mudança conceitual, bem como com a compreensão e o ensino das ciências sociais e da história.

Adriana Silvestri. Professora e pesquisadora em inúmeros cursos de pós-graduação da Argentina e de outros países. Suas pesquisas estão voltadas para os desenvolvimentos tardios da linguagem, em especial sua relação com a atividade docente.

Aldo Rodolfo Ferreres. Professor titular, pesquisador e diretor da especialização em Neuropsicologia Clínica da Faculdade de Psicologia da Universidade de Buenos Aires. Chefe da Unidade de Neuropsicologia do Hospital Eva Perón. Seu trabalho de pesquisa está voltado ao estudo das afasias, alexias, alterações da comunicação e interpretação de textos em indivíduos com lesões cerebrais, bem como à aquisição da leitura e suas alterações.

Alicia Barreiro. Professora da Faculdade de Psicologia da Universidade de Buenos Aires, na disciplina Psicologia e Epistemologia Genética. Seu trabalho como pesquisadora é desenvolvido junto ao Conselho Nacional de Pesquisas Científicas e Técnicas. Pesquisa o desenvolvimento de conhecimentos do domínio moral e suas relações com os conhecimentos coletivos de sentido comum.

Daniel Valdez. Diretor do curso superior de pós-graduação Necessidades Educativas e Práticas Inclusivas em Transtornos do Espectro Autista (FLACSO) e professor da Faculdade de Psicologia da Universidade de Buenos Aires. Trabalha como terapeuta e orientador de equipes de intervenção psicoeducativa em transtornos do desenvolvimento e problemas de aprendizagem.

Gustavo Faigenbaum. Professor da Universidade Autônoma de Entre Ríos. Seu trabalho de pesquisa se dedica ao desenvolvimento de noções econômicas, à troca de objetos entre crianças e ao desenvolvimento da argumentação.

Ileana Enesco. Professora de Psicologia Evolutiva na Universidade Complutense de Madri. Entre suas linhas de pesquisa se destacam seus estudos sobre o desenvolvimento do conhecimento social e moral na infância, a origem do preconceito e suas relações com o desenvolvimento sociocognitivo.

Jaan Valsiner. Professor de Psicologia no Departamento de Psicologia da Clarck University. Editor-fundador da revista *Culture & Psychology*, publicada pela Sage. Seu trabalho se insere na área da psicologia cultural e adota o axioma básico de recorrer aos processos de desenvolvimento para a análise dos fenômenos sociais e psicológicos.

María Núñez. Professora de Psicologia e diretora do Laboratório de Estudos Pré-Escolares da Universidade Glasgow Caledonian. Seus interesses como pesquisadora focam a cognição social em crianças pequenas, o autismo e as crianças surdas e cegas.

Nancy China. Professora adjunta da disciplina de Neuropsicologia I do curso de Licenciatura em Psicologia e docente do curso de especialização em Neuropsicologia Clínica da Faculdade de Psicologia da Universidade de Buenos Aires. Em seu trabalho de pesquisa estuda as alterações da linguagem e da leitura em adultos com lesões cerebrais e a avaliação da aquisição da leitura em crianças escolares.

Ricardo Baquero. Professor titular da Universidade de Buenos Aires e da Universidade Nacional de Quilmes. Seu trabalho de pesquisa foca o estudo das relações entre o desenvolvimento dos indivíduos e a aprendizagem escolar, assim como a análise e o desenvolvimento das práticas educativas inclusivas.

Silvia Español. Pesquisadora do Conselho Nacional de Pesquisas Científicas e Técnicas. Seus interesses de pesquisa focam o desenvolvimento sociocognitivo na primeira infância.

Valeria Abusamra. Professora de Psicologia da Educação I e II do curso de Letras da Universidade de Buenos Aires e organizadora do seminário "Perspectiva cognitiva na interpretação de textos". Também é professora da especialização em Neuropsicologia Clínica (Faculdade de Psicologia da Universidade de Buenos Aires) e coordena a disciplina Neuropsicologia no curso de mestrado em Neuropsicologia do Hospital Italiano. Seus interesses de pesquisa focam a leitura e a interpretação de textos, bem como as alterações da linguagem e comunicação em pessoas com lesões cerebrais.

Sumário

Introdução 11
José A. Castorina, Mario Carretero e Alicia Barreiro

Parte I
BASES CONCEITUAIS E METODOLÓGICAS

1 **Piaget: perspectivas e limitações de uma tradição de pesquisa** 30
   José A. Castorina

2 **Vygotsky: sujeito e situação, as chaves de um programa psicológico** 56
   Ricardo Baquero

3 **Cognição e educação** 81
   Mario Carretero

4 **Cérebro, desenvolvimento e educação** 105
   Aldo Rodolfo Ferreres, Nancy China e Valeria Abusamra

5 **A dialética no estudo do desenvolvimento** 127
   Jaan Valsiner

Parte II
OS INÍCIOS DO CONHECIMENTO

6 Desenvolvimento do conhecimento da realidade do bebê............... 154
Ileana Enesco

7 Desenvolvimento da comunicação 182
Daniel Valdez

8 Semiose e desenvolvimento humano 203
Silvia Español

9 Aquisição da linguagem 227
Adriana Silvestri

10 Teoria da mente: o desenvolvimento da psicologia natural 250
María Núñez

11 Desenvolvimento das habilidades argumentativas 273
Gustavo Faigenbaum

Introdução

José A. Castorina, Mario Carretero e Alicia Barreiro[1]

EM QUE SENTIDO FALAMOS DE DESENVOLVIMENTO COGNITIVO?

O propósito desta obra é apresentar o grande leque de teorias, métodos e pesquisas que atualmente compõem o campo da psicologia do desenvolvimento cognitivo, atendendo em particular a suas complexas relações com a educação. Assim, como podemos definir a psicologia do desenvolvimento? Sem dúvida, sua característica essencial é o estudo da mudança psicológica, ainda que essa resposta nos leve a outro questionamento, uma vez que as mudanças constitutivas do desenvolvimento podem ser de dois tipos: *transformações* e *variações* (OVERTON, 2006, 2010).

As transformações se referem a um processo de enriquecimento qualitativo, às mudanças que não podem ser interpretadas em um sentido meramente aditivo e linear, porque incrementam a complexidade dos sistemas que se transformam, os quais permitem a emergência de novidades. Nesse sentido, por exemplo, o conceito de *estádio cognitivo* envolve características de descontinuidade, novidade e mudança qualitativa. As grandes figuras da teoria do desenvolvimento, como Piaget e Vygotsky, reconheceram a centralidade das transformações constitutivas de saltos qualitativos que se manifestam com a passagem de um nível de conhecimento a outro, em um complexo processo dialético de interações entre fatores internos e externos. Dessa maneira, a transformação dos processos cognitivos segue uma dinâmica que parte de estados de indiferenciação e se dirige até sistemas diferenciados e integrados, que permitem a consciência de si e a aproximação ao conhecimento de realidade objetiva. Esse tipo de mudança segue uma sequência cronológica até um objetivo ou estado final, e seus resultados são permanentes e irreversíveis. Assim, a construção de uma teoria psicológica de desenvolvimento teve lugar no contexto das tentativas de elucidar o mecanismo de mudança transformacional.

De sua parte, a mudança variacional tem lugar nas capacidades que surgem como resultado das transformações e corresponde às mudanças adaptativas dos indivíduos particulares em função de seu contexto. Isto é, refere-se às diferenças nesse processo geral de desenvolvimento constituído por transformações como, por exemplo, a aquisição de uma língua específica ou das normas sociais do grupo ao qual se pertence (Overton, 2006). Essa mudança pode ser considerada linear e aditiva, enquanto as modificações são qualitativas e contínuas.

Por sua vez, a psicologia do desenvolvimento se ocupa com o estudo de diferentes funções e aspectos constitutivos do ser humano: motivação, personalidade, emoção, conhecimento e outras. Tradicionalmente, os processos cognitivos são associados à metáfora da mente humana como um processador de informações. Além disso, esse significado, associado ao termo cognição, é o que se difundiu por meio da expansão da psicologia cognitiva e o que ainda hoje é adotado por parte dos psicólogos e, em alguns casos, dos educadores. No entanto, este livro considera as dificuldades que derivam dessa metáfora, visto sua insuficiência explicativa, e considera o cognitivo em um sentido amplo. Assim como nos advertia Rivière (1987) há duas décadas, o significado desse termo se estendeu de tal forma que inclusive corre o risco de perder seu sentido. Então, concordando com sua proposta, acreditamos que se podem considerar como *cognitivas* diferentes teorias psicológicas que se referem à explicação de condutas, entidades, processos, disposições, organizações ou uma arquitetura mental e que postulam que o agente de tal conduta é definido funcionalmente por meio da articulação entre tais entidades ou processos e seu meio, seja físico ou social. Portanto, os diferentes capítulos que compõem esta obra ocupam-se do desenvolvimento dos processos e das funções psicológicas que permitem conhecer o mundo assumindo essa caracterização básica.

Contudo, na psicologia do desenvolvimento cognitivo, assim como em todas as teorias científicas, intervêm pressupostos filosóficos que estabelecem a ordem do visível e do invisível no processo de desenvolvimento, permitem propor certos problemas e dificultam a abordagem de outros.

Além disso, essas suposições influenciam na escolha dos modelos explicativos, ainda que sem determinar a validade das pesquisas, que seguem critérios específicos. Como antecipou Vygotsky (1991), sempre é possível distinguir um conjunto interconectado de princípios que surgem e operam em diferentes instâncias da pesquisa e que transcendem as teorias e os métodos utilizados. Esses princípios definem o contexto no qual os conceitos teóricos e as metodologias são construídos e atuam implicitamente na prática cotidiana da ciência. Tais princípios são organizados em um sistema relacionado entre si e hierárquico, ou seja, em uma *metateoria*, na qual o modelo que opera no nível mais alto é denominado *concepção do mundo*. Esta última inclui uma *dimensão ontológica* sobre o que existe no mundo psicológico e uma *dimensão epistemológica* sobre o que conhecemos e como o fazemos. Uma análise metateórica, portanto, busca elucidar os *esquemas epistêmicos* ou as concepções do mundo que orientaram ou orientam os pesquisadores/teóricos, particularmente no que diz respeito a seus aspectos ontológicos e epistemológicos.

Segundo Merleau-Ponty (1949), o pensamento moderno tem ocultado a relação constitutiva dos sujeitos com o mundo e os outros, deixando na sombra o pano de fundo das vivências associadas à ação corporal. Assim, podemos falar de uma ruptura filosófica dos componentes da experiência do mundo e, em especial a partir de Descartes, entre sujeito e objeto e entre as representações e o mundo. Em particular, essa separação radical levou a uma escolha excludente (*either/or*) e deu origem ao dualismo ontológico cartesiano de corpo e mente, que afetou a história da psicologia do desenvolvimento. Inclusive a aparente contraposição ao dualismo, o reducionismo do mental ao biológico, não é nada mais do que a outra face da separação radical que torna absolutos os termos, que se excluem ou se afirmam: um em detrimento do outro. As teorias clássicas do desenvolvimento centradas no amadurecimento ou na aprendizagem behaviorista, assim como o neoinatismo e o culturalismo mais radical, supõem tal versão. Do ponto de vista epistemológico, trata-se de uma concepção que tem separado de modo irremediável o sujeito do objeto, a teoria da experiência e a explicação da descrição dos comportamentos (Castorina, 2007).

Ao contrário, a perspectiva dialética adotada tanto por Piaget como por Vygotsky envolve uma ontologia de relações (Castorina; Baquero, 2005): cada elemento da experiência com o mundo somente existe por sua conexão constitutiva com seu par e em uma dinâmica de transformação do intersubjetivo com o subjetivo, do organismo com o meio, da natureza com a cultura ou do indivíduo com a sociedade. Torna-se particularmente relevante a teorização de uma articulação dinâmica dos componentes em *sistemas abertos* na ciência contemporânea, tanto na biologia como na sociologia e na psicologia do desenvolvimento. Esses sistemas abertos se caracterizam por suas relações específicas de troca com seus meios particulares, que se modificam mediante processos de auto-organização. Na psicologia do desenvolvimento, trata-se de trocas de signos entre as pessoas e seu contexto ou de ações significativas com os objetos do conhecimento. Ainda que essa disciplina conte com uma longa tradição de pensamento sistêmico, em geral, têm sido formuladas metáforas sobre os mecanismos responsáveis pela mudança ou feitas abstrações que não articulam suficientemente os dados das pesquisas e não atingem uma consistência adequada entre seus conceitos (THELEN; SMITH, 2006). Entretanto, dispomos de alguns sistemas explicativos, que não serão tratados nesta obra, os quais vão "[...] dos pressupostos teóricos relacionais aos fenômenos empíricos [...]" (VALSINER, 2006, p. 6). Tentamos ressaltar a importância das reflexões sobre os pressupostos ontológicos e epistemológicos da psicologia do desenvolvimento, levando em conta que certas teses sobre o desenvolvimento, que pareciam óbvias em uma versão de ruptura – como seu caráter linear e progressista, a continuidade individual e a mudança, a apelação a fatores explicativos isolados ou em conjunto, a unicidade metodológica e até mesmo a própria recusa a discutir tais questões, por considerá-las meramente especulativas – têm deixado de sê-lo (OVERTON, 2006; VALSINER, 2006). Como resultado da explicitação dos princípios básicos e da discussão atual das teses mencionadas, torna-se mais fácil apreciar a complexidade e a dificuldade dessa disciplina, bem como a conscientização sobre certa crise, devido ao fato de que vem sendo questionada a credibilidade dessas teses e dos postulados das teorias (e inclusive a atual revisão do conceito de desenvolvimento). Este último é interpretado como um processo de transformações qualitativas, uma busca de articulação entre a pesquisa empírica, a proposta de teorias e a reflexão sobre as abordagens básicas. Além disso, tem se tornado necessária a elucidação das definições, devido à preocupação com a precisão dos conceitos das teorias que têm se ocupado de sua descrição.

PROCESSOS GERAIS OU PROCESSOS ESPECÍFICOS DE DOMÍNIO?

Um problema contemporâneo em torno do desenvolvimento cognitivo se refere ao alcance das mudanças transformacionais e variacionais. Isto é, se elas são geradas em campos específicos ou levadas a cabo mediante processos gerais que afetam diferentes campos. Tradicionalmente, nas leituras mais estruturalistas que têm sido feitas da teoria piagetiana, são diferenciadas as estruturas dos conteúdos. Ou seja, considera-se que os conteúdos do conhecimento são diversos, mas que a forma de pensá-los é determinada pelas estruturas à disposição do sujeito, e é em torno delas que têm acontecido os debates teóricos. Um exemplo de tais discussões são as que aconteceram em relação ao chamado pensamento formal (Carretero, 2008), a partir do qual se criticou abundantemente a teoria de Piaget, porque diversas pesquisas têm mostrado que adolescentes e adultos cometem numerosos erros em tarefas complexas dessa natureza, tanto no âmbito físico (Pozo; Carretero, 1992) como no social e histórico (Carretero; Asensio; Pozo, 1991). Ou seja, perante a dificuldade específica de determinadas tarefas, essas supostas estruturas lógicas do sujeito não estão presentes e o conteúdo das tarefas é mais determinante na execução final do que a estrutura que as fundamenta. No entanto, uma releitura desses resultados, em função da revisão que o próprio Piaget faz de sua teoria das operações formais, em que considera uma possível influência dos domínios, assim como o fato de levar em conta os aspectos funcionais da posição piagetiana, permitiria entender tais resultados sobre o pensamento formal dentro de uma visão neoconstrutivista.

Na teoria do desenvolvimento contemporânea têm sido estabelecidas diferenças relevantes quanto à abordagem de *domínio geral*, que predominou nas correntes clássicas; coloca-se em primeiro lugar a importância dos conteúdos. Isso tem acontecido quanto à questão da existência e centralidade dos chamados *domínios específicos*. Ou seja, um conjunto de conhecimentos sobre uma classe de fenômenos que compartilham certas propriedades e que funcionam como esquemas interpretativos.

A partir da obra de Noam Chomsky, os pesquisadores da psicologia neoinatistas (Carey, 2009) estudaram a atividade de resolução de problemas, abandonando a tese de um *resolutor* de propósito geral (Hirschfeld; Gelman, 1994). Em seu lugar, propuseram uma série de subsistemas cujo desenvolvimento depende de princípios específicos geneticamente elaborados que operam em cada um deles, sejam eles os próprios prícipios do conhecimento matemático, físico ou psicológico. Sob essa perspectiva, supõe-se que a arquitetura mental é uma consequência da história biológica dos seres humanos e de sua estrutura neuronal. Assim, o desenvolvimento é produzido em cada domínio cognitivo pelo enriquecimento dos módulos inatos ou pela reorganização mais ou menos profunda das teorias próprias de cada domínio. Tem sido postulada a existência de representações básicas de *domínio* que restringem o processamento da informação, já que o focam naqueles aspectos cognitivamente relevantes de uma situação. Isso não supõe que as representações iniciais determinem diretamente o curso dos conhecimentos específicos, mas que são necessárias as experiências com o mundo para dar lugar às transformações cognoscitivas. No entanto, para outros psicólogos cognitivos, existem algumas restrições que não são de domínio, mas de ordem geral, como as referentes ao alcance da memória humana (Carey, 1999).

Ainda que a tese da especificidade de domínio advenha estritamente da psicologia neoinatista (Carey, 2009), em um sentido amplo está presente também em outras correntes da psicologia do desenvolvimento. Por exemplo, a psicologia cultural aos diferentes domínios como conjuntos de procedimentos culturais que permitem a utilização da inteligência de certo modo, limitando a faixa de sua aplicação específica (Brunner, 1990). Conforme essa perspectiva, a especificidade dos saberes deriva de sua elaboração contextual, no sentido de serem produzidos em uma rede de relações entre processos culturais e históricos. Os domínios seriam uma espécie de tesouro de ferramentas culturais ("caixa de ferramentas"), que diferem em culturas distintas. Dessa maneira, o uso de instrumentos restringe a independência de habilidades nos indivíduos e permite que o rendimento alcançado pelos diferentes sujeitos seja distinto.

Inclusive o construtivismo – que é associado tradicionalmente à versão de domínio geral – pode incorporar a especificidade de domínio (Carretero, 2009; Turiel, 1983; veja também os desenvolvimentos recentes do chamado "neoconstrutivismo" de autores como Westerman; Thomas; Karmiloff-Smith, 2004). É possível diferenciar distintos domínios de conhecimento (moral, matemático, físico e vários outros) que são definidos por sua organização conceitual e supõem currículos construtivos próprios em relação a um campo de experiência específico. Além disso, dessa perspectiva, o termo restrição (*constrain*) é utilizado para denominar aquilo que possibilita e ao mesmo tempo limita a formulação de hipóteses por parte dos indivíduos, seja o desenvolvimento cognitivo, as características específicas dos objetos ou as práticas sociais das quais participam (Castorina; Faigenbaum, 2002). Dessa forma, ao considerar o conhecimento do ponto de vista do sujeito, a noção de domínio se distingue de sua interpretação em termos de representações internas biologicamente determinadas e da utilização de instrumentos culturais. Basicamente, um domínio não é definido pelo contexto nem é interno ao sujeito, mas se constrói, ou seja, se modifica, segundo as interações com os fenômenos sociais. Em um sentido similar, Martí (2005) propôs que, entre as restrições biológicas e culturais, é preciso introduzir o funcionamento do sujeito, que regula suas ações com o mundo social. Assim, pode-se pensar que a cultura não é só dada aos sujeitos, mas é construída por eles mediante contribuições individuais ao contexto cultural.

De todos os modos, continua sendo um problema a resolver (para qualquer perspectiva do desenvolvimento cognitivo) se os conhecimentos de domínio podem ser articulados com mecanismos gerais de transformação, estudados originariamente em relação aos sistemas lógicos, e se podem ser estendidos aos sistemas conceituais ou às teorias, como, por exemplo, os processos de reorganização ou de auto-organização. Em outras palavras, torna-se problemático manter uma estrita dissociação entre sistemas conceituais, por um lado, e processos de transformação, por outro, ou atribuir a cada sistema conceitual um mecanismo próprio de transformação. Se postularmos um processo dialético de reorganização conceitual, é difícil que este não possa ser aplicado ao desenvolvimento do pensamento lógico e, por sua vez, à aquisição de teorias infantis sobre a biologia ou o mundo físico.

AS COMPLEXAS RELAÇÕES ENTRE A PSICOLOGIA DO DESENVOLVIMENTO COGNITIVO E A EDUCAÇÃO

Assim como no caso do desenvolvimento cognitivo, o conceito de educação remete à ideia de mudança psicológica. Todavia, a mudança que esta produz nos sujeitos ocorre em situações de ensino e aprendizagem que têm lugar tanto fora da escola como dentro dela. Em tais situações, alguém deliberadamente quer ensinar algo a outro, isto é, tem por objetivo provocar essa mudança. Porém, até que ponto o que se sabe do desenvolvimento cognitivo fora da escola é pertinente para entender os processos cognitivos na prática educativa?

Nesse sentido, é óbvio que as relações entre a psicologia do desenvolvimento e a educação são muito relevantes, pela transferência dos resultados das pesquisas que têm sido feitas fora do âmbito educativo às práticas escolares. Portanto, isso nos coloca ante o problema de como fazer essa passagem. Ou seja, como implementar as possíveis aplicações dos conhecimentos psicológicos ao âmbito educativo (veja, por exemplo, FAIRSTEN; CARRETERO, 2002, para uma revisão das aplicações da teoria de Piaget nas últimas décadas).

As análises da história recente da psicologia da educação nos mostram as dificuldades para implementar o conhecimento produzido pela psicologia da aprendizagem e do desenvolvimento, posto que não consideram as diferentes dimensões envolvidas nas condições próprias do contexto escolar. Por exemplo, a aplicação das teorias de mudança conceitual, que aparece em vários capítulos deste livro, propõe um desenvolvimento *artificial* dentro da prática de ensino da ciência, que só pode acontecer em termos do processo de reconstrução do objeto de conhecimento social proposto pelos docentes (SCHNOTZ; VOSNIADOU; CARRETERO, 2006). Basicamente, os autores têm utilizado as teorias do desenvolvimento disponíveis e com elas têm interpretado os processos de aprendizagem escolar e, inclusive, as ideias prévias resultantes do desenvolvimento mais ou menos espontâneo anterior à participação na vida educativa. O problema é que se verifica que boa parte desses esforços não têm modificado as teorias originais e acabaram forçando suas hipóteses para entender os processos cognitivos que têm outras determinações. As consequências das descobertas da teoria do desenvolvimento para a educação parecem paradoxais, já que, dados os problemas mencionados, não têm ocorrido êxitos significativos nas práticas educativas.

Além disso, a *suposta neutralidade* com a qual os psicólogos têm abordado suas investigações tem sido questionada, já que ignora o fato de que as teorias têm sido constituídas em relação a práticas pedagógicas (BAQUERO; TERIGI, 1996; ROSE, 2003). Assim, a prática pedagógica tem sido estudada como uma prática do governo, colocando que o surgimento do corpo de saberes psicoeducativos e sobre o desenvolvimento infantil ocorre dentro de um regime de práticas específicas, constituído historicamente. Desse modo, a teoria psicológica do *desenvolvimento natural*, considerada pela maioria dos psicólogos como independente das práticas pedagógicas, é uma ilusão. Em todo o caso, pode-se falar de uma estreita relação entre estas últimas e as teorias psicológicas, enquanto a observação, a regulação e a facilitação de uma sequência particular de desenvolvimento são o ponto central da prática pedagógica, e a teoria pedagógica funciona como sua legitimação científica.

Também tem-se evidenciado que as práticas de normalização do desenvolvimento infantil atuam em termos de uma orientação teológica para o curso do conhecimento e as funções psicológicas, dando lugar às preocupações sobre os "desvios" ou "anormalidades" a respeito dos comportamentos "esperados". Até a própria teoria psicogenética tem sido vinculada a tal intenção, uma vez que concebe a trajetória do pensamento infantil como uma sequência hierárquica de estruturas, seguindo o modelo "trabalhoso" da ciência e do progresso. Inclusive alguns psicólogos e psicopedagogos têm utilizado o modelo do desenvolvimento operacional na avaliação diagnóstica para estabelecer a possibilidade de os alunos aprenderem em aula. Assim, as provas operatórias se tornaram um modo de classificar as crianças e de situá-las em uma linha de desenvolvimento que legitima ou não certas práticas educativas e condiciona suas trajetórias educativas. Como dissemos, a crítica das relações entre o poder e a psicologia do desenvolvimento cognitivo é parte de sua constituição como um conhecimento objetivo, ou seja, essas críticas criam condições que permitem colocar os problemas de pesquisa e pôr à prova as hipóteses que são propostas.

Já as didáticas específicas têm lançado um desafio à própria psicologia, que consiste na necessidade de se modificar para indagar a aprendizagem dos conteúdos escolares nos contextos didáticos. Como o encontro entre as ideias infantis produzidas durante o desenvolvimento e o saber ensinar supõe a formulação de situações didáticas, é em relação com elas que a psicologia tem de abordar o que temos chamado *desenvolvimento artificial*, reconsiderando seu objeto de estudo e suas hipóteses sobre a aprendizagem escolar. Em oposição ao *aplicacionismo* tão frequente na psicologia da educação, propusemos que para compreender o conhecimento dos alunos em sala de aula é preciso estudá-lo em relação ao *saber ensinar* e à atividade do docente. Consideramos, então, que é imprescindível ir além das habilidades e competências intelectuais dos alunos, em uma abertura da pesquisa até os processos de aquisição dos saberes disciplinares que são transmitidos na escola e em contextos didáticos.

A escola tem por objetivo ensinar um conjunto de saberes disciplinares e, por isso, o estudo das interações sociais e das atividades compartilhadas não pode ignorar a especificidade dos objetos de conhecimento. Por exemplo, algumas leituras superficiais da obra de Vygotsky enfatizaram a característica da aprendizagem como um processo social e deram lugar a propostas de ensino centradas no adulto, reduzindo o polo do "social" ao professor como único representante da cultura. Ao contrário, acreditamos que o professor deve definir explicitamente os conceitos acadêmicos e científicos e guiar os estudantes em seus esforços por compreendê-los, mas adequando essa definição e as atividades de ensino às possibilidades cognitivas dos alunos. Dessa maneira, o estudo das interações sociais e das atividades compartilhadas próprias das situações de ensino inclui o estudo do saber ensinar e também dos saberes prévios ou, em termos da escola sócio-histórica, dos conceitos espontâneos (VIGOTSKY, 2007).

Assim, as relações entre psicologia e educação voltam a si mesmas e abrem todo um conjunto de questionamentos e interações enriquecedoras porque, ainda que as investigações da psicologia do desenvolvimento produzam o conhecimento necessário para avançar na compreensão dos processos de ensino e aprendizagem, a educação gera desenvolvimento cognitivo, cujas características e processos devem ser descritos pela psicologia.

A ORGANIZAÇÃO DESTE LIVRO

Se analisarmos os sumários das diferentes obras ou manuais dedicados à psicologia do desenvolvimento poderemos ver que, em sua maior parte, são organizados a partir de uma perspectiva evolutiva. Ou seja, apresentam os sucessos cognitivos seguindo como eixo organizador a idade em que são produzidos. Dessa maneira, descrevem mudanças universais e espontâneas, no sentido de que se produzem pelo mero desenvolvimento dos indivíduos, segundo uma sequência cronológica. Além disso, essa abordagem, em certa quantidade de publicações, tende a predominantemente descrever as diferentes etapas ou níveis do desenvolvimento do conhecimento e não prioriza a explicação dos mecanismos responsáveis pela mudança.

Ao contrário, nossa proposta é organizada em duas partes: a primeira delas trata das teorias e dos modelos explicativos do desenvolvimento cognitivo, começando com os autores de referência que têm marcado a disciplina, como Piaget e Vygotsky, incluindo as contribuições atuais da psicologia cognitiva, das neurociências e as perspectivas epistemológicas e metodológicas da psicologia do desenvolvimento. A segunda parte reúne as descobertas dos estudos que têm se ocupado das origens do conhecimento nas crianças, recorrendo a vários níveis de análise: as funções psicológicas que atravessam os diferentes domínios do conhecimento. Entre elas podemos encontrar o desenvolvimento da função semiótica, as formas do pensamento discursivo – como a argumentação – a comunicação, seja pré-verbal ou gestual, assim como a aquisição da linguagem, as categorias do mundo físico e a teoria da mente, até processos de transformação como a equilibração ou a interiorização de instrumentos culturais. Dessa maneira, buscamos utilizar no livro uma organização ainda pouco frequente em espanhol, mas que começa a ser adotada nas publicações internacionais (Goswami, 2004).

No Capítulo 1, Castorina faz uma revisão crítica da psicologia genética como tradição de pesquisa científica e, para isso, em primeiro lugar revisa alguns aspectos funcionais e promissores da construção do conhecimento para o avanço dessa disciplina e os situa nos debates contemporâneos, como é o caso da equilibração, da abstração, da generalização e da dialética. Em segundo lugar, aborda os diferentes modos nos quais Piaget pensou as relações entre a sociedade e o desenvolvimento do conhecimento, visto que esse autor elaborou uma teoria sobre as dimensões sociológicas da construção do conhecimento que não é homogênea ao longo de sua obra. Para finalizar, propõe as limitações e potencialidades do núcleo duro dessa tradição de pesquisa submetida aos debates atuais.

No Capítulo 2, Baquero analisa a atualidade da teoria vygotskiana e revisa os pressupostos e conceitos centrais do programa psicológico da teoria sócio-histórica. Ou seja, a origem social dos processos psicológicos superiores, a mediação semiótica das ações psicológicas, os processos de internalização, as relações entre pensamento e linguagem, a zona de desenvolvimento proximal, bem como questões metodológicas submetidas à análise por unidades e ao método genético. Por último, estuda as possibilidades de recuperar a categoria de vivência, formulada por Vygotsky no final de sua vida, para compreender as relações entre o sujeito e as situações nas quais acontecem os processos de desenvolvimento, evitando a cisão entre aspectos afetivos, intelectuais e situacionais, algo que poderia ser particularmente frutífero para reunir as relações complexas que se estabelecem entre os sujeitos e os ambientes educativos concretos.

No Capítulo 3, Carretero apresenta um panorama crítico de algumas das abordagens cognitivas das últimas décadas e sua importância para a educação. Uma vez que elas possuem um amplo espectro, o capítulo aborda somente algumas delas, tratando de discutir em particular as questões mais relevantes para a aprendizagem escolar, que, supomos, são as que mais se relacionam com os interesses de muitos leitores deste livro. Aborda-se especificamente uma caracterização da atividade escolar em termos cognitivos e suas demandas específicas, em uma sociedade que varia muito quanto às suas exigências em relação à aprendizagem e ao conhecimento. Também se inclui a contribuição que as pesquisas têm dado, a partir do paradigma experiente-novato, analisando o papel das teorias e raciocínios na resolução de problemas em domínios específicos.

No Capítulo 4, Ferreres, China e Abusamra se ocupam de uma perspectiva do desenvolvimento cognitivo baseada nas contribuições das neurociências, que costumam faltar na maior parte dos manuais sobre este tema, mesmo que a tendência internacional seja incluí-las (Goswami, 2004), dada a expansão recente de tais estudos, sobretudo na última década. O objeto de estudo dessa disciplina é o sistema nervoso ou, mais especificamente, as relações mente-cérebro. Os autores abordam de forma detalhada os determinantes neurológicos das funções psicológicas e o modo pelo qual condicionam também os processos de ensino e aprendizagem, detendo-se em particular na aquisição da alfabetização. Também abordam, de maneira reveladora e pouco frequente, as concepções errôneas (os mitos sobre o cérebro) que têm surgido como resultado da difusão das descobertas das neurociências e que afetam sua utilização na educação escolar. Finalmente, propõem que o esclarecimento dos papéis e das contribuições das disciplinas envolvidas no estudo do desenvolvimento cognitivo permitirá prevenir más interpretações e otimizará as possibilidades de utilizar os resultados das pesquisas das neurociências na educação.

No Capítulo 5, Valsiner analisa criticamente as diferentes perspectivas metodológicas que fundamentam os modos de estudar o desenvolvimento cognitivo na psicologia. Ressalta que é importante deixar claro que os pesquisadores não alcançam a objetividade mediante meros processos estatísticos nem técnicas estruturadas, como postulam as abordagens que reduzem as explicações a relações estatisticamente significativas entre variáveis, as quais têm conduzido a disciplina a um *impasse* conceitual. Por sua vez, as possibilidades de alcançar a objetividade dependem da espiral metodológica em seu conjunto, um processo dialético que inclui a subjetividade do pesquisador. Para que essa espiral metodológica esteja completa, é necessário um trabalho de análise filosófico ou metateórico, isto é, dos conceitos que os pesquisadores utilizam para compreender o fenômeno do qual se ocupam.

No Capítulo 6, Enesco apresenta o estado atual do conhecimento sobre o modo como os bebês estruturam a realidade física. Ele aborda as diferentes explicações teóricas do desenvolvimento do conhecimento nos primeiros anos de vida, para depois revisar as descobertas de diversas pesquisas e os debates em curso sobre a aquisição das primeiras categorias, o conhecimento dos objetos e as relações entre ação, percepção e conhecimento. Por último, ressalta a importância de compreender o desenvolvimento do bebê para poder promover as condições do entorno que garantem seu bem-estar e intervir tempestivamente naquelas que possam pôr o desenvolvimento do bebê em risco, a fim de minimizar seus efeitos.

No Capítulo 7, Valdez estuda os inícios da comunicação nos bebês – desde os primeiros gestos pré-intencionais aos gestos comunicativos que estão nas fronteiras das produções linguísticas – e propõe considerar o ato comunicativo intencional como unidade básica para o estudo da comunicação pré-verbal. Depois, descreve as interações precoces entre crianças e adultos, constitutivas da subjetividade, e analisa a importância dos gestos nesse processo. Finalmente, ressalta que os estudos sobre a comunicação humana nos primeiros anos de vida parecem imprescindíveis para compreender o processo de subjetivação e explicar a diversidade de vias que pode ser o desenvolvimento, o qual permite gerar dispositivos educativos de intervenção prematura para a abertura de pautas intersubjetivas, de habilidades de referência conjunta e de competências comunicativas.

No Capítulo 8, Español se dedica aos primórdios da semiótica e, nesse sentido, ressalta a importância da mudança linguística para a psicologia do desenvolvimento, uma vez que transformou o modo como se pensava a comunicação pré-verbal e possibilitou o surgimento da teoria de *semiótica por suspensão*, de Ángel Rivière. Esta última descreve a gênese da semiótica desde o nascimento da comunicação intencional até a capacidade de compreender fenômenos de semiótica dupla, como a metáfora. Além disso, propõe que a mudança corporal deixou claro que o pensamento não existe independentemente de sistemas semióticos (matemáticos, linguísticos, lógicos, etc.) e permitiu compreender a existência de modos de pensar *não referenciais*, como *o pensar em movimento*, cuja experiência paradigmática é a dança. Dessa maneira, mostra como tem sido enriquecido o estudo das relações criança-adulto prévias ao surgimento da comunicação referencial. Por último, a autora ressalta as habilidades educativas de apresentar às crianças situações afastadas da realidade perceptiva imediata que recorrem a suas capacidades de ficção para favorecer o desenvolvimento cognitivo.

No Capítulo 9, Silvestri recorre às diferentes explicações da aquisição da linguagem, para centrar-se no principal problema no debate contemporâneo: o prematuro, rápido e homogêneo desenvolvimento da linguagem, apesar da pobreza de estímulos. Depois, desenvolve a trajetória mais frequente na aquisição da língua espanhola: desde os 8 meses de vida, quando a criança se beneficia com a fala dirigida a ela, passando pela etapa da linguagem propriamente dita, com a emissão das primeiras palavras ao redor dos 10 ou 11 meses, até o começo da sintaxe, aproximadamente aos 2 anos. Finalmente, ressalta que a escolarização pode contribuir para o desenvolvimento da linguagem na medida em que o professor, a partir de seu maior conhecimento, possibilite que as crianças se familiarizem com um vocabulário mais amplo e estruturas sintáticas complexas.

No Capítulo 10, Núñez aborda o desenvolvimento da teoria da mente propondo, em primeiro lugar, as contribuições dos estudos clássicos (entre eles, as referentes ao "paradigma da crença falsa") que a têm definido mediante um padrão evolutivo "tudo ou nada" (que se possui ou não se possui). Continuando, apresenta as descobertas dos estudos que se têm ocupado desse fenômeno, considerando as inferências sobre os estados mentais dos outros *online*, mediante evoluções mais implícitas, e os estudos, ainda incipientes, sobre os correlatos neurais da teoria da mente. Depois, apresenta o padrão esperado de desenvolvimento das possibilidades de realizar inferências sobre intenções, desejos e estados mentais dos demais. Também considera as alterações de tal padrão e a importância que têm nesse processo a linguagem e a comunicação. Finalmente, analisa como uma melhor compreensão das crianças como hábeis psicólogos naturais, antes de entrar na escola, pode contribuir para as práticas educativas.

Por último, no Capítulo 11, Faigenbaum apresenta as diferentes teorias sobre a argumentação, para assim poder compreender seu desenvolvimento nas crianças desde suas primeiras interações sociais. Ele descreve um processo que abrange as interações duais (sujeito-objeto e sujeito-sujeito) e as ações comunicativas que permitem o surgimento da argumentação, que depois se tornará mais complexa com a utilização de esquemas argumentativos, até se converter em uma argumentação em sentido estrito.

Finalmente, analisa a potencialidade do processo de dar razões, isto é, da ação argumentativa, para a educação, as condições institucionais que fomentam esse tipo de práticas e sua importância para o pensamento crítico.

Esta obra é completada por um segundo livro, cujo título é *Desenvolvimento cognitivo e educação: processos do conhecimento e conteúdos específicos*, que trata sobre diferentes temáticas no âmbito educativo, como o desenvolvimento da memória, o raciocínio, a mudança conceitual e o jogo. Também aborda o desenvolvimento de diferentes domínios do conhecimento, como as noções sociais, históricas e morais, a compreensão do sistema alfabético da escrita e o ensino das ciências naturais e considera as relações entre o desenvolvimento do pensamento, os instrumentos culturais e a representação.

Gostaríamos de ressaltar que nosso propósito foi promover a articulação dos diferentes níveis de análise e abordagens teóricas a fim de apresentar uma revisão abrangente e precisa do estado atual do conhecimento na psicologia do desenvolvimento cognitivo. Nesse sentido, consideramos que os diferentes capítulos que formam esta obra podem ser lidos com um espírito interdisciplinar, como um cruzamento incipiente de conceitos e modos de pesquisar entre campos científicos – como a linguística, a semiótica, as neurociências e a psicologia do desenvolvimento cognitivo – que compõem redes frutíferas para problematizar os processos educativos.

NOTA

1 Este livro foi realizado com a valiosa ajuda do Projeto PICT-2008-2012, da ANPCYT (Argentina) e do Projeto EDU-2010 da DGICYT da Espanha, cuja contribuição queremos agradecer.

REFERÊNCIAS

BAQUERO, R.; TERIGI, F. Constructivismo y modelos genéticos: notas para redefinir el problema de sus relaciones con el discurso y las prácticas educativas. *Enfoques Pedagógicos*, v. 12, n. 4, 1996.
BRUNER, J. *Acts of meaning*. Harvard: Harvard University, 1990.
CAREY, S. Sources of conceptual change. In: SCHOLNICK, E. K. et al. (Ed.). *Conceptual development*. Londres: Lawrence Erlbaum, 1999. p. 292-326.
CAREY, S. *The origin of concepts*. Nova York: Oxford University, 2009.
CARRETERO, M. *Constructivismo y educación*. Buenos Aires: Paidós, 2009.

CARRETERO, M. Razonamiento y pensamiento formal. In: CARRETERO, M.; ASENSIO, M. (Coord.). *Psicología del pensamiento*. Madrid: Alianza, 2008.
CARRETERO, M.; ASENSIO, M.; POZO, J. I. Cognitive development, historical time representation and causal explanations in adolescence. In: CARRETERO, M.; POPE, M.; SIMONS, R. J.; POZO, J. I. (Ed.). *Learning and instruction*: European research in an international context. Oxford: Pergamon, 1991.
CASTORINA, J. A. El impacto de la filosofía de la escisión en la psicología del desarrollo. In: CASTORINA, J. A. (Coord.). *Cultura y conocimientos sociales*: desafíos a la psicología del desarrollo. Buenos Aires: Aique, 2007.
CASTORINA, J. A.; BAQUERO, R. *Dialéctica y psicología del desarrollo*: el pensamiento de Piaget y Vigotsky. Buenos Aires: Amorrortu, 2005.
CASTORINA, J. A.; FAIGENBAUM, G. The Epistemological Meaning of Constraints in the Development of Domain Knowledge. *Theory & Psychology*, v. 12, n. 3, p. 315-334, 2002.
FAIRSTEIN, G.; CARRETERO RODRIGUEZ, M. La teoría de Jean Piaget y la educación. Medio siglo de debates y aplicaciones. In: TRILLA, J. (Coord*.). El legado pedagógico del siglo XX para la escuela del siglo XXI*. 2. ed. Barcelona: Graó, 2002. p. 107-205.
GOSWAMI, U. (Ed.). *Childhood cognitive development*. Nova York: Wiley-Blackwell, 2004.
HIRSCHFELD, A. L.; GELMAN, S. A. Toward a topography of mind: an introduction to domain specificity. In: HIRSCHFEL, L. A.; GELMAN, S. A. (Ed.). *Mapping the mind*: domain specificity in cognition and culture. Cambridge: Cambridge University, 1994. p. 3-38.
MARTÍ, E. *Desarrollo, cultura y educación*. Buenos Aires: Amorrortu, 2005.
MERLEAU-PONTY, M. *La phénomenologie de la perception*. Paris: Gallimard, 1949.
OVERTON, W. F. Developmental psychology. In: WIGNER, I. B.; CRAIGHEAD, W. E. (Ed.). *The corsini encyclopedia of psychology*. 4th ed. Nova York: John Wiley & Sons, 2010. v. 2, p. 489-492.
OVERTON, W. F. Developmental psychology: philosophy, concepts, methodology. In: DAMON, W.; LERNER, R. M. (Ed.). *Handbook of child psychology*. 5th ed. Nova York: John Wiley & Sons, 2006. p. 18-88.
POZO, J. I.; CARRETERO, M. Causal theories, reasoning strategies and cognitive conflicts in newtonian mechanics. In: DEMETRIOU, A.; SHAYER, M.; EFKLIDES, A. (Ed.). *Neo-piagetian theories of cognitive development*: implications and applications for education. Londres: Taylor & Francis, 1992. p. 231-255.
RIVIÈRE, Á. *El sujeto de la psicología cognitiva*. Madrid: Alianza, 1987.
ROSE, N. *Una historia crítica de la psicologia*. [S.l.]: El Seminario, 2003. Disponível em: <http://www.elseminario.com.ar/biblioteca/Rose_Cap_2_Historia_critica_psicologia.htm>. Acesso em: 17 jul. 2013.
SCHNOTZ, W.; VOSNIADOU, S.; CARRETERO, M. (Ed.) *Cambio conceptual y educación*. Buenos Aires: Aique, 2006.
THELEN, E.; SMITH, L. B. Dynamics systems theories. In: DAMON, W.; LERNER, R. M. (Ed.). *Handbook of child psychology*. 5th ed. Nova York: John Wiley & Sons, 2006. p. 563-634.
THOMAS, M. S. C.; KARMILOFF-SMITH, A. Modeling typical and atypical cognitive development: computational constraints on mechanisms of change. In: GOSWAMI,

U. (Ed.). *Childhood cognitive development*. Nova York: Wiley-Blackwell, 2004. p. 723-748.
TURIEL, E. *The development of social knowledge*: morality and convention. Cambridge: Cambridge University, 1983.
VALSINER, J. Developmental epistemology and implications for methodology. In: DAMON, W.; LERNER, R. M. (Ed.). *Handbook of child psychology*. 5th ed. Nova York: John Wiley & Sons, 2006. p. 166-209.
VIGOTSKY, L. S. El significado histórico de la crisis de la Psicología. In: VIGOTSKY, L. S. *Obras escogidas*. Madrid: Visor, 1991. p. 257-416.
VIGOTSKY, L. S. *Pensamiento y habla*. Buenos Aires: Colihue, 2007.

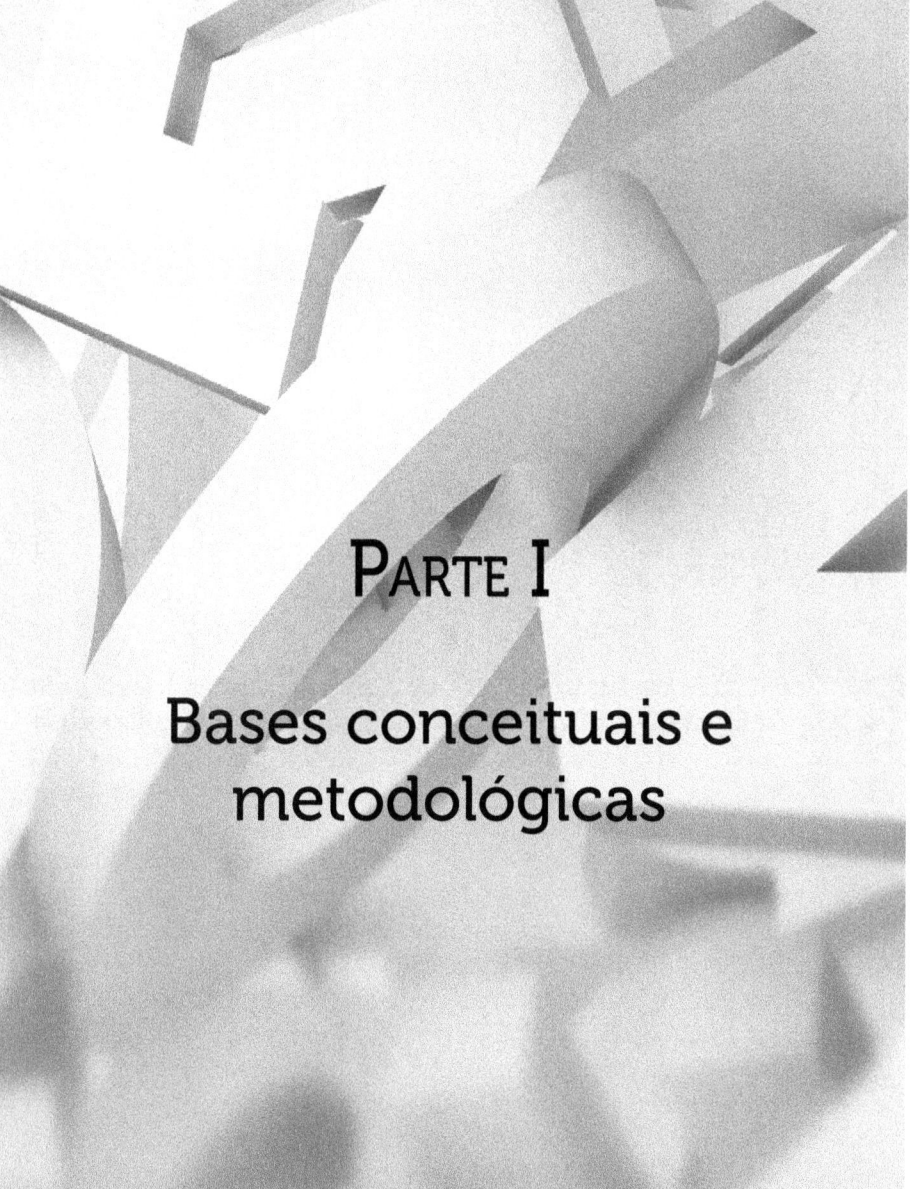

Parte I

Bases conceituais e metodológicas

1
Piaget: perspectivas e limitações de uma tradição de pesquisa

José A. Castorina

A PSICOLOGIA GENÉTICA COMO UMA TRADIÇÃO DE PESQUISA CIENTÍFICA

A obra da psicologia de Piaget – e a pesquisa sobre psicologia posterior, inspirada em suas ideias – é uma tradição de pesquisa científica (CASTORINA, 1993), ou seja, uma sequência histórica de hipóteses e teorias que surgem e se modificam a partir de um núcleo básico, cujos compromissos estabelecem como devem ser enfrentados os problemas da pesquisa. Basicamente, o núcleo duro oferece um conjunto de pressupostos gerais sobre as entidades e os processos do âmbito do questionamento, bem como os métodos que devem ser utilizados para investigar os problemas e construir as teorias no âmbito do domínio (LAUDAN, 1986). A avaliação de uma tradição de pesquisa científica como progressiva ou retrógrada depende tanto da qualidade empírica da independência de suas pesquisas como da consistência interna e externa da totalidade de suas teses básicas e elaborações. É necessário contar com seu potencial para a revisão de seu próprio núcleo, isto é, para a recuperação da consistência frente às críticas ou exigências da pesquisa.

Caracterizamos o núcleo da tradição de pesquisa científica partindo da reconstrução histórica das ideias de Piaget, em uma leitura do *autor* que não se atém literalmente aos textos nem tenta encontrar ali o "verdadeiro" Piaget, mas os questiona com base nos problemas colocados pelas pesquisas de psicologia atuais. Trata-se de articular interpretações "de dentro" e "de fora" de seus escritos, esboçando tanto o projeto intelectual básico como as modificações pelas quais passaram suas teses (LOURENÇO; MACHADO, 1996).

O núcleo é formado por uma problemática epistemológica: como se produz a passagem de estados de menor a maior nível de conhecimento? Tal pergunta orienta a formulação da psicologia genética, destinada a oferecer elementos de juízo empíricos à epistemologia genética. Também inclui as teses sobre o construtivismo epistemológico das interações entre sujeito e objeto, as quais fundamentam a pesquisa em psicologia, e as hipóteses gerais sobre os mecanismos funcionais, começando pela equilibração que viabiliza a explicação da construção cognitiva, junto com os mecanismos de abstração e generalização associados a ela. Da mesma maneira, são constitutivas do núcleo básico as hipóteses dos estádios cognitivos como momentos de relativa estabilização no processo de equilibração das atividades estruturantes e das teses da relação insolúvel entre a construção individual dos conhecimentos e as interações sociais. Por fim, do ponto de vista metodológico, inclui a abordagem dialética da elaboração das unidades de análise nas pesquisas e no método clínico crítico, utilizado como instrumento para a coleta de dados.

No presente capítulo faremos uma exposição da tradição da pesquisa científica nos centrando nas teses de seu núcleo, mas deixando de lado sua realização nas hipóteses específicas do desenvolvimento dos conhecimentos da primeira infância ou das atividades pré-operatórias (como correspondências, funções e morfismos), dos sistemas de operações concretas (sejam classificações, conservações, seriações ou operações sobre o espaço) e das operações hipotético-dedutivas. Supomos que o leitor conheça as noções principais da psicologia genética clássica formulada por Piaget, particularmente os aspectos que se referem à descrição da formação das noções operatórias. Assim, nos propomos expor – em linhas gerais – alguns dos processos funcionais do conhecimento que permitem uma compreensão menos tendenciosa da teoria e são mais promissores para o futuro da pesquisa científica, e situar essa psicologia do desenvolvimento nos debates contemporâneos. Talvez deste modo, apesar da inevitável parcialidade da exposição, a psicologia genética adquira uma atualidade renovada no mundo acadêmico – especialmente no anglo-saxão – que a história da psicologia lhe conferiu definitivamente. Assim, abordaremos os processos cognitivos mais relevantes para nosso propósito: a equilibração, a abstração, a generalização e a dialética. Todos eles foram elaborados no final da obra piagetiana e são os menos conhecidos pelos psicólogos. Não consideraremos, por motivos de espaço, outros processos muito importantes, como a tomada de consciência (PIAGET, 1976), o saber fazer e a busca de razões (PIAGET, 1974), tampouco as intricadas e sugestivas relações entre o real, o possível e o necessário (PIAGET, 1983) ou a elaboração dos morfismos (PIAGET; HENRIQUEZ; ASCHER, 1990). Assim, vamos expor as relações entre a construção cognitiva e suas condições sociais na história das ideias de Piaget. Por fim, discutiremos o significado da contribuição da tradição de pesquisa científica para a psicologia do desenvolvimento, avaliando tanto as críticas aos aspectos de seu núcleo como as revisões necessárias deste último.

A EQUILIBRAÇÃO DOS SISTEMAS COGNITIVOS

A teoria da equilibração é a principal tentativa de Piaget de oferecer uma explicação satisfatória do processo de construção cognitiva. Trata-se de um componente crucial da pesquisa do desenvolvimento, cuja primeira versão focou os "controles de probabilidades crescentes" (PIAGET; APOSTEL; MANDELEBROT, 1957), e foi totalmente reorganizada em uma segunda versão (PIAGET, 1978b), focada no jogo dinâmico da assimilação e acomodação dos esquemas de conhecimento. Além disso, Piaget (1978b) elaborou um modelo que, apesar de ficar incompleto, avançou em relação às dificuldades desta segunda versão, ao analisar os processos de passagem de um nível de estruturação a outro, examinando as abstrações, a generalização e a dialética (BOOM, 2009; GARCÍA, 2000).

Voltando-nos à segunda versão, a mais sistemática entre as três, mas escrita de modo muito denso em *A equilibração das estruturas cognitivas* (PIAGET, 1978b), destacaremos algumas notas muito significativas para a psicologia do desenvolvimento. Por um lado, tal tese se aplica a um sistema de ações em permanente troca com o meio, se mantendo enquanto expande seu campo de controle das trocas. Além disso, o desenvolvimento deste sistema é um processo construtivo no qual Piaget atribuiu uma direção e progresso, o que deu lugar a críticas mais significativas, como veremos. Por outro lado, a equilibração é "[...] um processo que conduz de certos estados de equilíbrio a outros qualitativamente diferentes, passando por múltiplos desequilíbrios e reequilibrações." (PIAGET, 1978b, p. 5). Trata-se de um equilíbrio dinâmico, ou seja, de uma propriedade de um processo constantemente dinâmico, que apresenta formas com relativa estabilidade, como, por exemplo, as estruturas operatórias com sua propriedade de fechamento. O sistema que se equilibra, por sua parte, "[...] está aberto, no sentido de que envolve trocas com o meio, e está fechado, no sentido de que constitui ciclos [...]" (PIAGET, 1978b, p. 6).

Essa abordagem do desenvolvimento em termos de um sistema que sustenta uma identidade enquanto modifica a si própria se relaciona com a tese da auto-organização, própria dos sistemas dinâmicos não lineares (BOOM, 2009). Estes últimos foram reconhecidos por Piaget quando encontrou semelhanças entre sua interpretação da equilibração e a versão de "estados dinâmicos" de Prigogine: genuínos estados estacionários envolvidos nas trocas que tendem a manter a ordem funcional e estrutural em sistemas abertos. Ele considerou que, se reescrevesse sua obra, daria maior ênfase à autorregulação dos processos de equilibração (PIAGET, 1977a). A ideia central é que as trocas dos sistemas de ação cognitiva com o mundo estabilizam as estruturas por meio de regulações, e tal estabilidade somente pode ser compreendida por sua história a partir de uma série de sistemas instáveis. Com base nesse modelo, Piaget esboça uma incipiente "teoria de sistemas", que ainda hoje deveria ser detalhada (CHAPMAN, 1992).

Entretanto, toda equilibração cognitiva é um processo de interação entre a assimilação e a acomodação, que pode ser de três tipos (PIAGET, 1978b): antes de tudo, a equilibração que ocorre entre sujeito e objeto, amplamente estudada pelo autor, que pode ser formulada como a assimilação dos objetos aos esquemas de ação – conferindo-lhes um significado – e a simultânea acomodação destes aos objetos, supondo que tal interação envolve um processo de regulação. Depois ocorre a equilibração nas interações entre os subsistemas que antes eram independentes. Estes não são articulados automaticamente, seja por que são construídos em velocidades diferentes ou por que a incorporação dos objetos requeira esforço. Essa situação pode provocar desequilíbrios, que dão lugar à assimilação recíproca dos esquemas. O terceiro tipo de equilibração corresponde às acomodações entre os subsistemas, que levam à diferenciação de um esquema (ou sistema) em subsistemas, e estes podem provocar novos desequilíbrios com a demanda de assimilação em um novo sistema total. Em certas ocasiões, Piaget caracteriza a situação de conjunto como equilibração entre diferenciação e integração, o que agrega um sentido de hierarquia a respeito do segundo tipo, descrito anteriormente. Nos três tipos mencionados é necessário haver relações entre as afirmações e negações. As primeiras consistem na atribuição de traços positivos aos objetos, e as segundas a atribuições da ausência de uma propriedade específica. Para exemplificar o primeiro tipo de equilibração, consideraremos uma das experiências que Piaget apresenta (1978c), a qual se refere a uma contradição entre previsões e um fato que as desmente mediante uma experiência na qual as crianças olham para letras maiúsculas usando um espelho. Durante o teste, elas interpretam uma lei segundo a qual – com base em sua experiência com letras assimétricas, como o K – todas as letras ficam invertidas, e se surpreendem quando uma letra simétrica, como o M, não se inverte na imagem. Isso ocorre ao ponto de alguns dos sujeitos afirmarem que a letra M não é uma letra do alfabeto! A dificuldade está no fato de que a criança não construiu o grupo de deslocamentos das posições para todas as letras, uma vez que nem todas as inversões das letras "podem ser vistas". Quanto às relações entre os subsistemas cognitivos, poderíamos dizer que, se é feita uma coordenação entre dois deles, é preciso que os sujeitos possam pensar na interseção de S1 e S2, mas, também, no que fica de fora: a contraposição entre S1 e não S2 e de S2 e não S1. Ou seja, para construir um sistema totalizador, são necessárias tanto afirmações como negações.

Lembremo-nos de que a ação do sujeito sobre o mundo encontra uma resistência, a qual este reage mediante regulações. Estas últimas são um componente da atividade do sujeito que entra em jogo quando a repetição da ação é modificada por seu resultado, seja uma lacuna ou um obstáculo (Piaget, 1978b). Assim, é próprio dos esquemas a repetição de suas ações graças ao *feedback* produzido pela realização de ações semelhantes. Todavia, quando a resistência pode ser qualificada como uma perturbação, aparece em primeiro plano o caráter cíclico das interações com o mundo como sistema aberto e, ao mesmo tempo, fechado. Assim, para assimilar essas perturbações podem ser necessárias modificações no esquema ou no sistema de esquemas.

As regulações que foram bem-sucedidas, denominadas por Piaget (1978b) de "compensações", consistem em ações que se opõem e tendem a suprimir a perturbação, seja pela inversão ou pela reciprocidade. Desse modo, obtém-se certa otimização do equilíbrio (Chapman, 1988b), ainda que, mesmo não sendo completa, provoca conflitos cognitivos, como os que ocorrem no teste do espelho, quando as crianças sustentam a hipótese de que as letras "sempre" se invertem materialmente, o que leva a contradições nos casos em que isso não ocorre. Do mesmo modo, na conhecida experiência de conservação da substância (Piaget; Inhelder, 1970), a compensação é completa quando a criança afirma que "acontece a mesma coisa", por que se pode retornar ao ponto de partida por inversão em relação à transformação gerada ou por reciprocidade se o alongamento da salsicha, por exemplo, neutraliza a transformação. Tais compensações não levam ao equilíbrio inicial, após os desequilíbrios que acarretam contradições, mas a formas mais avançadas, por que foram superadas as contradições envolvendo, portanto, construções.

Por último, a relação entre observáveis e coordenações se relaciona com as compensações, no processo de equilibração. Os primeiros são "aquilo que os sujeitos acreditam constatar", como quando observam somente o alongamento da salsicha na experiência da conservação da substância. As segundas vão além dos observáveis, por exemplo, por meio de uma coordenação entre eles: "a salsicha oferece mais para comer por que é mais grossa do que a **bola**", uma atribuição causal que não é observável. A linha divisória entre ambos é apenas relativa, já que, seguindo o *dictum* de Hanson (1997), não existem observáveis puros ou dados pela experiência: todo observável está carregado de teoria (García, 2000). No entanto, admitindo que os observáveis próprios de determinado nível de conhecimento podem variar quanto às coordenações, é possível que se provoquem perturbações. Trata-se claramente da discrepância entre os observáveis (p. ex., as mudanças no estiramento da **bola** de massa de modelar, que parece se adelgaçar), possibilitados pelos esquemas prévios, e as expectativas derivadas das ações do sujeito. Para eliminar tal conflito, deve ocorrer alguma diferenciação dos esquemas envolvidos. Uma compensação de sucesso, portanto, é uma construção: a modificação de um esquema que não podia assimilar uma situação por que era inteiramente adequado a ela.

Assim, podem ser distinguidas três condutas associadas às relações entre compensações e modificações (Piaget, 1978b): as reações *alfa*, onde predominam de maneira absoluta as afirmações com desconhecimento das negações, que são geradas quando um fato novo é uma perturbação tão pequena que não altera o equilíbrio do sistema (p. ex., um objeto que é incluído em uma classificação já estabelecida) ou é uma perturbação inassimilável (p. ex., as crianças menores não fazem séries de objetos além de ordená-los em pares grande/pequeno e, quando não conseguem incorporar um terceiro elemento, o deixam de fora). Já as reações *beta* inserem no sistema o elemento perturbador por meio de certas modificações, embora com o mínimo custo possível (se as classificações são revisadas para incluir um novo elemento, a seriação será estendida para incorporar um terceiro elemento). Por último, a reação superior, a *gama*, somente ocorre em sistemas muito elaborados que permitem prever as variações possíveis, que advêm em parte daqueles, deixando de ser perturbações, isto é, qualquer variação do sistema é compensada por uma transformação contrária (qualquer elemento que se oferece pode ser seriado sistematicamente de modo operatório).

O intricado modelo de desenvolvimento desta segunda versão do equilibração defende a "melhoria" do equilíbrio, um incremento da coerência do sistema cognitivo com o mundo exterior, ainda que diferenciando sua existência ontológica (que é o que o faz funcionar como um limite para o conhecimento) de seu significado epistemológico, enquanto a realidade está associada a sua transformação cognitiva. Assim, as compensações que geram essa melhoria são instrumentos da adaptação à realidade estruturada pelas ações (Boom, 2009).

Todavia, a atividade de compensações progressivas, como as que apresentamos, não explica como se passa de um nível a outro da estabilização, isto é, como surge a novidade cognitiva, que será a contribuição da terceira versão da equilibração. Em outras palavras, a última versão analisa os processos de constituição de um sistema a partir de outro e, por isso, se concentra nos mecanismos específicos do desenvolvimento (García, 2000).

ABSTRAÇÃO REFLEXIVA E GENERALIZAÇÃO CONSTRUTIVA

A abstração reflexiva constitui o segundo mecanismo que permite reorganizar os sistemas de conhecimento, e, portanto, dos desequilíbrios, mas em relação às equilibrações que incluem novidades, no sentido de novas conexões e novas distinções de conhecimento. Na terceira versão da equilibração, este processo mantém sua própria identidade e se relaciona com a generalização e o pensamento dialético. Enquanto a abstração empírica se refere aos objetos exteriores, a respeito dos quais o sujeito constata propriedades, separando-as para considerá-las de forma independente, a abstração reflexiva abstrai propriedades das coordenações entre as ações. Caso se isolem as propriedades de um conjunto de objetos, como a cor ou o peso, se faz uma abstração empírica, mas se os colocamos do maior ao menor, se agrega uma propriedade que não procede deles, mas do próprio ato de ordenar as propriedades. No entanto, a abstração empírica não é "puramente empírica", no sentido de que não deriva somente da experiência, já que, para poder abstrair as propriedades físicas, o sujeito precisa utilizar instrumentos de assimilação. Por exemplo, para o caso da cor, vale-se de um esquema de classificação das cores (PIAGET, 1982).

A abstração reflexiva

[...] deriva das ações e operações do sujeito e as transfere a um patamar mais elevado que é tomado do nível mais baixo de atividade. Em função dessa transferência, as diferenciações mostram necessariamente novas composições generalizadoras no novo nível. (PIAGET, 1980, p. 29).

Deste modo, se encontram duas fases: a projeção ou o reflexionamento, que leva a estrutura do plano anterior (uma seriação prática feita por uma criança) a outro plano superior (a criança representa explicitamente a série); na segunda, enquanto reflexiva, a abstração é reflexionante, já que reorganiza a estrutura anterior em outra nova estrutura, de nível mais alto (da série em ato a uma série operatória se modifica radicalmente o domínio e o significado da seriação). Nesta fase são criadas novas correspondências entre as coordenações do plano conceitual e as situações práticas nas quais as correspondências são feitas. Deste modo, são criados novos conteúdos que o sistema prévio não conseguia assimilar, que agora fazem parte de uma nova estrutura. Estamos perante um processo de assimilação e acomodação entre subestruturas.

Por fim, distinguimos outra forma de abstração reflexiva, o pensamento refletido, que é aplicado aos produtos da primeira como uma tematização retroativa, ou seja, uma reflexão sobre a reflexão. Sem dúvida, a conscientização sobre algo envolve uma atividade de abstração reflexiva, mas o inverso não é verdadeiro. Piaget (1976) discute a abstração reflexiva, que não precisa envolver a consciência, da abstração reflexionada, que a inclui. Neste sentido, a abstração reflexionada se vincula com a busca de razões que adequem os fatos a uma estrutura na qual predominam as relações necessárias; o local supõe um equilíbrio entre afirmações e negações. Procurar as razões, além do sucesso obtido, equivale a uma refocalização da ação.

Podemos exemplificar com o aprendizado da multiplicação, estudado por Piaget (1980), entendida como o número de vezes que se adiciona certo número (n vezes x). Seu aprendizado é posterior à noção, por que a crianças têm de reconhecer, cada vez, quantas vezes gerou a adição. Na experiência, pede-se à criança que construa duas séries iguais de peças com conjuntos de cores diferentes, tomando, de um conjunto, "dois de cada vez" e de outro, "três de cada vez". Também se pede às crianças que construam duas torres com blocos de duas cores e tamanhos diferentes, alguns dos quais valem duas unidades e outros, três. A princípio, não é permitido igualar as filas (exceto por casualidade). Apenas a partir dos sete ou oito anos de idade, a criança compreende que pode pegar mais fichas do grupo do qual se pega de dois em dois, ou seja, que o número de fichas que toma cada vez é compensado pelo número de vezes que ela pega fichas. Essa operação se consegue por volta dos 9 ou 10 anos e consiste em uma "reflexão", no sentido que uma operação – a adição – se realiza em um novo nível, de quantas vezes se deve adicionar fichas a outras. A criança se dá conta de que adicionar duas fichas três vezes dá o mesmo resultado que adicionar três fichas duas vezes. Ao final do processo, a abstração reflexiva conduz à conceitualização explícita ou a tomada de consciência de seus resultados, e reconhece que o procedimento empregado com as fichas é o mesmo que para a construção das torres com os blocos, apesar da diferença entre os materiais empregados. Trata-se de prever, mais do que um número de fichas ou torres, a equivalência da operação *n vezes* x, onde cada x é uma operação aditiva.

Sem dúvida, tanto o processo do estabelecimento de compensações como a construção de novidades por abstrações reflexivas se integram dentro da "teoria da equilibração e especificam o processo de passagem de um sistema de conhecimento a outro. A novidade e o "melhoramento" por compensações são características do desenvolvimento que se relacionam entre si, e ambos os aspectos são indispensáveis para a compreensão da dinâmica do desenvolvimento cognitivo.

Piaget (1984) associou intimamente os processos de abstração reflexiva à generalização, já que, a princípio, toda generalização pressupõe um processo de abstração. Por um lado, considerou as generalizações extensionais, fundamentadas unicamente nos observáveis, como no caso dos adolescentes que veem que os ângulos internos de um quadrilátero somam 360 graus e concluem que o mesmo acontecerá com os pentágonos e outras figuras geométricas. Sejam falsas ou verdadeiras essas induções, elas sempre consistem em passar de "alguns" fatos ou relações constatadas, exteriores ao sujeito, para "todos", e os observáveis são os conteúdos das constatações. Essa generalização indutiva parece estar intimamente associada à *abstração empírica*.

Por outro lado, quando são feitas generalizações não sobre as propriedades dos objetos externos, mas sobre propriedades das coordenações das ações, em vez de assimilar conteúdos às formas já constituídas, se "[...] engendram novas formas e novos conteúdos, ou seja, novas organizações estruturais". (PIAGET, 1984, p. 188). Retornemos ao exemplo da multiplicação: quando o sujeito soma três fichas duas vezes, o resultado será o mesmo que somar duas fichas três vezes e, se ele continuar a ação, tornará a obter o mesmo número de fichas. A base dessa generalização é a abstração reflexiva, que permite prever corretamente o que ocorrerá com uma ou mais repetições. A generalização correspondente é construtiva, já que envolve uma estrutura cognitiva com novas propriedades referidas tanto às formas quanto aos conteúdos.

García (2000) ressalta que, no desenvolvimento constituído pela constatação de fatos e abstrações empíricas, estas são reconstruídas mediante inferências e relações de dedução, o que depende de abstrações reflexivas. Tal processo supõe diferenciações e integrações: as primeiras diferenciações se devem às constatações externas, que dão lugar à comparação das variações, ao se refletir sobre elas, o que envolve generalizações com integrações. Neste caso há uma característica crucial dos problemas epistemológicos que orientam a pesquisa da psicologia: o que se chama "dado" ou "observação" depende de cada nível de desenvolvimento. Em cada um deles, a "observação" é possível mediante formas organizadas de um nível anterior, de modo que as abstrações empíricas são feitas com base em abstrações reflexivas e generalizações construtivas prévias. Reiteramos: não há "dados empíricos" em si nem circularmente determinados pela carga teórica – trata-se de uma espiral, não de um círculo.

A DIALÉTICA

A dialética foi uma metodologia para a abordagem da pesquisa antes de fazer parte de uma teoria explicativa do desenvolvimento. Esse modo de examinar os processos de desenvolvimento não substitui os métodos específicos de pesquisa empírica, mas é um método para constituir a teoria que orienta a pesquisa e reelabora seus resultados. Piaget focou os problemas como configurações de relações bipolares, ou seja, como unidades dinâmicas que envolvem articulações de componentes opostos. Assim, ao estudar a gênese dos sistemas operacionais, considerou as relações bipolares entre assimilação e acomodação, sujeito e objeto, ações e significações, e estruturas e procedimentos. Deste modo, a construção de conhecimentos matemáticos se apoia em estruturas, mas, ao usá-las, os sujeitos empregam procedimentos que podem ser considerados "heurísticos"; já uma estratégia pode levar à solução do problema, mas exige uma estrutura para ser transferida de uma situação a outra (BIDELL, 1988; INHELDER; PIAGET, 1979).

Ainda que a dialética metodológica não se confunda com a teoria do desenvolvimento, sua utilização sistemática tem dado lugar a uma rearticulação da explicação psicológica (CASTORINA; BAQUERO, 2005). Deste modo, o próprio objeto de pesquisa incorpora um processo dialético. Ou seja, a elaboração da problemática específica da emergência de novidades nos sistemas lógicos e das funções psíquicas superiores deu lugar à atribuição de processos dialéticos ao desenvolvimento psicológico.

Antes de abordar a dialética entendida como um tipo de inferência, precisamos nos deter nas contradições naturais que, ao contrário das lógicas, surgem a partir de problemas que o sujeito coloca e que não podia resolver previamente. Por exemplo, uma criança que tenta explicar o equilíbrio de uma balança, na qual os pesos se deslocam sobre uma barra, pensa no fator peso em separado e se vê cheia de contradições. Para ela, uma mesma ação pode provocar efeitos diferentes, já que, ao colocar o mesmo peso, o prato pode subir ou baixar, embora normalmente baixe, ou uma ação e seu contrário podem não acarretar compensações completas: ao agregar pesos a um prato que já tem outros pesos, ele baixa, mas também pode ocorrer o mesmo se forem retirados pesos. Em geral, não se pode pensar que a articulação das propriedades físicas provoque contradições. Por fim, chega-se a interpretar o problema em termos do "momento" dos pesos em relação ao centro, e não somente em termos de cada peso, mediante uma relativização progressiva da compreensão do conceito de peso e de um aumento de sua referência. Desse modo, um peso maior a uma distância menor pode corresponder a outro peso menor, mas a uma distância maior do centro (PIAGET, 1978c).

No entanto, as contradições não são o motor do desenvolvimento cognitivo, mas uma instância do processo mais amplo de equilibração dos sistemas de conhecimento. A reorganização de tais sistemas é explicada, em primeiro lugar, pelos desequilíbrios entre afirmações e negações que provocam os conflitos; porém, mais tarde, se ativam os processos de reequilibração que compensam as afirmações com as negações, por meio das abstrações reflexivas e das generalizações, como vimos. As contradições, então, fazem parte de um processo de conjunto que envolve mecanismos de construção que geram a novidade cognitiva.

Piaget (1982) reconsidera a dialética em termos de uma inferência não dedutiva que faz passar de um sistema conceitual a outro mais avançado, irredutível ao anterior. Neste sentido, sustenta a alternância entre as inferências dedutivas, que são próprias do pensamento no plano estrutural, e as inferências dialéticas, que permitem interpretar a dinâmica do desenvolvimento cognitivo, entendida como a derivação de um conhecimento a partir de outro durante a interação das crianças com os objetos. Justamente, trata-se de um encadeamento de conhecimentos, de modo que as novidades não são deduzidas das premissas e que não inclui em seu interior as contradições.

Graças a este "lado inferencial da equilibração" (PIAGET, 1982), que se corresponde com a interação sistêmica que produz a novidade cognitiva, um nível de significação se transforma em outro. Tais inferências dialéticas apresentam cinco modalidades.

A primeira consiste na passagem da indiferenciação inicial das propriedades (em termos do nível de conhecimento) e sua *diferenciação* e *integração* ulterior. Em uma experiência de projeções espaciais, uma criança pequena que observa de frente uma cadeia de montanhas imagina que, se a visse do lado oposto, seria como se a visse de frente. Ou seja, os pontos de vista que adota permanecem indistintos. Somente aos poucos ela passa a diferenciá-los, até construir um sistema operatório de perspectivas tal que todas as relações (direita e esquerda; frente e trás) se invertem (ao girar 180 graus em torno da cadeia de montanhas) e no que se considera, simultaneamente, a reciprocidade das relações em jogo. Poder-se-ia falar de um processo inferencial que vai desde a indiferenciação das propriedades até a diferenciação e integração dos pontos de vista. Esse processo está associado às abstrações reflexivas e às generalizações construtivas.

A segunda modalidade é a *articulação de sistemas* que antes estavam separados ou eram estranhos entre si, como o caso da adição e da subtração. Assim, em uma experiência, pede-se aos sujeitos que igualem grupos com quantidades desiguais (p. ex., três, cinco e sete elementos). No início, os sujeitos retiram dois elementos de um grupo de cinco, os somam a outro de três, e depois vice-versa, com o qual se retorna à desigualdade. As crianças agem dessa maneira por que seu pensamento somente considera as adições e não as subtrações. Mais tarde, começam a articular as somas com as subtrações, mas somente caso possam apelar a elementos de reserva, disponíveis fora dos grupos em questão. Por fim, conseguem igualar os grupos compensando as diferenças, percebendo rapidamente que ao fazer uma soma relativa se faz uma subtração, que +n e –n são simultâneas a uma autêntica unidade de contrários (PIAGET, 1982).

A terceira modalidade corresponde às *interações entre sujeito e objeto*, enquanto a interação entre os processos antagônicos de assimilação da ação sobre o objeto e de acomodação do instrumento de conhecimento se interconectam e presidem o desenvolvimento cognitivo. Neste sentido, o sujeito se conscientiza sobre suas ações por meio de constatações sobre os objetos relacionadas a um processo de inferências que resulta da coordenação de ações (GARCÍA, 2000). Tal interação entre ações e constatações justifica a tese da construção simultânea do objeto e do sujeito de conhecimento.

A quarta modalidade é a *relativização*, mediante a qual uma propriedade antes considerada pelo sujeito como absoluta ou isolada das outras passa a ser considerada como parte de um sistema de interdependências. A superação das contradições reside, em boa medida, em uma ampliação do referencial das noções e em uma relativização das propriedades. Na experiência citada de Piaget (1978c) sobre o equilíbrio da balança com pratos móveis, os conflitos são superados quando os pesos são relacionados às distâncias e o peso deixa de ser absoluto para o problema. A relativização do peso consiste em vinculá-lo ao fator posição (a distância até o centro), o qual permite compensar as afirmações e as negações.

Por fim, a quinta modalidade se refere ao processo de construção do conhecimento enquanto *proativo e retroativo*: a interdependência dos aspectos envolvidos em um processo construtivo gera um sistema mais avançado do que o precedente; contudo, tal processo envolve uma reorganização do nível menos avançado. Piaget (1974), mostra a autonomia dos conhecimentos práticos, que levam ao sucesso antes que a compreensão possa explicar este último e depois descreve os efeitos de retorno da segunda sobre os primeiros. Contudo, pode-se dizer que a abstração reflexiva constitui novas formas ao reconstruir os níveis anteriores e nesse sentido, equivale a uma reação a eles.

Em suma, as contradições naturais e as inferências dialéticas são características da fase de estruturação dos sistemas de conhecimento (GARCÍA, 2000). Por outro lado, as características da dialética que apresentamos não resultam da imposição de uma filosofia *a priori*, mas de um cuidadoso questionamento experimental do desenvolvimento de alguns conhecimentos, e sua credibilidade depende indiretamente da verificação das hipóteses da tradição de pesquisa científica e da verificação se cumprem os motivos que levaram a postulá-las. É crucial a contribuição das inferências dialéticas para detalhar a terceira versão da equilibração, já que a transição de um sistema a outro é elucidada pela ideia de fases estruturantes com inferência de novidades por meio da relativização e de reorganizações. Por último, a dialética metodológica e a inerente ao desenvolvimento são instrumentos-chave para a reconsideração das relações entre o pensamento de Piaget e a abordagem do desenvolvimento de Vygotsky (Castorina; Baquero, 2005).

RELAÇÕES ENTRE O DESENVOLVIMENTO DO CONHECIMENTO E A SOCIEDADE

Piaget não concebeu um sujeito solitário, como lhe tem sido atribuído (Cole, 1992), mas elaborou uma teoria da dimensão sociológica da construção do conhecimento que não é homogênea e que apresenta diversas abordagens em diferentes instâncias de sua obra (Duveen, 1994; Kitchener, 2009; Piaget, 1992, 1971, 1977a; Piaget; García, 1982; Smith, 1995).

No início de sua obra (Piaget, 1923; Kitchener, 2009), postulou que o pensamento egocêntrico derivava do autista. Este último era definido como incomunicável, individualista e independente de qualquer relação social, sem consciência do eu, por que carece de consciência do outro. O pensamento egocêntrico era um intermediário entre o autismo e o pensamento propriamente lógico que articulava o ponto de vista pessoal com o dos outros. A interação social se torna importante por que, em sua ausência, o sujeito epistêmico não tem necessidade de dar justificativas, as quais sempre são feitas em relação aos outros. Tal interação não parece ser necessária, se considerarmos seus estudos sobre o desenvolvimento sensório-motor dos bebês, por que ali se trata exclusivamente das relações entre a ação esquemática e os objetos do mundo. No entanto, em suas pesquisas focadas nas coordenações das ações que levam às operações concretas, Piaget abandonou o estudo das interações e passou da relação sujeito-sujeito à relação sujeito-objeto, ainda que em certos casos (Piaget, 1970) continuou afirmando que um indivíduo não alcançava por si próprio a completa reversibilidade.

Em *O juízo moral na criança* (Piaget, 1994), a interação social é constitutiva da produção intelectual. Assim, é preciso distinguir dois sentidos do termo "social" (FAIGENBAUM et al., 2003): um sentido amplo, segundo o qual o comportamento moral das crianças é influenciado pelo dos adultos mediante o respeito unilateral que dá lugar a uma sacralização de suas regras – para eles a sociedade é uma comunhão entre o eu e a palavra do adulto. Essa configuração moral é heterônoma, dado que a autoridade de uma figura dominante é a fonte do conhecimento. Por outro lado, no sentido estrito, ela se refere às regras morais que regulam a interação entre pares e que derivam dela. Enquanto as regras do respeito unilateral são sociais, no sentido amplo de que são transmitidas socialmente, as regras do respeito recíproco (da cooperação) são sociais, enquanto coordenam os pontos de vista. Se evocarmos a primeira tese de Piaget (1992) sobre a relação entre o indivíduo e a sociedade, vemos que no diálogo genuíno a colaboração não está acompanhada de justificações, e estas últimas são o conteúdo da cooperação associada a ele.

Portanto, o egocentrismo não só depende da pressão social, mas é sua contraparte. Por outro lado, a coordenação entre iguais vai **quebrando** a mística da autoridade, pois a regra é interiorizada graças à cooperação, ou seja, a relação social estrita tende a eliminar a perspectiva heterônoma e egocêntrica do pensamento infantil. Sem a cooperação dos indivíduos, a consciência ignoraria o bem moral e o sentimento de culpabilidade.

Em seus *Estudos sociológicos* (PIAGET, 1977a), Piaget modifica a abordagem e se inclina para um paralelismo entre a lógica e a interação social e afirma que ambas constituem os dois aspectos de um mesmo processo. Essa comunhão entre a atividade cognitiva individual e a interação social é examinada durante o sucesso dos estados de equilíbrio, por exemplo, os que apresentam o mesmo agrupamento lógico. Neste caso, a descrição da estrutura das ações em ambos indicaria que as relações sociais equilibradas em termos de cooperação constituem os mesmos agrupamentos que as ações lógicas exercidas sobre o mundo externo pelo indivíduo (PIAGET, 1977a).

A influência de Goldman (1970), que o aproximou das posições marxistas na análise ideológica, gerou outra mudança na perspectiva de Piaget sobre os fenômenos sociais e os conhecimentos. Piaget (1977a) sustenta que a ideologia é um "socio-centrismo", uma perspectiva distorcida e imaginária considerada como um "obstáculo" a ser vencido na história da ciência, assim como foi o egocentrismo com respeito à construção operatória. Em seus últimos anos, as discussões com o epistemólogo

Rolando Garcia deram lugar à obra *Psicogénesis e historia de la ciência* (PIAGET, 1982), onde modificou as teses sobre a sociogênese da ciência de *Estudios sociológicos* (PIAGET, 1977a). Em sua nova abordagem, considerou que toda ruptura ou reorganização da ciência envolve uma modificação da concepção do mundo (*Weltanschauung*) de natureza filosófico-política, que expressa relações de poder social. Sob essa perspectiva, o ideológico não é um obstáculo exterior ao conhecimento que tende à objetivação, em outras palavras, não é o "outro" da ciência, mas, ao contrário, constitui um contexto epistêmico que condiciona ou "restringe" (enquanto possibilita e, ao mesmo tempo, limita) as zonas de visibilidade do mundo para os cientistas.

De modo análogo, no desenvolvimento cognitivo das crianças, há uma rede de significados sociais na qual se inserem os objetos a serem conhecidos, ou seja, estes são portadores de um conjunto de valores e significados (hoje diríamos representações sociais) preexistentes aos sujeitos individuais. Assim, as práticas sociais específicas se encontram inseridas nos valores sociais que são propostas como conteúdos às crianças. Esta solidariedade entre universo social e objetos oferecidos às crianças também funciona como possibilitadora e limitadora dos processos de construção de conhecimento, ainda que não determine seu mecanismo construtivo específico.

A hipótese do "contexto epistêmico" ampliou o papel da concepção do mundo como uma função possibilitadora ou condicionante da prática científica, ao menos no sentido de que as crenças preexistentes mediam entre a comunidade científica e os objetos de conhecimento para qualquer momento de seu desenvolvimento e desempenham uma função moduladora dos processos de desenvolvimento. Pela primeira vez se insinua a tese de que a assimilação cognitiva no desenvolvimento infantil está condicionada por um sistema de significações ou representações sociais, particularmente quando a linguagem se converte no meio dominante. "Não se assimilam objetos puros. Assimilam-se situações nas quais os objetos desempenham determinados papéis, e não outros[...]" (PIAGET; GARCÍA, 1982, p. 228). De modo geral, a relação sujeito-objeto depende das interpretações que provêm do contexto social no qual o sujeito se insere e os objetos funcionam, de certa maneira, em relação a outros objetos ou com outros sujeitos em uma rede social (PIAGET; GARCÍA, 1982).

REVISÃO DO NÚCLEO DA TRADIÇÃO: LIMITAÇÕES E POTENCIALIDADES

Na introdução deste capítulo, caracterizamos a tradição de pesquisa científica constituída pela obra de Piaget e as ideias que seu núcleo teórico e metodológico inspirou, as quais acarretaram a independência histórica das hipóteses empíricas da psicologia do desenvolvimento. Agora nos ocuparemos de examinar as críticas dirigidas a certas teses de seu núcleo, bem como as exigências de sua renovação, e de avaliar as possibilidades que ainda não foram exploradas.

a) Embora não o abordamos extensivamente, o postulado da existência de estádios faz parte do núcleo da tradição de pesquisa científica e está entre suas teses mais questionadas (Brainerd, 1978; Bruner, 1983), basicamente por que não envolve uma sincronia entre as tarefas explicadas pelo funcionamento da estrutura. Em particular, as defasagens entre os rendimentos nas tarefas (entre diferentes conteúdos, como a substância e o peso, ou entre versões da mesma tarefa, por exemplo, igualar comprimentos) são considerados anomalias ou refutações às pré-disposições da abordagem estrutural da teoria. Entretanto, na interpretação dos críticos, para os quais os estádios são estruturas globais que determinam o pensamento das crianças, é discutível que exista um antecedente hipotético que se conecte com um desempenho observável ou consequente (Bibok; Müller; Carpendale, 2009; Lourenço; Machado, 1996). Segundo esta caracterização, a aquisição de um nível de operações concretas equivale a dizer que estas determinam de modo homogêneo qualquer desempenho operatório. No entanto, Piaget nunca afirmou que as estruturas determinaram os desempenhos, mas que estes podem ser descritos como uma série de propriedades comuns, o que não significa que tais propriedades se adquiram de maneira simultânea ou que sejam apropriadas para qualquer tarefa operatória. Além disso, a inconsistência com a suposta sincronia se baseia na tese de que os estádios são fases cronológicas do desempenho, enquanto na tradição de pesquisa científica são instrumentos preliminares para analisar os processos de desenvolvimento, não fins em si (Piaget, 1956). Somente com a interpretação das estruturas como variáveis independentes dos comportamentos de cada estádio se pode exigir que exista uma sincronia nos desempenhos, enquanto as consideramos como níveis de organização das ações, há espaço para a heterogeneidade em cada tarefa, o que faz desaparecer a anomalia da defasagem.

Em seu último trabalho, Piaget (1989) esboça uma modificação da tese da unicidade das estruturas para caracterizar os estádios como resultado do avanço das pesquisas empíricas e da teoria da equilibração. Se os sistemas de conhecimentos se mantêm por serem abertos, devido a suas trocas com o mundo, sua gênese se caracteriza por momentos de estabilidade dinâmica seguidos por períodos de desequilíbrio. Neste sentido, um estádio é um período de relativa estabilidade, que inclui todo tipo de flutuações derivadas das situações que os sujeitos enfrentam. A abordagem epistemológica do mecanismo de flutuações cognitivas substitui a perspectiva lógica dos estádios: para resolver os problemas que se apresentam, um indivíduo apela a diferentes relações lógicas, não somente a uma, e a gênese de cada estrutura é assincrônica em relação às outras. Desta maneira, a presença de estruturas em um estádio não significa que o estádio seja definido por certa estrutura lógica (PIAGET; GARCIA, 1982).

b) Quanto às versões da equilibração, a crítica mais frequente é a de que são demasiado globais, de modo que não são comprováveis (KLAHR, 1999). De fato, deve-se reconhecer as notórias dificuldades para operacionalizar a equilibração na indagação empírica, embora uma parte relevante das experiências referentes ao desenvolvimento das operações se encaixa na caracterização e seria conveniente buscar com maior rigor os indicadores para as outras noções. Sobretudo, se esquiva de estabelecer uma cadeia de causas antecedentes que conduza às transformações de atividades como classificar ou conservar, entre outras. Mais uma vez, nossa crítica se dirige aos críticos: por que a equilibração deveria responder a tal causalidade? Sem dúvida, o modelo de explicação "legítima" de antecedentes relativos a variações de comportamento já dadas é inaplicável à explicação dos sistemas de equilibração, devido ao fato de que aqui se trata do surgimento de novas formas de conhecimento provenientes do próprio funcionamento do sistema aberto de interações. Um sistema em equilíbrio não pode ser tratado como uma condição antecedente cujas variações impactam nos comportamentos externos: "Na verdade, são os próprios sistemas que se modificam, dando lugar à novidade [...]" (CASTORINA; BAQUERO, 2005, p. 243).

A busca das transformações dos sistemas de conhecimento envolve a interação sujeito-objeto, de modo que os desequilíbrios dos sistemas de ação tendem a novas formas de reequilibração, segundo as relações entre observáveis e esquemas ou entre estes dois últimos. No entanto, cada nível de conhecimento não é predeterminado pelos anteriores, mas depende dessas interações, o que sugere certa indeterminação do surgimento de um sistema (PIAGET, 1978b). Contudo, ao longo de sua obra, predominou a posição de uma racionalidade "imanente", uma tendência endógena do processo construtivo em relação a um equilíbrio ideal que fechou o equilíbrio à indeterminação (FAIGENBAUM et al., 2003).

Em *Psicogénesis e historia de la ciência* (PIAGET; GARCIA, 1982), é colocada pela primeira vez, como já vimos, a intervenção restritiva e orientadora dos sistemas epistêmicos sociais sobre a construção cognitiva, o que favorece a incerteza na emergência de formas novas. Foi apenas a partir da teoria do "sistema complexo" de García (2000) – sobre a qual não podemos nos deter, por questões de espaço –, constituído pela relação entre o sistema cognitivo, o biológico e o social, que podemos pensar que a construção de novas ideias não depende somente da dinâmica do sistema cognitivo, mas da intervenção de suas "condições de entorno", por exemplo, das representações sociais de seu contexto epistêmico. O imanentismo de um equilíbrio ideal cede, perante a proposta de uma reorganização cognitiva condicionada, pelos conhecimentos coletivos próprios do grupo social.

Um sistema de conhecimento como instância relativamente estável de um processo equilibrador abre certas possibilidades à mudança, cuja direção é restrita pelo tipo de problemas que possam ser apresentados. Não se podem prever os resultados dessa reorganização: "[...] a incerteza sobre o caminho exato que seguirá um sistema submetido a períodos sucessivos de instabilidade (desequilíbrio) parece ser uma característica de todo sistema aberto [...]" (GARCÍA, 1989, p. 130).

Claramente, se trata de uma renovação do núcleo da tradição de pesquisa científica: as interações e as condições sociais comuns de instabilidade dão lugar a trajetórias mais frequentes ou a certas regularidades que podem ser consideradas como uma tendência, mas não como uma determinação estrita. Da perspectiva dos sistemas complexos (GARCÍA, 2000), não faz sentido afirmar que uma ideia original de uma criança ou uma inferência lógica ainda não adquirida seja causada por habilidades mentais preexistentes ou pelo impacto da pressão social. Ao contrário, é possível afirmar que tais novidades emergem do subsistema cognitivo (dos esquemas de ação e dos observáveis), em particular de suas relações com o subsistema social.

Por fim, o princípio de equilibração é defensável por ser o único que explica o conhecimento necessário (os sistemas de verdades do conhecimento lógico matemático), já que este somente pode derivar da coordenação e regulação das ações por abstração reflexiva, e não de regularidades sociais ou das generalizações empíricas. Tal princípio foi formulado originalmente para explicar a gênese dos sistemas de pensamento lógico segundo uma perspectiva de domínio geral. No entanto, nas pesquisas da psicologia do desenvolvimento sobre os conhecimentos específicos de domínio, estes respondem a uma organização conceitual irredutível às formas lógico-matemáticas e impõem um desafio à teoria da equilibração. Assim, têm sido explorados com sucesso os conhecimentos de domínio, caracterizados pela elaboração de conceitos e hipóteses em campos bem delimitados, desde a física ao conhecimento social, e que não derivam das estruturas lógicas.

Por outro lado, de um ponto de vista construtivista, a especificidade de domínio não depende unicamente das representações básicas de origem inata ou das ferramentas culturais, que estão fora da atividade cognitiva (Castorina; Faigenbaum, 2000). Um domínio de conhecimento pode ser formado dentro da atividade cognitiva, no contexto de cultura ou inclusive se admitindo algum dispositivo genético, e se construir durante as interações que envolvem os indivíduos com percursos de elaboração próprios em relação a um campo de experiência específico. Tais domínios são definidos pelo conjunto de entidades e relações suscetíveis de serem pensadas pelos sujeitos em suas hipóteses e explicações, e, portanto, se modificam durante essas interações. Os estudos sobre a aquisição da escrita (Ferreiro, 1986), ou noções sobre as instituições sociais ou as regras morais, entre outros (Castorina, 2006) sugerem isso. Contudo, é preciso reconhecer o caráter inseguro desta versão do conhecimento de domínio, devido ao fato de que se deve articular a especificidade das atividades na interação com os objetos com a intervenção da cultura e as condições do sistema biológico.

Se a teoria da equilibração pretende explicar a formação dos novos conhecimentos, ela deveria se estender da emergência de inferências lógicas às "teorias" e hipóteses infantis de domínio. Nesse sentido, seria preciso mostrar as desequilibrações desses sistemas na assimilação das situações e nas posteriores reorganizações dialéticas por integração e diferenciação ou relativização. Ao postular um mecanismo comum de construção, se evita, por outro lado, sustentar que os conhecimentos de domínio sejam taxativamente dicotômicos, ainda que esse processo possa adotar características peculiares em cada um deles, outra renovação do núcleo da tradição de pesquisa científica da qual podemos esperar uma implementação bem-sucedida na pesquisa do desenvolvimento cognitivo. Assim, Carey (1999), ainda que sua procedência intelectual seja neoinatista, em sua pesquisa sobre a construção infantil de uma "teoria" biológica do ciclo vital, confirma a dialética inferencial, em termos de diferenciação, integração e relativização, ao mostrar uma reelaboração dos significados da vida em crianças entre os 4 e os 10 anos de idade, a partir de outra "teoria" psicologizada da vida. Tais inferências seriam "livres de domínio", no sentido de que atravessam a formação de estruturas de conhecimento e sistemas conceituais específicos.

Retomemos agora o significado da teoria da equilibração e dos processos de abstração reflexiva, generalização e, especialmente, as inferências dialéticas para a psicologia do desenvolvimento. Em primeiro lugar, um exame comparativo com as teorias contemporâneas a propósito do modo de enfrentar o problema da novidade, em particular, o contextualismo ou o neoinatismo (Overton, 2006), mostra que a teoria da equilibração é defensável, principalmente para explicar os aspectos normativos do desenvolvimento. Isto é, ao estudar a construção do conhecimento lógico-matemático (cujas verdades são necessárias, no sentido de que sua negação acarreta contradições), a tradição da pesquisa científica continua sendo mais produtiva do que outras alternativas (Boom, 2009). Além disso, sua revisão em termos dos sistemas complexos facilita o diálogo com a teoria contemporânea dos sistemas dinâmicos (Oyama, 1999; Todd Rose; Fischer, 2009) e se constitui em uma promessa de mútuo enriquecimento.

Além disso, cabe assinalar que os críticos vêm privilegiando a teoria dos estádios em relação à teoria da equilibração e praticamente nenhum pesquisador tem utilizado de maneira empírica a generalização nem as inferências dialéticas, e os textos correspondentes também não têm sido traduzidos para o inglês (Campbell, 2009). Por outro lado, temos boas razões para afirmar que o avanço do estudo das inferências dialéticas poderia enriquecer o processo de equilibração e contribuir para refutar a acusação de predeterminação e logicismo que o próprio Piaget permitiu com seus escritos. Insistimos: a tradição da pesquisa científica renovada é capaz de tornar inteligível a novidade, uma questão crucial entre os problemas do desenvolvimento cognitivo (Castorina; Baquero, 2005).

c) Podemos fazer um balanço crítico da relação entre a prática social e a construção individual dos conhecimentos em Piaget, visto que a diversidade de abordagens e inclusive os períodos nos quais não realizou nenhuma análise permitem que se fale de um elemento instável em sua obra (DUVEEN, 1994). Pode-se acrescentar que nosso autor não chegou a dizer como as interações sociais possibilitam a resolução dos conflitos cognitivos nem como a restringem, nem explicitou o papel dos contextos no desenvolvimento das noções, e que em seus trabalhos de orientação funcional a equilibração foi proposta somente dentro do sistema cognitivo, deixando de lado as interações com outros sistemas (PSALTIS; DUVEEN; PERRET-CLERMONT, 2009), exceto os esboços de *Psicogénesis e historia de la ciencia* (PIAGET, 1982). Desta maneira, em numerosas passagens de sua obra, a universalidade (no sentido de um nível de conhecimentos gerais para qualquer população) e a linearidade do conhecimento foram parte integral da teoria da pesquisa científica.

As revisões teóricas propostas por Chapman (1988a, 1988b, 1992) apontam, por outro lado, para uma integração consistente da intersubjetividade na teoria da equilibração, formando um triângulo epistêmico: um sujeito ativo, o objeto de conhecimento e um interlocutor real ou implícito, em suas relações, sem destruir o significado e o poder explicativo da teoria da pesquisa científica. Por outro lado, procurou descartar toda unidirecionalidade e teleologia do desenvolvimento psicológico, em uma direção semelhante à proposta por García (2000) sobre os sistemas complexos. Basicamente, ele evidencia o papel do contexto sociocultural, em oposição à concepção do progresso do conhecimento da psicologia genética, que o coloca como universal e teleológico, ideias que Piaget refutou com vigor (PIAGET, 1978b). Considerando as críticas contextualistas que afirmam que medir os avanços cognitivos dentro de um contexto cultural particular não autoriza generalizá-los a qualquer outro contexto, Chapman afirma que a contextualidade não é incompatível com a progressividade do conhecimento. Em outras palavras, é provável que se possa considerar certos sujeitos – dentro de um contexto cultural – como mais avançados do que outros, dependendo se alcançaram ou não certas noções que são consideradas socialmente valiosas. Dessa maneira, se é possível uma diversidade de contextos, pode-se falar de um modelo multidirecional do desenvolvimento, que caracterize o progresso desde um ponto de referência até o mais avançado, sem que isso implique um ponto de chegada no sentido teleológico. Curiosamente, o próprio Piaget, ao se referir à obra *Psicogénesis e historia de la ciencia*, dizia:

> Interessei-me pela ciência chinesa em função do livro que escrevo com García, sendo o problema a saber se há apenas uma linha possível de evolução no desenvolvimento ou se podem haver caminhos diferentes [...]. Então me coloquei o problema de saber se era possível imaginar uma psicogênese di-

ferente da nossa, que seria a da criança chinesa no período áureo da ciência chinesa, e penso que este é o caso. (PIAGET, 1977b, p. 1976).

Essa citação mostra o pensamento não tão universalista nem livre do contexto que Piaget expôs em boa parte de seus textos.

Além disso, a não universalidade do pensamento formal, aceita por nosso autor (PIAGET, 1978a), exige uma explicação conceitual, na medida em que existe somente para alguns campos do conhecimento e segue diferentes caminhos de desenvolvimento. Como observa Chapman (1988a), as operações interproposicionais tomam as proposicionais como conteúdo e se situam na metalinguagem reflexiva (OLSON; ASTINGTON, 1986), à qual se vinculam os jogos de linguagem, a reflexão sobre os textos e a própria linguagem. Somente nos contextos da cultura erudita e com as práticas educativas formais, os sujeitos aprendem a falar sobre textos e podem constituir operações formais mais avançadas.

Também destacamos a exigência de incorporar os instrumentos semióticos às condições sociais da teoria da pesquisa científica, já que havia sido verificado que o próprio funcionamento intelectual se transforma como resultado da estruturação dos sistemas semióticos (MARTÍ, 2006). Um mapa ou os sistemas numéricos, entre outros, permitem operações novas nas crianças e as modificam.

Por fim, podemos nos perguntar se as modificações introduzidas na teoria da pesquisa científica, particularmente na teoria da equilibração, ao admitir os domínios específicos do conhecimento ou as condições sociais da construção, têm alterado sua identidade. As teses essenciais da tradição piagetiana, sem as quais não poderiam ser explicados os processos do desenvolvimento cognitivo, não foram abandonadas, ainda que tenham sido profundamente tranformadas. Contudo, a corrente neoestruturalista eliminou a teoria da equilibração e tentou substituí-la por uma síntese entre as estruturas e a psicologia dos processos de informação (PASCUAL-LEONE, 1984), criando, de fato, outra teoria de pesquisa científica. Como resultado das mudanças contextuais, a tese construtivista subsiste, para a elaboração de hipóteses originais sobre as crianças, ainda que hoje estas sejam situadas em estritas condições sociais e contextuais; a equilibração tem sido formulada como uma teoria de sistema complexo (GARCÍA, 2000), ao incluir as relações intersubjetivas (CHAPMAN, 1992) e, nas futuras pesquisas, é necessário estender os mecanismos funcionais para incluir os conhecimentos de domínio específico. Neste sentido, a tradição parece manter certa continuidade, uma identidade dialética por meio das modificações propostas.

O potencial de pesquisa que provém das últimas obras de Piaget e das revisões do programa de pesquisa propostas tem sido explorado em estudos empíricos pelos psicólogos que se inspiram em suas ideias. Outras tradições na psicologia do desenvolvimento não reconhecem sua dívida com o autor, tanto no que diz respeito aos problemas apresentados por ele – que hoje foram adotados por elas – quanto no que se refere à robustez de suas teses epistemológicas ou à originalidade de sua abordagem. Elas ganhariam muito se incluíssem algumas das ideias sobre a construção de novidades e aceitassem os desafios que ainda existem no estado atual dos conhecimentos (BIDEAU, 2007).

REFERÊNCIAS

BIBOK, M.; MÜLLER, U.; CARPENDALE, J. M. Childhood. In: MÜLLER, U.; CARPENDALE, J. M.; SMITH, L. (Ed.). *Cambridge companions to Piaget*. Cambridge: Cambridge University, 2009. p. 229-254.
BIDEAU, J. Jean Piaget, ayer, hoy y mañana. In: HOUDÉ, O.; MELJAC, C. (Ed.). *El espíritu de Piaget*: homenaje internacional a Jean Piaget. Madrid: Popular, 2007. p. 21-32.
BIDELL, T. Vygotsky, Piaget and the dialectic of development. *Human Development*, v. 31, p. 329-348, 1988.
BOOM, J. Piaget on equilibration. In: MÜLLER, U.; CARPENDALE, J. M.; SMITH, L. (Ed.). *The Cambridge companions to Piaget*. Cambridge: Cambridge University, 2009. p. 132-149.
BRAINERD, C. J. The stage question in cognitive-developmental theory. *The Behavioral and Brain Sciences*, v. 1, n. 2, p. 173-213, 1978.
BRUNER, J. State of de child. *New York Review of Books*, v. 30, p. 83-89, 1983.
CAMPBELL, R. L. Constructive processes: abstracción, generalization, and dialectics. In: MÜLLER, U.; CARPENDALE, J. M.; SMITH, L. (Ed.). *The Cambridge companions to Piaget*. Cambridge: Cambridge University, 2009. p. 150-170.
CAREY, S. Sources of conceptual change. In: SCHOLNICK, E. K. et al. (Ed.). *Conceptual development*: Piaget's legacy. Mahwah: Lawrence Erlbaum, 1999. p. 293-326.
CASTORINA, J. A. La investigación psicológica de los conocimientos sociales. Los desafios a la tradición constructivista. In: CASTORINA, J. A. (Org.). *Construcción conceptual y representaciones sociales*: el conocimiento de la sociedade. Buenos Aires: Miño e Dávila, 2006. p. 19-44.
CASTORINA, J. A. La psicología genética como una tradición de investigación: problemas y apreciación crítica. *Anuario de Psicología*, n. 56, p. 5-26, 1993.
CASTORINA, J. A.; BAQUERO, R. *Dialéctica y psicología del desarrollo:* el pensamento de Piaget y Vigotsky. Buenos Aires: Amorrortu, 2005.
CASTORINA, J. A.; FAIGENBAUM, G. The epistemological meaning of constraints in the development of domain knowledge. *Theory & Psychology*, v. 12, n. 3, p. 315-334, 2002.
CHAPMAN, M. *Constructive evolution*. Cambridge: Cambridge University, 1988b.

CHAPMAN, M. Contextualidad y dirección del desarrollo cognitive. *Human Development*, v. 31, 92-106, 1988a.
CHAPMAN, M. Equilibration and the dialectics of organization. In: BEILIN, H.; PUFFAL, P. B. (Ed.). *Piaget's theory*: prospects and possibilities. Nova York: Erlbaum, 1992. p. 39-60.
COLE, M. Context, modularity and the cultural constitution of development. In: WINEGAR, L.; VALSINER, J. (Ed.). *Children's development within social context*: metatheory and theory. Hillsdale: Erlbaum, 1992. p. 5-31.
DUVEEN, G. Crianças enquanto atores sociais: as representações sociais em desenvolvimento. In: GUARESCHI, P.; JOVCHELOVICH, S. (Org.). *Textos em representações sociais*. Petrópolis: Vozes, 1994. p. 261-296.
FAIGENBAUM, G. et al. El enfoque piagetiano en el estudio del juicio moral: alternativas frente al naturalismo y el relativismo. *Estudios de Psicología*, v. 24, n. 2, p. 205-222, 2003.
FERREIRO, E. *Proceso de alfabetización*: la alfabetización en processo. Buenos Aires: Centro Editor de América Latina, 1986.
GARCÍA, R. *El conocimiento en construcción*. Barcelona: Gedisa, 2000.
GARCÍA, R. Lógica y epistemología genética. In: PIAGET, J.; GARCÍA, R. *Hacia una lógica de las significaciones*. México: Gedisa, 1989. p. 117-131.
GOLDMAN, L. *Marxisme et sciences humaines*. Paris: Gallimard, 1970.
HANSON, N. R. *Patrones de descubrimiento*: investigación de las bases conceptuales de la ciência. Madri: Alianza, 1997.
INHELDER, B.; PIAGET, J. Procedures et structures. *Archives de Psychologie*, v. 47, n. 181, p. 165-176, 1979.
KITCHENER, R. F. On the concept(s) of the social in Piaget. In: MÜLLER, U.; CARPENDALE, J. M.; SMITH, L. (Ed.). *Cambridge companions to Piaget*. Cambridge: Cambridge University, 2009. p. 110-131.
KLAHR, D. The conceptual habitat: in what kind of system can concepts develop. In: SCHOLNICK, E. et al. (Ed.). *Conceptual development*: Piaget's legacy. Londres: Erlbaum, 1999. p. 131-162.
LAUDAN, J. *El progreso y sus problemas*: hacia una teoría del crecimiento científico. Madri: Encuentro, 1986.
LORENÇO, O.; MACHADO, A. In defense of Piaget's theory: a reply to 10 common criticism. *Psychological Review*, v. 103, n. 1, p. 143-164, 1996.
MARTÍ, E. *Desarrollo, cultura y educación*. Buenos Aires: Amorrortu, 2006.
OLSON, D.; ASTINGTON, J. W. *Talking about text*: how literacy contribuyes to thought. Boston: Boston University, 1986.
OVERTON, W. F. Developmental psychology: philosophy, concepts, methodology. In: DAMON, W.; LERNER, R. M. (Ed.). *Handbook of child psychology*. 6th ed. Nova York: John Wiley & Sons, 2006. p. 18-88.
OYAMA, S. Locating development: locating developmental systems. In: SCHOLNICK, E. et al. (Ed.). *Conceptual development*: Piaget's legacy. Londres: Erlbaum, 1999. p. 185-208.
PASCUAL-LEONE, J. Problemas constructivos para teorías constructivas: la relevância actual de la obra de Piaget y una crítica a la psicología basada en la simulación del procesamiento de la información. In: CARRETERO, M.; GARCÍA MADRUGA, J. A. (Ed.). *Lecturas de psicología del pensamiento*: razonamiento, solución de problemas y desarrollo cognitivo. Madrid: Alianza, 1984.

PIAGET, J. *Conversaciones con Piaget*. Barcelona: Gedisa, 1977b.
PIAGET, J. *El criterio moral en el niño*. Barcelona: Fontanella, 1971.
PIAGET, J. *El juicio y el razonamiento en el niño*. Buenos Aires: Guadalupe, 1992.
PIAGET, J. *Estudios sobre la contradicción*. México: Siglo XXI, 1978c.
PIAGET, J. *Estudios sociológicos*. Barcelona: Ariel, 1977a.
PIAGET, J. et al. *Investigaciones sobre la generalización*. México: Premiá, 1984.
PIAGET, J. *Hacia una lógica de las significaciones*. México: Gedisa, 1989.
PIAGET, J. *Investigaciones sobre la abstracción reflexionante*. Buenos Aires: Huemul, 1980. 2 v.
PIAGET, J. *La equilibración de las estructuras cognitivas*. México: Siglo XXI, 1978b.
PIAGET, J. La evolución intelectual entre la adolescencia y la edad adulta. In: DELVAL, J. (Ed.). *Lecturas de psicología del niño*. Madri: Alianza, 1978a. p. 208-213.
PIAGET, J. *La psicología de la inteligência*. Buenos Aires: Psique, 1970.
PIAGET, J. *La toma de conciencia*. Madri: Morata, 1976.
PIAGET, J. *Las formas elementales de la dialéctica*. Barcelona: Gedisa, 1982.
PIAGET, J. *Le langage et la pensée chez l'enfant*. Paris: Delachaux et Niestlé,1923.
PIAGET, J. *O juízo moral na criança*. São Paulo: Summus, 1994.
PIAGET, J. *Le posible et le nécessaire*: l'evolution du nécessaire chez l'enfant. Paris: Presses Universitaires de France, 1983.
PIAGET, J. Les stades du development intellectual de l'enfant et de l'adolescent. In: OSTERRIETH, P. et al. (Ed.). *Le problème des stades en pychologie de l'enfant*. Paris: Presses Universitaires de France, 1956. p. 33-113.
PIAGET, J. *Réussir et comprendre*. Paris: Presses Universitaires de France, 1974.
PIAGET, J.; APOSTEL, L.; MANDELEBROT, B. *Logique et equilibre*. Paris: Presses Universitaires de France, 1957.
PIAGET, J.; GARCÍA, R. *Psicogénesis e historia de la ciência*. México: Siglo XXI, 1982.
PIAGET, J.; HENRIQUEZ, G.; ASCHER, E. *Morphismes et cátegories*. Paris: Delachaux & Niestlé, 1990.
PIAGET, J.; INHELDER, B. *El desarrollo de las cantidades en el niño*. Barcelona: Nova Terra, 1970.
PSALTIS, C. H.; DUVEEN, G.; PERRET-CLERMONT, A. N. The social and the psychological: structure and context in intellectual development. *Human Development*, v. 52, p. 291-312, 2009.
SMITH, L. Introduction. In: PIAGET, J. *Sociological studies*. Nova York: Routledge, 1995. p. 1-22.
TODD ROSE, L.; FISCHER, K. Dinamic development: a neo-piagetian approach. In: MÜLLER, U.; CARPENDALE, J. M.; SMITH, L. (Ed.). *Cambridge companions to Piaget*. Cambridge: Cambridge University, 2009. p. 400-422.

2
Vygotsky: sujeito e situação, as chaves de um programa psicológico

Ricardo Baquero

POR QUE VYGOTSKY HOJE?

Parece uma espécie de lugar-comum se referir à presença crescente e insistente da obra vygotskiana e a de seus seguidores na literatura da psicologia e da educação. Neste capítulo queremos ressaltar seu caráter insistente, ou seja, a persistência do interesse na difusão de suas teses e o curso que vêm tomando as leituras de sua obra e o desenvolvimento de suas ideias.

Para introduzir algumas das questões centrais sobre sua produção psicológica, optaremos por vinculá-las às ressonâncias que possuem na discussão contemporânea, uma discussão que tem tido grande impacto no terreno da psicologia e da educação, mas – é bom recordar – tem ocorrido de modo profundo na agenda da explicação básica dessas disciplinas. Isto é, enquanto possui implicações inevitáveis e, às vezes, vinculantes de tipo prático, tem sido uma discussão interessante sobre aspectos cruciais de nossa tentativa para compreender os processos de desenvolvimento envolvidos, permitidos ou produzidos pelas práticas culturais. É por isso que o desenvolvimento da obra de Vygotsky apresenta tanto hipóteses sobre o sujeito humano e sobre as práticas sociais e culturais como, particularmente, sobre os processos semióticos. Assim, sujeito, cultura e semiose parecem componentes inevitáveis para a explicação do ser humano que trazem entre si relações de implicação mútua que o programa de trabalho tentará revelar desde sua origem.

Também podemos encontrar, entre as discussões mais importantes que a obra de Vygotsky tem provocado, aquela relativa aos pressupostos de tipo filosófico e epistêmico, quando não políticos, envolvidos nas concepções sobre a explicação da psique humana, a natureza do conhecimento, a racionalidade do tipo científico, a tensão com as formas cotidianas de conhecimento e as concepções de "progresso", entre outras. Em certo sentido inevitável, o exame das teses vygotskianas implica um exame de muitos dos pressupostos e das tensões da modernidade e, também, de suas práticas educativas e psicoeducativas (BAKHURST, 2007; CASTORINA; BAQUERO, 2005; DANIELS, 2009; MATUSOV, 2008).

Como veremos, o caráter central que a explicação vygotskiana então adquire na relação entre o desenvolvimento do sujeito e a natureza das práticas culturais com as quais os sujeitos estão envolvidos obriga a uma múltipla revisão tanto da explicação do desenvolvimento especificamente humano, como da análise das práticas culturais, entre elas particularmente as educativas e as do tipo escolar. Por fim, ele obriga a pensar, como antecipamos, sobre como compreender a natureza da relação entre desenvolvimento e práticas culturais. Ou seja, assim como em tantos outros aspectos da explicação vygotskiana, o problema se concentra não tanto nos componentes que podem ser descritos, mas na natureza particular de sua relação.

Cole, Daniels e Wertsch (2007) afirmam que, ainda que esse impacto particular e crescente da obra vygotskiana tenha ocorrido sobre uma grande variedade de disciplinas, é na psicologia e na educação que ele se mostra mais evidente. Bakhurst (2007) e Van der Veer (2007) apontam para o fato de que a frequente implicação mútua de problemas básicos e aplicados, que constantemente se apresenta nos trabalhos vygotskianos obedece, de certa maneira, às origens do próprio programa e ao contexto histórico particular no qual ele surgiu. Entre as demandas ou as condições de possibilidade de desenvolvimento do programa – na nascente União Soviética – se destacam as que definiam com urgência a necessidade de atender a uma população cada vez mais diversa, como a representada pelas crianças sem família que, em conflito com a lei, moravam nas ruas ou se prostituíam, somada à diversidade da população que imigrava ou abandonava seus lugares de origem (VAN DER VEER, 2007).

Desse modo, se tivéssemos de escolher entre dois aspectos da obra vygotskiana que ilustram sua vigência e tratamento, deveríamos ressaltar, de um lado, a relação de envolvimento mútuo entre os processos de desenvolvimento, as práticas culturais e os processos semióticos e, de outro, como essas teses particulares sobre sua relação reformula de certa maneira o problema da diversidade e dos critérios de progresso psicológico. As práticas educativas, em um sentido abrangente, vão em duas direções: a explicação das relações entre o desenvolvimento e as práticas culturais, tentando explicar seus efeitos, e, por sua vez, a reflexão sobre esses dois últimos e em torno da inevitável carga normativa das práticas educativas e de seu caráter desejável ou impensado.

O PROGRAMA DE PSICOLOGIA

Vygotsky pode, a princípio, ser identificado como um intelectual "marxista", embora esse rótulo seja um pouco impreciso, sobretudo no contexto inicial da revolução e principalmente com a ascensão do estalinismo, quando os debates sobre o caráter genuinamente marxista das elaborações eram moeda corrente e não possuí-lo acarretava consequências terríveis (Van der Veer, 2007). Contudo, é oportuno observar que a releitura da obra vygotskiana e a discussão sobre o peso da teoria marxista nela ainda vem sendo feita em nossos dias (Castorina; Baquero, 2005; Paker, 2008). De qualquer modo, vale recordar que em 1927, com a obra *O significado histórico da crise da psicologia*, Vygotsky mostra suas inquietudes epistemológicas ou metateóricas iniciais, como ressaltou bem Yaroschevky (1989), enquanto enuncia com clareza a necessidade de desenvolver um programa psicológico com base no materialismo dialético (Vygotsky, 1991a).

Assim, a psicologia de Vygotsky se propõe, desde suas origens, a abordar a especificidade dos processos psicológicos humanos, uma tarefa ambiciosa no contexto da psicologia na década de 1920, que em Vygotsky se somava a um interesse desde cedo para evitar os reducionismos usuais. O ser humano deveria ser compreendido por sua particular descontinuidade com os processos naturais e do psiquismo animal, mas, também, fiel à abordagem de cunho genético que proporia, seria preciso mostrar tanto suas continuidades relativas como suas rupturas. Por isso, sua abordagem era sempre atenta aos estudos comparados da psicologia da Gestalt.

Temos, então, um programa de psicologia atento àquilo que seria especificamente humano e que considera que os processos semióticos são essenciais para explicar processos como os do funcionamento consciente. No entanto, a apropriação, por parte dos sujeitos, dos instrumentos e das práticas semióticas ocorre na vida social e nas práticas culturais específicas da criação e da educação, com suas particularidades históricas e conjunturais. Uma das teses centrais da abordagem é, precisamente, a da *origem social das funções psicológicas de tipo superior*, isto é, as funções especificamente humanas, segundo a denominação dada pelo autor.

Desta maneira, o desafio consistiu em explorar uma tentativa de explicação psicológica não separatista, que evitasse os dualismos e desenvolvesse uma espécie de abordagem contextual dos processos subjetivos (CASTORINA; BAQUERO, 2005; DANIELS, 2011; VAN DER VEER; VALSSINER, 1991; WERTSCH, 1991).

A ORIGEM SOCIAL DOS PROCESSOS PSICOLÓGICOS SUPERIORES

Como comentamos, Vygotsky propõe distinguir entre processos *psicológicos do tipo elementar* e *processos psicológicos do tipo superior*. Os primeiros, que também fazem parte do funcionamento psicológico humano, não são, contudo, exclusivos do homem, mas compartilhados com as demais espécies superiores. Por isso, podemos encontrar em outras espécies, além do homem, processos elementares de memória, sensopercepção, entre outros, que haviam se constituído privilegiadamente ao longo da filogênese e, por isso, não exigem, para sua explicação, apelar à mediação cultural. Portanto, durante o desenvolvimento subjetivo, o curso de sua evolução mostrará a tensão e a influência dos processos constituídos na vida cultural, mas, não obstante, eles não podem ser reduzidos a isso. Eles expressam, segundo a denominação vygotskiana, uma linha natural de desenvolvimento dos processos psicológicos (VYGOTSKY, 1995).

Todavia, a especificidade do ser humano é exatamente poder construir formas de regulação psicológica com base no uso de signos na vida social, ou seja, com base de seu funcionamento na "linha histórico-cultural do desenvolvimento" psicológico. Desta maneira, pode-se dizer que o desenvolvimento ontogênico é produzido no cruzamento entre a filogênese e a história, entre forças e processos evolutivos naturais e históricos, e que o desenvolvimento humano é um composto dessa relação (Vygotsky, 1995).

Como afirma Wertsch (1985) em sua obra clássica sobre a vida de Vygotsky, essa divisão entre linhas de desenvolvimento natural e cultural foi criticada por considerar que a própria teoria atribuía, na verdade, um papel decisivo ao desenvolvimento propriamente cultural na regulagem do conjunto da vida psicológica. No entanto, a fim de compreender as gêneses de diferentes naturezas e complexidade que os processos psicológicos têm – como no caso da diversidade e das necessidades educativas especiais (Kozulin et al., 2003) –, tanto a distinção de linhas como a taxonomia de funções esboçada parece oportuna (Moll, 1994). Rivière (2002), por exemplo, retoma essa taxonomia vygotskiana em sua conhecida distinção entre funções do tipo 1 e 2 – que correspondem aos processos do tipo superior. Segundo Rivière, a classificação vygotskiana não oferece matizes e sua nomenclatura parece desconhecer a complexidade dos processos do tipo "elementar". A linha divisória entre uma e outra taxonomia continua sendo, no caso das funções "superiores", o fato de que sua constituição se explica pela necessidade de utilizar signos na vida social.

AS UNIDADES DE ANÁLISE E O MÉTODO GENÉTICO

As teses comentadas (a da origem social dos processos do tipo superior e a do papel central dos processos semióticos em sua constituição) deviam ser complementadas pelo desenvolvimento de uma metodologia de abordagem e um esquema explicativo atentos à complexidade de tais relações (Van der Veer, 2001). Isto tem uma dupla implicação que será fundamental à construção da teoria e pesquisa da psicologia e coloca Vygotsky perfeitamente alinhado com a discussão contemporânea. Em primeiro lugar, esse autor sustenta que uma explicação adequada dos processos psicológicos obriga um inevitável recorte teórico destes, que capture a unidade "viva" dos processos a explicar. Isto é, deve-se adotar, a princípio, um modelo de explicação por unidades, e não uma mera busca de correlações ou influências entre elementos ou fatores que incidam sobre um problema. Tal unidade deve expressar, portanto, as relações sistêmicas e específicas que ocorrem entre os componentes constituintes do processo (Vygotsky, 1994, 2007). Estava sendo posta em xeque a ilusão atomista de que uma atividade analítica por si leva, devido à decomposição de um fenômeno em seus elementos, a uma melhor compreensão dos fenômenos.

Entretanto, uma vez decididos a adotar um modelo de explicação baseado em unidades, resta a tarefa nada fácil de definir quais são as unidades de análise mais adequadas para a explicação do surgimento do processo psicológico. Historicamente vem se ressaltando o *significado da palavra* como unidade de análise proposta por Vygotsky para explicar o funcionamento consciente humano (Vygotsky, 2007). Contudo, na busca de uma unidade que permita explicar o desenvolvimento psicológico do sujeito desde suas origens e inclusive de como ocorre a apropriação da linguagem como ferramenta de pensamento, como coloca Zinchenko, é necessário adotar uma unidade capaz de seguir longitudinalmente o desenvolvimento (ZINCHENKO, 1985, 1997).

Vygotsky propõe, em relativa correspondência com a tradição marxista e com o papel que esta atribui ao trabalho na humanização (BAQUERO, 1998; VAN DER VEER; VALSINER, 1991), a atividade instrumental e a interação social como os componentes iniludíveis da formação do sujeito (Rivière, 1998). É claro que no tipo de atividade instrumental ou no uso de ferramentas que descreve, Vygotsky distingue com cuidado entre as ferramentas do tipo físico ou técnico, que acarretam modificações no mundo objetivo, e as ferramentas que chamará *psicológicas*. Estas últimas se destinam a ter impacto sobre os outros sujeitos ou, de modo crucial, sobre o próprio indivíduo. As ferramentas psicológicas, sem dúvida, são nada mais do que os instrumentos semióticos ou os signos, entre os quais a linguagem ocupa um lugar privilegiado (VYGOTSKY, 1995).

Uma vez que as ferramentas semióticas estão disponíveis e ordenam a vida social e, como resultado de sua apropriação, poderão se constituir em ferramentas de regulação do próprio psiquismo. Ao considerar as unidades de análise adequadas para a explicação do desenvolvimento humano, pesará de modo relativo o papel outorgado a essas ferramentas ou às atividades culturais nas quais se dá sua apropriação e a maneira de compreender sua mútua dependência, ou seja, a relação entre o uso dos instrumentos e a atividade. Esta tensão entre o uso de ferramentas e sua apropriação tem refletido nos trabalhos de autores vygotskianos e neovygotskianos, como Zinchenko (1997) e Wertsch (1998).

Quando afirmamos que a atividade instrumental e a interação social podem ser entendidas como unidades de análise da constituição dos processos psicológicos especificamente humanos, está sendo ressaltado seu caráter de *unidade*. Ou seja, não se trata de adicionar instrumentos semióticos à interação social, mas de compreender as propriedades de sua mútua relação. A unidade de análise, então, poderia ser formulada em termos de *atividade intersubjetiva semioticamente mediada*. Em outras palavras, a eficácia dos processos semióticos na regulação da vida psíquica dificilmente pode ser distinguida de sua recuperação contextual no seio de atividades específicas. Um exemplo clássico de indagação que procura discriminar os efeitos do uso de instrumentos semióticos de acordo com as práticas de uso é a investigação sobre as distintas formas de alfabetização em culturas como as dos Vai, da Libéria, que é realizada em diversas línguas e em contextos escolares e não escolares. A clássica exploração das consequências cognitivas das diferentes experiências de alfabetização evidencia a dificuldade de separar os efeitos do uso de recursos semióticos das práticas específicas produzidas com eles. De certo modo, parte importante do impacto cognitivo da escolarização deveria ser explicado pela presença simultânea da alfabetização e de práticas do tipo escolar; ou, em palavras mais simples, pelo fato de ser alfabetizado em *situações do tipo escolar* (COLE, 1999).

Em suma, o problema da definição de unidades de análise, no marco vygotskiano, implica várias coisas. Em primeiro lugar, a adoção de um modelo de explicação por unidades *versus* um modelo de um conjunto de elementos ou correlações. Em segundo lugar, o caráter teórico desta redução deve incluir a especificidade dos processos psicológicos humanos. Em terceiro, podemos possuir um jogo de unidades de análise diverso de acordo com o processo psicológico que será explorado. Não se trata de escolher entre o significado da palavra ou a atividade intersubjetiva semioticamente mediada ou os sistemas interfuncionais ou a vivência – outras unidades empregadas nos sistemas de Vygotsky (1991b; 1996a) –, mas de compreender sua especificidade relativa e, sem dúvida, a consistência que deveriam manter entre si.

A mencionada advertência feita por Zinchenko sobre a necessidade de oferecer uma abordagem longitudinal ao processo que será analisado e, portanto, a necessidade de optar por unidades que capturem sua dinâmica temporal, é consistente com a necessidade de uma abordagem genética dos processos psicológicos proposta por Vygotsky (1995). Este último citava, com frequência, a afirmação feita por Blonski de que a conduta somente é inteligível como história da conduta (VAN DER VEER, 2007), de modo que Vygotsky – assim como Piaget – privilegia a explicação pelo modo de formação e constituição dos processos psicológicos. A origem e o destino dos processos, as transformações das relações interfuncionais no tempo e inclusive a "fossilização" relativa de certas funções permitem compreender sua natureza e dinâmica (VYGOTSKY, 1995).

O problema da "fossilização" das condutas ou dos processos constitui um desafio que deve ser enfrentado. Frequentemente nos deparamos, por exemplo, com processos automatizados, minimizados, que demandam pouco trabalho consciente, como a escrita de um sujeito experiente, que pode ser interpretada erroneamente se não atentarmos à história de sua constituição, como uma espécie de comportamento psicomotor com baixa participação do controle consciente. Assim como a adoção de um método genético, evolutivo ou histórico de explicação – todas essas várias denominações podiam ser empregadas – estava intimamente relacionada com a definição de unidades de análise adequadas para a explicação.

OS PROCESSOS DE INTERIORIZAÇÃO

Em um de seus textos mais citados, Vygotsky enuncia a lei genética do desenvolvimento cultural – também divulgada como a "lei da dupla formação dos processos psicológicos":

> No desenvolvimento cultural da criança, toda função aparece duas vezes: primeiramente, no nível social e, mais tarde, no nível individual; primeiramente entre pessoas (*interpsicológica*), e, depois, no interior da própria criança (*intrapsicológica*). O mesmo pode ser dito da atenção voluntária, da memória lógica e da formação de conceitos. Todas as funções psicológicas surgem como relações entre seres humanos. (VYGOTSKY, 1978a, p. 94).

Como se compreenderá, Vygotsky aqui faz alusão ao desenvolvimento dos processos psicológicos do tipo superior, especificamente aos constituídos em virtude da vida cultural. Recorre-se então à lei da interiorização para o esboço dos processos mediante os quais essa constituição é gerada. Como se observará, o enunciado pressupõe a atividade social, interpsicológica, como um tipo de precursor genético da constituição desses processos no sujeito. Neste sentido, é consistente com o problema da definição de unidades de análise e, como veremos, com o papel crucial que será desempenhado pelos processos semióticos no desenvolvimento dos processos psicológicos superiores.

Apesar da aparente simplicidade da tese, deve-se notar que a noção de interiorização, segundo Baquero (2001):

- Envolve uma organização no plano *intrapsicológico* de uma *operação interpsicológica*.
- Envolve uma reorganização *interna* de uma operação previamente *externa*.
- Trata-se de um processo *evolutivo* (envolve lapsos extensos e constitui um processo de desenvolvimento).
- Envolve uma *reconstrução* interior, que varia estrutural e funcionalmente, segundo a operação em jogo.

– Na reconstrução que acontece, há o *uso de signos*.
– Geralmente envolve uma *abreviação* da operação interiorizada.
– Deve ser entendida como um processo de *criação de um espaço interior*.

Como se sabe, a categoria de interiorização tem sido uma das mais controvertidas da obra vygotskiana. Por um lado, tem-se ressaltado que nem sempre são especificados com detalhes quais são os mecanismos semióticos que estão envolvidos nesta espécie de "passagem" do funcionamento interpsicológico ao intrapsicológico (Stone, 1993), nem as dificuldades na operacionalização de seus processos. Uma questão crucial é a preocupação de que a categoria induza a pensar especificamente em processos de "passagem" de conteúdos de um exterior para um interior. Esse temor se dá tanto devido ao caráter separatista que tal ideia poderia trazer (Matusov, 1998; Rogoff, 1991) quanto às consequências psicoeducativas à qual ela se prestaria, na medida em que parece ser de uma pedagogia do tipo instrucional (Baquero, 2006; Hatano, 1993). Ambos os temores se somam ao medo de que os mecanismos e processos de construção cognitiva propriamente subjetivos sejam minimizados ou não sejam valorizados (Castorina; Baquero, 2005; Castorina; Dubrovsky, 2004).

No entanto, uma leitura atenta dos textos vygotskianos e a contextualização do tema no conjunto de sua obra, ainda que não elimine as tensões e contradições do próprio Vygotsky, permite entender este processo em sua complexidade e a abertura de uma perspectiva não separatista na psicologia (Castorina; Baquero, 2005; Daniels, 2011; Wertsch, 2005a). A princípio, como afirmaram Lawrence e Valsiner (1993) em um trabalho considerado como clássico, a noção de interiorização em Vygotsky parece supor, por parte do sujeito, uma transformação ativa da operação ou do processo em jogo no plano interpsicológico, assim como ocorre na aquisição da fala e na constituição da fala interna. No mesmo sentido, Wertsch (1991) distingue entre um uso do termo interiorização como *transmissão cultural* e outro uso como *transformação*.

Isso implica, portanto, descartar um processo de mera transmissão e gera, por outro lado, uma visão não dualista das relações entre os planos subjetivo e social. Devemos lembrar que Vygotsky afirma que a interiorização pressupõe uma reconstrução tanto dos aspectos funcionais como estruturais do processo interiorizado, o que obriga ao abandono de qualquer tentativa de leitura do processo como uma mera "cópia" ou "invasão". O exemplo mais elucidativo dessas mutações é, mais uma vez, o da interiorização da fala. No entanto, como se sabe, na literatura de teor vygotskiano se insiste com o temor de que o uso da categoria continue a levar a uma ideia separatista entre o individual e o social (Matusov, 1998). Devido a essas questões, têm sido propostas categorias, como a da *apropriação participativa* de Rogoff (1991), a qual envolve uma ênfase nas transformações dos sujeitos ao fazer parte de certas atividades ou eventos nos quais estão envolvidos, ou a diferenciação proposta por Wertsch (1998) entre formas de interiorização como domínio de certas práticas e outras como apropriação que criam processos de identificação ou resistência nos sujeitos. No entanto, por outro lado, destaca-se que deve ser resgatada a existência de processos de exteriorização. Como recorda Daniels (2011), seguindo Cole, em última análise, os processos de interiorização pressupõem a possibilidade de se apropriar de práticas, artefatos, etc., que são obviamente produtos da cultura, criações humanas, exteriorizações. Daniels considera que é na própria concepção vygostkiana dos homens como criadores coletivos de ferramentas (físicas e psicológicas) que podemos buscar um desenvolvimento relativamente detalhado dos processos de exteriorização e seu lugar hierarquizado.

AS RELAÇÕES ENTRE PENSAMENTO E LINGUAGEM

O papel da mediação semiótica se torna crucial nas formulações vygotskianas e tem especial destaque em uma de suas obras mais divulgadas: *Pensamento e linguagem*. Essa obra, finalizada em 1934, reúne, no início, escritos e estudos de diversos momentos de seu trabalho (González, 2007; Kozulin, 1990). De qualquer maneira, seu último capítulo, "Pensamento e palavra", foi escrito após os demais e resume boa parte de sua tese sobre a dinâmica do pensamento verbal ou fala interior.

É aí onde Vygotsky formula a ideia de que o significado da palavra constitui uma unidade de análise do pensamento verbal. Já foi ressaltado que esta escolha de unidade de análise poderia não refletir a complexidade da própria concepção vygotskiana sobre as relações entre pensamento e linguagem e também sobre a diversidade de maneiras nas quais deve ser concebida a constituição, no plano social, das formas de regulação subjetiva ao analisarmos os trabalhos contemporâneos sobre os processos de enunciação ou em categorias bajtianianas, como a de voz (Cazden, 1993; Wertsch, 1991).

O certo é que Vygotsky propõe mostrar a complexidade e a dinâmica das relações entre pensamento e linguagem, analisando-as sob uma perspectiva genética. Desse modo, ele sustenta que a constituição de formas de pensamento verbal é o resultado da relação entre processos de pensamento e processos de fala. Podemos afirmar, nesse sentido, que há um momento de pensamento pré-verbal e também um uso pré-intelectual da linguagem. A chave dos saltos evolutivos se encontra na variedade de relações interfuncionais, neste caso na maneira particular pela qual o pensamento e a fala se fundem e no tipo de relação que instauram.

Este é o caso dos conhecidos trabalhos de Vygotsky sobre o desenvolvimento intelectual, já que o desenvolvimento de conceitos pode ser tratado como o desenvolvimento dos significados das palavras (Vygotsky, 2007). Neste sentido, o autor faz uma distinção entre as relações de referência, que permitem uma aproximação comunicativa entre sujeitos que possuam competência linguística desigual e as relações de significação propriamente ditas, que somente podem ser reveladas com o entendimento da estrutura interna do conceito.

Como se sabe, Vygotsky, em *Pensamento e linguagem*, analisa a questão do desenvolvimento de conceitos em dois capítulos sucessivos, que foram elaborados em diferentes anos (Kozulin, 1990; González, 2007). O primeiro deles corresponde ao desenvolvimento de conceitos artificiais. O mesmo é explorado ali de acordo com as tarefas clássicas – o método elaborado por Asch e modificado por Vygotsky e Sarajov, seu discípulo – mas com uma inovação metodológica importante, para buscar o papel dinâmico que os critérios de classificação dos sujeitos possuem ao enfrentar coleções de corpos geométricos. A novidade introduzida era que os objetos traram consigo etiquetas linguísticas *ad hoc*, que correspondiam a palavras inexistentes e definiam classes artificialmente criadas. Por exemplo, os "lag" eram peças altas e grandes. As etiquetas não ficavam à vista da criança; somente era mostrado um objeto e se perguntava a ela sobre quais outros fariam parte da mesma categoria. Vygotsky mostra que apenas as crianças um pouco mais velhas começavam a entender a etiqueta linguística como um organizador da tarefa, enquanto as menores, assim como as pesquisas feitas por Piaget sobre essa temática resultavam em agrupamentos não organizados – como as coleções de figuras – eram orientadas por semelhanças que seguiam um critério "subjetivo" ou variável, por associações não mediadas nem produzidas pela etiqueta linguística. Esse método de indagação é denominado método da dupla estimulação, ou seja, uma série de estímulos provém dos objetos e outra, das etiquetas linguísticas. Caso se queira, à relação sujeito-objeto é agregada uma mediação instrumental como componente do problema, como elemento de sua unidade de análise. (Retornaremos a este ponto mais adiante.) Por ora, é interessante levar em conta que Vygotsky se refere então a um modo de desenvolvimento dos conceitos que não pode ser reduzido à "influência cultural" e que, como a geração de acúmulos desorganizados ou complexos, pode se constituir de forma idiossincrática por parte da criança, sem necessariamente refletir as relações em uso no meio social. No entanto, isso também apresentará um limite metodológico na abordagem do desenvolvimento conceitual. A exploração dos conceitos artificiais possui a limitação de não conseguir nos mostrar a natureza das interações sociais mediadas pela linguagem em situações naturais e com formas de fala em uso. Em nossa unidade de análise falta a relação entre o uso de instrumentos semióticos e as práticas sociais concretas de seu uso, como, por exemplo, a de falar sobre os objetos do mundo. No final desse capítulo, como ressalta Wertsch (1985), Vygotsky afirma claramente que na vida real este processo de conceitualização é orientado pelo uso da fala e pela crescente atenção às relações entre os próprios signos, sem considerar as propriedades dos objetos. De uma função predominantemente indicativa do uso da linguagem, passa-se a uma função significativa.

O capítulo seguinte de *Pensamento e linguagem* é o que aborda o desenvolvimento dos conceitos científicos na infância. O problema que ali é exposto como se dá a passagem das formas cotidianas de conceitualização às formas científicas, ou seja, às formas de conceitualização propriamente ditas. Vários temas de interesse se encontram nesse ponto. É feita referência a um modo particular de relação e de uso da própria linguagem, desde o momento no qual os conceitos propriamente ditos obrigam à tomada de consciência e ao controle voluntário das relações entre os próprios conceitos e a deixar de lado seus atributos objetivos. Isso é justamente o que determina que certa forma de pensamento constitua complexos, os quais Vygotsky chama *pseudoconceitos*, uma vez que, embora referencialmente pareçam coincidir com conceitos genuínos, sua estrutura interna e as inferências que o sujeito faz ao usá-los mostram que na realidade se trata de relações não conceituais. Em segundo lugar, essa maneira peculiar de usar a linguagem parece se tornar independente em contextos particulares, como o escolar, e atende principalmente às formas de significação às quais se subordinam as relações de referência (WERTSCH, 2005b). Este uso é o que tem sido denominado "uso descontextualizado da linguagem" (WERTSCH, 1985), uma denominação que, apesar de ser infeliz (LAVE, 2001; VAN OERS, 1998), não deve ser entendida no sentido da falta de contexto, mas como a possibilidade de separar o instrumento dos contextos iniciais e habituais de uso, de generalizá-lo, em uma espécie de transcontextualização, e de situar novamente esses conceitos em meios, como o escolar, onde podem ser examinados, em um processo de recontextualização (BAQUERO, 2009b).

Para Vygotsky estava claro que o acesso a essas formas de conceitualização supunha o início dos processos de regulação psicológica mais sofisticados, que exigem um maior controle consciente e voluntário e, portanto, o uso abstrato ou descontextualizado dos signos. Wertsch (1985) propôs chamar essas formas particularmente desenvolvidas dos processos superiores de taxonomia de Vygotsky de processos psicológicos superiores avançados. O desenvolvimento da escrita, por exemplo, está incluído nesse tipo de processo, devido à sua exigência de controle consciente e voluntário e ao esforço de abstração provocado pela ausência de um interlocutor, a falta dos aspectos sonoros da fala e a necessidade de respeito da formalidade própria da língua escrita (VYGOTSKY, 2007).

SOBRE A FALA INTERIOR

Wertsch (1991) distinguiu dois potenciais semióticos no uso da linguagem. O primeiro é o potencial *descontextualizador*, que é o que acabamos de mencionar; o outro é o potencial contextualizador, de crucial importância para a compreensão dos fenômenos da fala interior. Ainda que esse uso se encontre na contextualização linguística da fala social – e em certos mecanismos referenciais, como a anáfora – aqui o essencial é a possibilidade de uso da linguagem já não orientada para as tentativas de abstração e regulação segundo o regime de significados compartilhados, mas a possibilidade de usá-la de maneira idiossincrática e em função do contexto de nosso pensamento, nossas vivências singulares e contextuais, que poderíamos chamar de "privadas" ou, ao menos, inacessíveis para os outros.

Vygotsky descreve um regime de regulação da fala interior, um produto da longa e complexa interiorização da fala social que mantém uma relativa autonomia funcional. No entanto, como vimos, a fala social é uma precursora genética da fala interior, a qual, de acordo com a descrição que fizemos dos processos de interiorização, não constitui uma mera cópia ou um reflexo daquela, mas possui importantes diferenças funcionais e estruturais.

Como ressaltou John-Steiner (2007), o problema das relações entre pensamento e linguagem, em especial a questão da fala interior ou fala privada, desde a época de Vygotsky, é um dos mais desafiadores tanto em termos teóricos como de abordagem empírica. O estudo vygotskiano, com base nas mutações sofridas pela denominada linguagem egocêntrica infantil, propõe o método genético para poder explicar suas variações funcionais. John-Steiner (2007) recorda que a pesquisa contemporânea continua confirmando a hipótese do papel crucial que é desempenhado pela fala privada no desenvolvimento de tarefas complexas (Winsler; Fernyhough; Montero, 2009). Em outras palavras, de acordo com a hipótese vygotskiana, a fala egocêntrica infantil não é nada mais do que a oportunidade de observar de forma natural como a fala vai sendo interiorizada e cada vez mais pode ser usada como uma ferramenta intelectual para o planejamento da própria ação e a resolução de problemas, com a crescente independência de sua função comunicativa possível (Vygotsky, 2007).

Essa relativa independência dos processos comunicativos permite uma contextualização do uso da linguagem nos cenários mentais vitais subjetivos, sempre singulares e contextuais. Como já havíamos mencionado, isto implica um regime de regulação distinto da linguagem oral, caracterizado, por exemplo, pela *abreviação*, neste caso por meio da *predicatividade*, isto é, a fala interna é uma "fala de predicados" – psicológicos – uma vez que os sujeitos do enunciado são óbvios para o próprio sujeito e, portanto, podem ser omitidos. Portanto, esses mecanismos se encontram presentes na fala dialogada e é precisamente esse fato um dos que confirma empiricamente a tese da fala social como precursora genética da fala interior (Vygotsky, 2007).

Entre as variações estruturais de importância que encontramos na fala interior que afetam, por sua vez, o plano semântico, se encontra o predomínio, na fala interior, dos sentidos sobre os significados convencionais. Segundo Vygotsky (2007, p. 493-494):

> Como demonstrou Paulhan, o sentido da palavra representa a soma de todos os fatos psicológicos surgidos na consciência em função da palavra. Portanto, o sentido da palavra sempre é uma formação dinâmica, fluída e complexa, que possui várias zonas de estabilidade desigual. O significado é somente uma das zonas do sentido que a palavra adquire no contexto de determinado discurso e, além disso, a zona mais estável, unificada e precisa.

Assim, na relação dinâmica entre pensamento e palavra encontramos um vínculo com duas direções: tanto do pensamento para a palavra como da palavra para o pensamento, e este fluir é constante, singular e contextual. Da mesma maneira como o significado expressa um regime um pouco mais estável, relacionado com as convenções e o uso social da língua, os sentidos correspondem a uma situação sempre dinâmica dos sujeitos, ao aqui e agora. É importante recordar que Vygotsky atribui ao significado uma supremacia de sentidos nos processos de pensamento "espontâneos", de modo que a organização do pensamento, segundo o regime de significados, por exemplo, para os efeitos de sua comunicação, implica um trabalho específico, uma espécie de trabalho consciente e voluntário. Lembremo-nos da distância que existe entre esse regime de sentidos extremamente *contextualizado* – nas palavras de Wertsch – e a exigência do uso extremamente *descontextualizado* da linguagem que a conceitualização do tipo científico ou a escrita experiente implica. Em sintonia com as dificuldades sempre presentes para explicar o esforço e a labilidade de muitas formas de pensamento desenvolvidas pela atividade educativa escolar, o esquema vygotskiano parece mostrar com alguma clareza o caráter em grande parte "artificial" – ou seja, não natural – dessas formas sofisticadas de trabalho intelectual (CARRETERO, 1997; POZO, 2002).

Wertsch (2000) insistiu que a tensão entre a tendência ao uso cada vez mais descontextualizado dos instrumentos semióticos, ao potencial contextualizador e aos jogos de linguagem que surgem com a fala interior revela a originalidade do pensamento vygotskiano, que não tenta a redução de um no outro. Isso também evidencia a tensão entre ambas as avaliações do pensamento, uma espécie de luta entre determinada concepção racionalista abstrata e iluminista do pensamento e a expressa pelos românticos alemães, como Mandelshtam, que evidentemente os fascinavam e parecem estar em maior sintonia com a dinâmica do pensamento verbal descrita no último capítulo de *Pensamento e linguagem*, um capítulo ao qual nosso breve resumo não consegue fazer justiça, em função de suas matizes e sua profundidade (BAKHURST, 2007).

A NOÇÃO DE ZONA DE DESENVOLVIMENTO PROXIMAL E A QUESTÃO EDUCATIVA

Provavelmente uma das noções mais difundidas na obra de Vygotski, ao menos no âmbito psicoeducativo, seja a da *zona de desenvolvimento proximal*. As ideias vygotskianas tiveram derivações educativas. Boa parte delas está relacionada com a maneira de interpretar essa categoria, e, portanto, com o modo como são concebidas as relações entre as elaborações psicológicas e educativas (BAQUERO, 2006). Vygotsky (1988, p. 133) define zona de desenvolvimento proximal da seguinte maneira:

> [...] a distância entre o nível real de desenvolvimento, determinado pela capacidade de resolver de modo independente um problema e o nível de desenvolvimento potencial, determinado por meio da resolução de um problema sob a orientação de uma adulto ou em colaboração com outro companheiro mais capaz.

Em outras ocasiões (p. ex., BAQUERO, 1996), colocamos que essa ideia é completada por outras afirmações que indicam que: a) o que hoje é realizado com a assistência ou o auxílio de uma pessoa mais preparada, no futuro será feito de forma autônoma, sem a necessidade dessa ajuda; e b) tal autonomia, paradoxalmente, é conquistada graças à atividade intersubjetiva, o que estabelece uma relação dinâmica entre aprendizagem e desenvolvimento.

Ainda que esse texto de Vygotsky – que foi o mais divulgado – estivesse destinado a um público interessado em questões clínicas e, portanto, apresente ideias sobre uma adequada avaliação diagnóstica do intelecto, levando, por exemplo, à distinção cuidadosa entre os níveis real e potencial de desenvolvimento, a categoria excede muito este âmbito. No mesmo texto (VYGOTSKY, 1978b) podemos encontrar seu enunciado como uma lei do desenvolvimento ontogenético. Ou seja, a zona de desenvolvimento proximal é uma noção que busca explicar o desenvolvimento dos processos do tipo superior, aqueles constituídos na atividade intersubjetiva semioticamente mediada, que entram em ressonância, segundo a redação do autor, com os processos de desenvolvimento internos, gerando aprendizados ou processos que não surgiram fora dessa relação. Um dos elementos mais potentes desta categoria é precisamente o fato de condensar uma série de questões teóricas e metodológicas de suma importância. De um lado, como mostrou Moll (1993), redefine as unidades de análise da explicação psicológica, na medida em que a zona de desenvolvimento proximal deve ser mais pensada como um sistema de interações socialmente definido do que como um atributo dos sujeitos (BAQUERO, 2009a).

Em segundo lugar, essa noção permite apresentar teses particulares sobre a relação entre práticas de ensino, processos de aprendizagem e desenvolvimento subjetivo. Como se sabe, Vygotsky afirmava que o "bom ensino" é aquele que está atento aos níveis de desenvolvimento potencial, ou seja, a aqueles desempenhos atingidos no seio de uma atividade de colaboração, de modo que os processos de aprendizagem gerados em situações de ensino deveriam estar "na cabeça" dos processos de desenvolvimento.

Devemos compreender que, apesar de sua aparente simplicidade, a categoria da zona de desenvolvimento proximal remete a problemas de grande complexidade no desenvolvimento psicológico. Por um lado, ela compartilha em boa parte as dificuldades e os problemas já examinados da categoria da interiorização e, de fato, parece ser um pressuposto desta. Por outro, é um conceito de relações que "está voltado para o futuro" – nas palavras de Bruner –, um conceito que, ainda que seja aparentemente concreto, é extremamente abstrato e se refere a processos de longo prazo, reconstruíveis em boa parte *a posteriori*. A zona de desenvolvimento proximal é uma categoria teórica que deveria permitir explicar os processos de desenvolvimento cultural de modo longitudinal. O enorme risco no meio psicoeducativo tem sido a confusão da sutileza dos processos que a categoria reúne com uma forma qualquer de passagem de uma atividade assistida a uma autônoma, ainda que se trate da aquisição de habilidades simples (MOLL, 1993).

Daniels (2011) resume algumas observações cruciais que já foram feitas a respeito desta categoria. Por um lado, podemos encontrar em Vygotsky exemplos dessa noção, como vimos, mais relacionados com aspectos como a avaliação ou o diagnóstico e com os efeitos que as práticas de ensino produzem. Por outro lado, segundo a análise de Lave e Wenger (1991), podem ser distinguidos usos da noção que enfatizam o auxílio dado aos novatos para a aquisição de um conhecimento – como se faz ao montar um andaime – e o caráter "cultural" do processo, por exemplo, quando se trata de abordar os conceitos cotidianos dos sujeitos e promover os conceitos de cunho científico. Em terceiro lugar, os autores sustentam a existência de um uso "social ou coletivista" da zona de desenvolvimento proximal. Neste último caso, trata-se de dar uma abordagem mais ampla ao que se entende como interação "social", envolvendo, como no caso da obra de Engeström (1987 apud DANIELS, 2011) as estruturas institucionais mais amplas, de modo que a zona de desenvolvimento proximal possa ser entendida como "[...] a distância entre as ações cotidianas dos indivíduos e a forma historicamente nova da atividade social que pode ser coletivamente gerada [...]" (ENGESTRÖM, 1987, p. 174, apud DANIELS, 2011, p. 684).

A categoria da zona de desenvolvimento proximal parece captar a natureza das situações de interação social capazes de potencializar aprendizagens e, sobretudo, de produzir o desenvolvimento. Nas práticas educativas, tanto pré-escolares como escolares, as relações são inevitavelmente assimétricas e a produção de zonas de desenvolvimento envolve, em grande medida, processos de canalização do próprio desenvolvimento, práticas pedagógicas que já comparamos com as "práticas de governo", no sentido foucaultiano (BAQUERO, 1996). Os postulados já clássicos de Valsiner (1984) parecem ir neste sentido, propondo a distinção entre uma zona de ação promovida (ZAP) e uma zona de livre movimento (ZLM) da criança. A zona de livre movimento estrutura o acesso da criança a diferentes áreas no entorno, a distintos objetos dentro destas áreas e a diversas maneiras de agir sobre eles. É uma espécie de mecanismo "inibidor", uma vez que limita as ações do entorno da criança, constituindo, por sua vez, ainda que isso possa parecer paradoxal, seus graus de liberdade dentro dele. Como uma subzona da zona de livre movimento, aparece a zona de ação promovida, isto é, onde os tutores da criança – pais, avós, professores, etc. – tentam promover certas ações com determinados objetos. Podemos considerar essa zona como incluída na anterior, mas em certos casos o desenvolvimento é produzido por que a zona de ação promovida introduz novos elementos, objetos aos quais antes não se tinha acesso, mudando, portanto, a natureza da zona de livre movimento. No entanto, a zona de desenvolvimento proximal também é uma subzona da zona de livre movimento, podendo se sobrepor a ela ou, em certas ocasiões, se confundir com ela. A necessidade de sua diferenciação está no fato de que a interação entre a zona de livre movimento e a zona de ação promovida nada diz sobre o futuro curso de desenvolvimento da criança, de modo que a zona de desenvolvimento proximal envolve o subgrupo de ações possíveis sobre os objetos que a criança, em determinado momento de seu desenvolvimento, não consegue desempenhar de forma independente, mas o consegue com a cooperação de um adulto (VALSINER, 1984).

Chaiklin (2003), em uma análise sistemática da utilização que Vygotsky faz da categoria da zona de desenvolvimento proximal, recorda que esta aparece relacionada com a noção de "idade de desenvolvimento". Essa noção, como se sabe, aparece em menor medida ligada a idades cronológicas naturalizadas e remete, como veremos, à inserção do sujeito em "situações sociais de desenvolvimento" particulares, em períodos vitais também específicos. Os processos de jogo – lembre que para Vygotsky (1978c) o jogo é um poderoso criador da zona de desenvolvimento proximal – e de aprendizagem de tipo escolar constituem, nesse sentido, as principais atividades destinadas a gerar o desenvolvimento nas situações sociais correspondentes (BAQUERO, 2009a).

Como comentamos em outra ocasião (BAQUERO, 2009a), isto leva Chaiklin a distinguir entre uma zona de desenvolvimento proximal *objetiva* e uma *subjetiva*. A primeira resulta de uma espécie de composto tríplice que reflete a tensão entre a idade, as funções psicológicas que estão em desenvolvimento (ou que estão "amadurecendo") e as exigências próximas ao desenvolvimento impostas pelas situações que envolvem o sujeito, algo ao qual aludem as categorias de Valsiner recém-apresentadas. A zona de desenvolvimento proximal, então, não pode ser definida *a priori*, a não ser que "[...] reflita as relações estruturais que estão historicamente construídas e objetivamente constituídas no período histórico no qual a criança vive [...]" (CHAIKLIN, 2003, p. 49). É interessante para nossa análise que Chaiklin acrescenta que a zona de desenvolvimento proximal, para determinado período etário, é "normativa", já que expressa as demandas e expectativas institucionalizadas por meio de práticas históricas e tradições sociais particulares (BAQUERO, 2009a).

Assim como para Valsiner (1984), a princípio o ingresso a essa categoria não parece remeter a nenhum sujeito particular, mas à estrutura das situações propostas para produzir desenvolvimento. Em contrapartida, para Chaiklin (2003), a zona de desenvolvimento proximal "subjetiva" envolve a descrição deste processo no plano do sujeito individual, seu grau ou modo de desenvolvimento posto em relação às demandas da zona de desenvolvimento "objetiva".

Esperamos ter conseguido, nesta breve síntese, mostrar que a categoria da zona de desenvolvimento proximal reúne uma grande quantidade de processos complexos que, como afirma Moll (1993), nem sempre são levados em consideração nos usos e interpretações mais divulgados.

A VIVÊNCIA E A SITUAÇÃO SOCIAL DE DESENVOLVIMENTO

Nas discussões sobre a obra de Vygotsky vem se destacando, como já vimos, a necessidade de resgatar sua visão sem rupturas da gênese dos processos psicológicos, apontando para a busca de relações sutis entre planos habitualmente dicotomizados (Castorina; Baquero, 2005; Daniels, 2011; Valsiner, 1998). Essa busca também compreende a recuperação da unidade de processos cognitivos ou afetivos, ou seja, o tratamento pleno das relações do sujeito com as situações vitais que ele habita. De certo modo, trata-se de se basear na obra vygotskiana, evitando tanto um reducionismo *ao* sujeito como *do* sujeito (Baquero, 2007).

Nos comentários recém-mencionados de Chaiklin (2003) sobre a categoria de zona de desenvolvimento proximal, se faz, na verdade, menção à maneira pela qual Vygotsky coloca, no final de sua vida, em textos como "O problema da idade", a relação entre processos de desenvolvimento e situação (Vygotsky, 1996a). Isto é feito por meio da categoria de *situação social de desenvolvimento*:

> Ao início de cada período de idade, a relação que foi estabelecida entre a criança e o entorno que a rodeia, sobretudo o social, é totalmente peculiar, específica, única e não se repete para esta idade. Denominamos essa relação de *situação social de desenvolvimento* em determinada idade. A situação social do desenvolvimento é o ponto de partida para todas as mudanças dinâmicas que são produzidas no desenvolvimento durante o período de cada idade [... e] determina, regula estritamente todo o modo de vida da criança ou sua existência social. (Vygotsky, 1996, p. 264).

Isso indica, na realidade, uma relação bidirecional, já que as situações sociais do desenvolvimento, por sua vez, mudam de acordo com as formas de desenvolvimento ou apropriação dos sujeitos. Lembre-se de que essa categoria é complementada pela da zona de desenvolvimento proximal e inevitavelmente implica um componente normativo toda vez que se trata da relação entre os processos de desenvolvimento do sujeito e as expectativas envolvidas nas situações socais nas quais ele se insere, como as de sua criação ou escolarização, o que Chaiklin denomina o aspecto "objetivo" da zona de desenvolvimento proximal.

Por outro lado, como apontamos, alguns autores afirmam que tem sido feita uma leitura tendenciosa da obra vygotskiana, privilegiando certos temas, como as teses sobre a interiorização, e rejeitando outros, como o problema da subjetividade, que na realidade estão presentes desde os primeiros escritos de Vygotsky (Del Río; Álvarez, 2007; González Rey, 2010; Rodríguez Arocho, 2009; Wertsch, 2000). A nosso ver, todavia, algumas boas e recentes abordagens de sua obra, como as de Van der Veer e Valsiner (1991) e Kozulin (1990), além de outras contemporâneas, como a de Daniels (2011), apenas para citar alguns exemplos, parecem ter resolvido essa questão.

Visando, portanto, à recuperação de um Vygotsky não reducionista, Rodríguez Arocho (2009) destaca que a categoria de *vivência*, formulada por Vygotsky (1996b) no final de sua vida, deve ser entendida como a proposta de uma nova unidade de análise para a compreensão das relações entre sujeito e situação, uma unidade que não dissocia os aspectos afetivos, intelectuais e situacionais, mas que busca a maneira pela qual eles se afetam mutuamente.

Na verdade, Vygotsky, após retomar as teses de que nas experiências humanas sempre aparecem mediadas pelas generalizações da fala e, portanto, carregadas de sentido atribuído, coloca que, apesar de o significado da palavra ser a unidade de análise das relações entre pensamento e linguagem, a vivência deve ser considerada como a unidade para o estudo da personalidade e do meio (Vygotsky, 1996b). A vivência aparece descrita como uma espécie de relação interior da criança com algum aspecto da realidade, uma vez que toda vivência se refere a "algo", como no caso dos atos conscientes. Ele destaca também que "toda vivência é pessoal" e, anulando qualquer possível leitura determinista ou unidirecional das relações entre o sujeito-ambiente, elucida expressamente que ela não se resume "ao estudo das condições externas de sua vida".

Em outras palavras, a compreensão plena dos processos de desenvolvimento e suas crises é impossível sem uma atenção clara à maneira singular pela qual se vinculam os aspectos vitais e as vivências pessoais ou então podemos dizer que a vivência é proposta como candidata – complexa, sem dúvida – a captar a sutileza destas relações. Vygotsky enuncia essa tarefa como pendente e, para Van der Veer (2001), ela ainda está no programa de nosso trabalho da psicologia.

Deste modo, as últimas inquietudes da obra vygotskiana parecem coincidir com nossa preocupação frequente no campo psicoeducativo, sobre como captar sem rupturas ou reduções as complexas relações que ocorrem entre os sujeitos e os ambientes educativos concretos, as formas de seu agenciamento e as possibilidades de atribuir ou não sentido às práticas, por exemplo, do tipo escolar. Acreditamos que estes temas sejam extremamente relevantes para que se deem respostas não estigmatizadas a fenômenos tão complexos como o chamado "fracasso escolar" ou o simples e enorme mal-estar de muitas de nossas crianças e nossos jovens em nosso formato escolar normalizado (Baquero, 2007; Daniels, 2009).

REFERÊNCIAS

BAKHURST, D. Vygotsky's demons. In: COLE, M.; DANIELS, H.; WERTSCH, J. (Ed.). *The Cambridge companion to Vygotsky*. Cambridge: Cambridge University, 2007. p. 50-76.

BAQUERO, R. Del individuo auxiliado al sujeto en situación. Algunos problemas en los usos de los enfoques socioculturales en educación. *Espacios en Blanco*, n. 16, p. 123-151, 2006.

BAQUERO, R. Desarrollo psicológico y escolarización en los enfoques socioculturales: nuevos sentidos de un viejo problema. *Avances en Psicología Latinoamericana*, v. 27, n. 2, p. 263-280, 2009b.

BAQUERO, R. La categoría de trabajo en la teoría del desarrollo de Vigotsky. *Psykhe*, v. 7, n. 1, p. 45-54, 1998.

BAQUERO, R. Las controvertidas relaciones entre aprendizaje y desarrollo. In: BAQUERO, R.; LIMÓN, M. (Ed.). *Introducción a la psicología del aprendizaje*. Bernal: Ediciones de la Universidad Nacional de Quilmes, 2001. p. 53-82.

BAQUERO, R. Los saberes sobre la escuela: acerca de los límites de la producción de saberes sobre lo escolar. In: BAQUERO, R.; DICKER, G.; FRIGERIO, G. (Ed.). *Las formas de lo escolar*. Buenos Aires: Del Estante, 2007. p. 79-98.

BAQUERO, R. *Vigotsky y el aprendizaje escolar*. Buenos Aires: Aique, 1996.

BAQUERO, R. ZDP, sujeto y situación: el problema de las unidades de análisis em psicología educacional. *Actualidades Investigativas en Educación*, v. 9, p. 1-26, 2009a.

CARRETERO, M. *Introducción a la psicología cognitiva*. Buenos Aires: Aique, 1997.

CASTORINA, J. A.; BAQUERO, R. *Dialéctica y psicología del desarrollo*: el pensamento de Piaget y Vigotsky. Buenos Aires: Amorrortu, 2005.

CASTORINA, J. A.; DUBROVSKY, S. La enseñanza y la teoría socio-histórica. Algunos problemas conceptuales. In: CASTORINA, J. A.; DUBROVSKY, S. (Org.). *Psicología, cultura y educación*. Perspectivas desde la obra de Vigotsky. Noveduc: Buenos Aires, 2004. p. 81-105.

CAZDEN, C. Vygotsky, Hymes, and Bakhtin: from word to utterance and voice. In: FORMAN, E. A.; MINNICK, N.; STONE, C. A. (Ed.). *Contexts of learning*: sociocultural dynamics of children's development. Nova York: Oxford University, 1993. p. 197-212.

CHAIKLIN, S. The zone of proximal development in Vygotsky's theory of learning and school instruction. In: KOZULIN, A. et al. (Ed.). *Vygotsky's educational theory in cultural context*. Cambridge: Cambridge University, 2003. p. 39-64.

COLE, M. *Cultura psychology*. Cambridge: Harvard University, 1998.

COLE, M.; DANIELS, H.; WERTSCH, J. (Ed.). *The Cambridge companion to Vygotsky*. Cambridge: Cambridge University, 2007.

DANIELS, H. Situating pedagogy: moving beyond an interactional account. *Pedagogies: an international journal*, v. 5, n. 1, p. 27-36, 2009.

DANIELS, H. Vygotsky and psychology. In: GOSWAMI, U. (Ed.). The Wiley-Blackwell handbook of childhood cognitive development. 2nd ed. Sussex: Wiley-Blackwell, 2011. p. 673-698.

DEL RÍO, P.; ÁLVAREZ, A. La psicología del arte en la psicología de Vigotsky. In: ÁLVAREZ, A.; DEL RÍO, P. (Ed.). *L. S. Vigotsky*: la tragedia de Hamlet y la psicologia del arte. Madrid: Fundación Infancia y Aprendizaje, 2007. p. 7-37.

GONZÁLEZ REY, F. Las categorías de sentido, sentido personal y sentido subjetivo en una perspectiva histórico-cultural: un camino hacia una nueva definición de subjetividade. *Universitas Psychologica*, v. 9, n. 1, p. 241-253, 2010.

GONZÁLEZ, A. Notas del traductor. In: VIGOTSKY, L. *Pensamiento y habla*. Buenos Aires: Colihue, 2007. p. 127-158.

HATANO, G. Time to merge Vygotskian and constructivist conceptions of knowledge acquisition. In: FORMAN, E.; MINICK, M.; ADDISON STONE, C. (Ed.). *Contexts for learning*: sociocultural dynamics in children's development. Nova York: Oxford University, 1993. p. 163-158.

JOHN-STEINER, V. Vygotsky on thinking and speaking. In: COLE, M.; DANIELS, H.; WERTSCH, J. (Ed.). *The Cambridge companion to Vygotsky*. Cambridge: Cambridge University, 2007. p. 136-154.

KOZULIN, A. et al. (Ed.). *Vygotsky's educational theory in cultural context*. Cambridge: Cambridge University, 2003.

KOZULIN, A. *Vigotsky's psychology*: a biography of ideas. Cambridge: Harvard University, 1990.

LAVE, J. La práctica del aprendizaje. In: CHAIKLIN, S.; LAVE, J. (Org.). *Estudiar las prácticas*: perspectivas sobre actividad y contexto. Buenos Aires: Amorrortu, 2001.

LAVE, J.; WENGER, E. *Situated learning*: legitimate peripheral participation. Nova York: Cambridge University, 1991.

LAWRENCE, J.; VALSINER, J. Conceptual roots of internalization: from transmission to transformation. *Human Development*, v. 36, n. 3, p. 150-167, 1993.

MATUSOV, E. Applying a sociocultural approach to vygotskian academia: 'our tsar isn't like yours, and yours isn't like ours. *Culture & Psychology*, v. 14, n. 1, p. 5-35, 2008.

MATUSOV, E. When solo activity is not privileged: participation and internalization models of development. *Human Development*, v. 41, n. 5-6, p. 326-349, 1998.

MOLL, I. Reclaiming the natural line in Vygotsky's theory of cognitive development. *Human Development*, v. 37, n. 6, p. 333-342, 1994.

MOLL, L. (Ed.). *Vigotsky y la educación*: connotaciones y aplicaciones de la psicologia socio-histórica en educación. Buenos Aires: Aique, 1993.

PACKER, M. Is Vygotsky Relevant? Vygotsky's Marxist Psychology. *Mind, Culture, and Activity*, v. 15, n. 1, p. 8-31, 2008.

POZO, J. I. La adquisición de conocimiento científico como un proceso de cambio representacional. *Investigaçoes em Ensino de Ciencias*, v. 7, n. 3, p. 245-270, 2002.

RIVIÈRE, A. Desarrollo y educación: el papel de la educación en el diseño del desarrollo humano. In: RIVIÈRE, A. *Obras escogidas:* lenguaje, simbolización y alteraciones del desarrollo. Madri: Panamericana, 2002. p. 203-242.

RIVIÈRE, A. *La psicología de Vigotsky*. Madri: Visor, 1988.

RODRÍGUEZ AROCHO, W. Los conceptos de vivencia y situación social del desarrollo: reflexiones en torno a su lugar en el modelo teórico de Lev S. Vigotsky. In: SIMPOSIO SOBRE LA TUTORÍA PARA EL DESARROLLO HUMANO, 3., 2009, México. *Anais*... México: Universidad Autónoma de Nuevo León.

ROGOFF, B. *Apprenticeship in thinking*: cognitive development in social context. Nova York: Oxford University, 1991.

STONE, C. A. What's missing in the metaphor of scaffolding? In: FORMAN, E. A.; MINICK, N.; STONE, C. A. (Ed.). *Contexts of learning*: sociocultural dynamics of children's development. Nova York: Oxford University, 1993. p. 169-183.

VALSINER, J. Construction of the zone of proximal development in adult- child joint action: the socialization of meals. In: ROGOFF, B.; WERTSCH, J. (Ed.). *Children's learning in the zone of proximal development*: new directions for child development. San Francisco: Jossey-Bass, 1984. p. 65-76.

VAN DER VEER, R. The idea of units of analysis: Vygotsky's contribution. In: CHAKLIN, S. (Ed.). The theory and practice of cultural-historical psychology. Arhaus: Arhaus University, 2001. p. 200-217.

VAN DER VEER, R. Vygotsky in context: 1900-1935. In: COLE, M.; DANIELS, H.; WERTSCH, J. (Ed.). *The Cambridge companion to Vygotsky*. Cambridge: Cambridge University, 2007. p. 1-49.

VAN DER VEER, R.; VALSINER, J. *Understanding Vygotsky*: a quest for synthesis. Cambridge: Blackwell, 1991.

VAN OERS, B. The fallacy of descontextualization. *Mind, Culture and Activity*, v. 5, n. 2, p. 135-142, 1998.

VIGOTSKY, L. S. *El desarrollo de los procesos psicológicos superiores*. México: Crítica, 1988.

VIGOTSKY, L. S. El problema de la edad. In: VIGOTSKY, L. S. *Obras escogidas*. Madri: Visor, 1996a. v. 4, p. 251-273.

VIGOTSKY, L. S. El significado histórico de la crisis de la Psicología. In: VIGOTSKY, L. S. *Obras escogidas*. Madri: Visor, 1991a. v. 1, p. 257-416.

VIGOTSKY, L. S. Historia del desarrollo de las funciones psíquicas superiores. In: VIGOTSKY, L. S. *Obras escogidas*. Madri: Visor, 1995. v. 3, p. 11-340.

VIGOTSKY, L. S. Interaction between learning and development In: VIGOTSKY, L. S. *Mind in society*: the development of higher psychological processes. Cambridge: Harvard University, 1978b. p. 79-91.

VIGOTSKY, L. S. Internalization of higher psychological functions. In: VIGOTSKY, L. S. *Mind in society*: the development of higher psychological processes. Cambridge: Harvard University, 1978a. p. 31-37.

VIGOTSKY, L. S. La crisis de los siete años. In: VIGOTSKY, L. S. *Obras escogidas*. Madri: Visor, 1996b. v. 4, p. 377-386.

VIGOTSKY, L. S. *Pensamiento y habla*. Buenos Aires: Colihue, 2007.

VIGOTSKY, L. S. Sobre los sistemas psicológicos. In: VIGOTSKY, L. S. *Obras escogidas*. Madri: Visor, 1991b. v. 1, p. 71-94.

VIGOTSKY, L. S. The development of thinking and concept formation in adolescence. In: VAN DER VEER, R.; VALSINER, J. (Ed.). *The Vygotsky reader*. Oxford: Blackwell, 1994. p. 185-265.

VIGOTSKY, L. S. The rol of play in development. In: VIGOTSKY, L. S. *Mind in society*: the development of higher psychological processes. Cambridge: Harvard University, 1978c. p. 92-104.

WERTSCH, J. Cole's cross-cultural and historical perspectives on the developmental consequences of education. *Human Development*, v. 48, p. 223-226, 2005b.

WERTSCH, J. Essay review making human beings human: bioecological perspectives on human development. *British Journal of Developmental Psychology*, v, 23, n. 1, p. 143-151, 2005a.

WERTSCH, J. Galperin's elaboration of Vygotsky. *Human Development*, v. 43, n. 2, p. 103-106, 2000.

WERTSCH, J. *Mind as action*. Nova York: Oxford University, 1998.
WERTSCH, J. Voices of the mind: a sociocultural approach to mediated action. Cambridge: Harvard University, 1991.
WERTSCH, J. *Vygotsky and social formation of mind*. Cambridge: Harvard University, 1985.
WINSLER, A.; FERNYHOUGH, C.; MONTERO, I. *Private speech, executive functioning, and the development of verbal self-regulation*. Nova York: Cambridge University, 2009.
ZINCHENKO, V. P. Vygotsky´s ideas about units for analysis of mind. In: WERTSCH, J. (Ed.). *Culture, communication and cognition*: Vygotskian perspectives. Cambridge: Cambridge University, 1985. p. 94-119.
ZINCHENKO, V. P. La psicología sociocultural y la teoría psicológica de la actividad: revisión y proyección hacia el futuro. In: WERTSCH, J.; DEL RÍO, P.; ÁLVAREZ, A. (Ed.). *La mente sociocultural*. Madri: Visor, 1997. p. 35-48.

Leituras recomendadas

BLANCK, G. Vygotsky: the man and his cause. In: MOLL, L. (Ed.). *Vygotsky and education*: instructional implications and applications of sociohistorical psychology. Cambridge: Cambridge University, 1990. p. 31-58.
WERTSCH, J. Commentary. *Human Development*, v. 36, n. 3, p. 168-171, 1993.
YAROCHEVKY, M. *Lev Vygotsky*. Moscú: Progress, 1989.

3
Cognição e educação

Mario Carretero

EDUCAÇÃO, CONHECIMENTO E APRENDIZAGEM

Podemos dizer, sem dúvida alguma, que tem sido (e ainda é) enorme a influência das pesquisas sobre o conhecimento humano no desenvolvimento e na aplicação de atividades e métodos educativos. Existem duas razões muito óbvias para isso, ainda que não sejam as únicas: tanto o professor como o aluno são organismos biológicos que elaboram o conhecimento em suas diferentes formas e, além disso, a atividade educativa – pelo menos em sua versão escolar – tem na transmissão do conhecimento um de seus objetivos mais importantes. Portanto, não deveria nos surpreender que as revisões exaustivas dos conteúdos de revistas sobre a educação muito influentes tenham Piaget, por exemplo, entre seus autores mais citados nas últimas décadas (FAIRSTEIN; CARRETERO, 2002). Em nossa opinião, isto não se deve ao fato de que Piaget seja um autor que tenha feito contribuições importantes para a pesquisa sobre a educação propriamente dita, já que sua obra em grande parte (veja o Capítulo 1 deste livro) é de natureza epistemológica e psicológica, mas porque Piaget proporciona uma visão muito completa, complexa e detalhada dos processos mediante os quais um ser humano passa de um estado de menos conhecimento a outro de mais conhecimento. E isso, justamente, como foi observado, é essencial para a educação, não importa se a consideramos do ponto de vista do aluno ou do professor. Por razões similares, acreditamos que as abordagens cognitivas dos últimos 30 anos, aproximadamente, também têm sido muito influentes no âmbito educativo, tanto de caráter básico como aplicado. Teorias como a das inteligências múltiplas (Gardner, 2000b), a da aprendizagem significativa (Ausubel; Novak; Hanesian, 1983) ou as posições mais recentes de Perkins (2009), passando por obras como as de Bruner (1990) tiveram e continuam tendo uma grande influência por contribuírem com algo do qual nenhum sistema educativo pode prescindir, isto é, um conhecimento detalhado, ainda que discutível, como toda posição científica, sobre as formas de representação e as estratégias na formação do conhecimento, bem como o conhecimento dos processos e resultados de sua aplicação.

Se essas contribuições eram necessárias para qualquer teorização da atividade escolar, seja em qual época fosse concebida, como se pode ver já nas páginas da obra *Emílio*, de Rousseau, hoje isso é mais verdadeiro do que nunca, pois nos encontramos em um contexto de enormes transformações dos contextos e ambientes educativos, que são descritos de forma quase unânime como pertencentes à "sociedade do conhecimento e aprendizagem" (Castells, 2000; Delors, 1996). Por sua vez, nestas sociedades nas quais moramos atualmente as pessoas questionam, com urgência máxima, se são desejáveis, em termos cognitivos, as novas formas de aprendizagem em formatos digitais e a necessidade permanente de aprendizagem ao longo de toda a vida. Portanto, pode-se dizer que, se algumas décadas atrás a contribuição dos estudos cognitivos era de interesse evidente para a educação, hoje eles são urgentes, considerando-se que uma das implicações da sociedade do conhecimento é exatamente o fato de que, nas sociedades pós-industriais, as forças produtivas tradicionais, de caráter manual, foram substituídas. Assim, sua geração, por meio dos sistemas educativos formais ou informais, é de vital importância para qualquer atividade produtiva, não somente para a educação.

UMA VISÃO COGNITIVA DO FRACASSO ESCOLAR

Para começar a tratar estas questões, é mais que oportuno retomar a elucidativa contribuição de Ángel Rivière (1983), apresentada na forma original de um decálogo religioso de mandamentos, para considerar, do ponto de vista cognitivo, a questão paradoxal do denominado fracasso escolar. Rivière se pergunta, de maneira irônica, e pondo por escrito muitos dos mandamentos implícitos com os quais os sistemas educacionais tratam os alunos, como é possível que os alunos fracasssem tão pouco na escola. Desta maneira, este investigador da cognição formula uma crítica explícita à forma na qual geralmente a escola organiza a atividade de aprendizagem dos alunos e faz uma análise muito precisa, em termos de processos cognitivos, que sem dúvida é de grande utilidade para a promoção do conhecimento nos organismos e instituições humanas. Em suas próprias palavras, os mandamentos, implícitos ou explícitos, de muitas de nossas escolas, são os seguintes:

1. "Desvincularás grande parte de teu pensamento dos propósitos e intenções humanos."
2. "Deverás ter uma postura intencional de aprender."
3. "Dedicarás seletivamente tua atenção às tarefas escolares."
4. "Tratarás de controlar a escolha e o emprego de teus recursos intelectuais e de memorização."
5. "Deverás desenvolver, empregar e compilar estratégias e habilidades especializadas para o tratamento da informação."
6. "Dominarás rapidamente novos modos e códigos de representação."
7. "Terás de organizar e descontextualizar progressivamente muitos de teus conceitos, ampliando sistematicamente tua memória semântica."
8. "Empregarás ao máximo teus recursos de competência lógica e/ou memória de curto prazo, sempre que a tarefa e o professor te exigirem."
9. "Deverás assimilar realmente os conteúdos e generalizar teus esquemas, habilidades e estratégias, não somente aqueles que te forem explicitamente ensinados, mas também outros novos."
10. "E, por fim, deverás parecer uma criança interessada e competente."

Ainda que Rivière utilize uma linguagem simples em sua argumentação, que sem dúvida facilita a compreensão por parte do leitor, é evidente que nesses mandamentos se encontram expressos alguns dos conceitos especializados mais essenciais e programáticos dos estudos cognitivos das décadas de 1980 e 1990, alguns dos quais sem dúvida continuam tendo um papel importante em nossa disciplina. Obviamente nos referimos, entre outros conceitos, às dicotomias "aprendizagem intencional *versus* incidental", "atenção seletiva *versus* geral", "comportamento estratégico *versus* errático", "contextualização *versus* descontextualização", "memória semântica *versus* episódica", "memória de curto prazo *versus* de longo prazo", "competência *versus* incompetência lógica" e "aprendizagem implícita *versus* explícita". Parece oportuno explicar alguns desses conceitos, para mostrar várias das contribuições valiosas que muitas dessas pesquisas cognitivas têm dado e que elas têm permitido uma melhor compreensão do desenvolvimento cognitivo e da educação como atividade na qual, entre outras coisas, se adquire e aplica conhecimento.

Algumas das pesquisas mais difundidas e influentes em nosso campo de estudo foram a de Carraher, Carraher e Schliemann (1985), sobre a aprendizagem da matemática e, mais recentemente, a dos brasileiros Nunes e colaboradores (2006) e Schlieman, Carraher e Brizuela (2007). Em seu trabalho, os pesquisadores brasileiros mostram, entre outras descobertas reveladoras, que as crianças de rua, em muitos casos semianalfabetas e sem família, que se dedicavam a venda de bilhetes de loteria, conseguiam resolver problemas da matemática de certa complexidade e que envolviam o uso abrangente da adição, subtração, multiplicação e divisão. Suas análises e entrevistas detalhadas indicam que, ainda que os procedimentos que esses jovens utilizavam não fossem tão elegantes quanto os ensinados na escola e frequentemente também fossem mais trabalhosos, pois empregavam mais passos, de qualquer maneira essas crianças conseguiam resolver corretamente a maioria dos problemas apresentados. De fato, tais problemas faziam parte de sua atividade cotidiana, uma vez que ninguém tem como vender bilhetes de loteria e realizar as atividades envolvidas, como calcular os prêmios, entre outras, se não dominar essas operações aritméticas. Comparemos então o que acontece em inúmeras salas de aula do mundo, nas quais, como é notório, o ensino das noções matemáticas mencionadas enfrenta grandes problemas para que seja aprendido e inclusive, em uma quantidade considerável de casos, acontece apenas com muitas dificuldades. Ou seja, existe a situação paradoxal de que as crianças que aprendem a matemática sem a intenção explícita de fazê-lo e mediante uma *aprendizagem incidental* conseguem resultados melhores do que os alunos que estão recebendo uma *aprendizagem intencional*, ou seja, aqueles que se encontram em um meio no qual existe uma intenção explícita de aprender e inclusive uma série de instruções detalhadas a respeito. Parece claro, na realidade, que o motivo pelo qual as atividades incidentais às vezes se mostram mais eficazes do que as intencionais é que as primeiras conseguem estar mais conectadas ou mesmo relacionadas de maneira significativa com as tendências e os comportamentos do indivíduo, e isso possibilita que finalmente a informação recebida e as atividades praticadas se convertam em um *conhecimento útil* (PERKINS, 2009).

Poderíamos mencionar outras questões relacionadas com tais pesquisas, mas neste caso nos interessa apenas insistir como elas constituem um exemplo magnífico dessa dicotomia intencional/acidental, que sem dúvida é tão relevante para a educação. Ou seja, o sentido que acreditamos terem os dois primeiros mandamentos de Rivière é que eles nos fazem pensar até que ponto a educação, sobretudo a escolar, é uma atividade extremamente artificial na qual se exige do aluno – sobretudo após o final do ensino fundamental e durante o ensino médio – que desvincule suas ações e seus conhecimentos dos sentidos originais que eles possuem, baseando-se em "propósitos e intenções humanas". Bons exemplos desta clara tendência da escola podem ser encontrados em qualquer lugar, mas poderíamos citar como exemplos emblemáticos a obrigatoriedade da alfabetização – cujos códigos nunca são transparentes nem unívocos –, a renúncia forçada à brincadeira – que é a tendência natural em boa parte da infância –, e a necessidade de utilizar rótulos verbais específicos que não são os da linguagem cotidiana. Em outras palavras, acreditamos que na escola não somente tem exclusividade um tipo de aprendizagem, mas que inclusive tendemos a confiar pouco na força natural que o próprio desenvolvimento exerce sobre o aprendizagem.

A distinção de origem entre memória de curto prazo (ou memória de trabalho) e memória de longo prazo foi, sem dúvida, uma das maiores contribuições para o avanço da pesquisa sobre o conhecimento nas últimas décadas. Como se sabe, ela tomou sua ideia inicial da chamada "metáfora do computador", seja em sua versão fraca ou forte, e reside na distinção que qualquer um de nós pode perceber fazendo um mero exercício introspectivo. Referimo-nos ao fato facilmente comprovável de que possuímos inúmeros conhecimentos acumulados ao longo da vida – dados, nomes, procedimentos e saberes de todo tipo – e, ainda assim, é difícil adquirir um novo conhecimento sobre coisas das quais não sabemos nada. Por exemplo, a experiência de decorar um simples número de telefone ou as novas ideias de uma palestra sobre algum tema que não conhecemos muito bem são amostras suficientes de que a memória de curto prazo é muito limitada. Um personagem do dramaturgo inglês Marlowe (2003), contemporâneo de Shakespeare, expressou isso de maneira poética, ao dizer "Em minha pobre cabeça entram pouquíssimas coisas, mas o que nela entra somente se dissipa com extrema lentidão."

Assim, a pesquisa deste âmbito, já clássica, distinguiu três fases pelas quais a informação passa, desde sua entrada no sistema cognitivo humano até que chegue a se converter em conhecimento. Tais fases são a *memória sensorial*, a *memória de curto prazo ou memória de trabalho* e a *memória de longo prazo*. Nos dois primeiros casos, o termo "memória" não condiz com o sentido cotidiano, já que no primeiro se aproxima mais daquilo que costumamos chamar "percepção" e, no segundo, daquilo que denominamos "amplitude de atenção". Como se sabe, as pesquisas neste âmbito indicam que nosso sistema de processamento de informação estabelece que grande quantidade da informação que chega a nossa mente é retida somente por aproximadamente meio segundo, ou seja, tem uma permanência muito efêmera, porém real, similar ao que se costuma chamar percepção sem consciência, na qual não nos deteremos por ser de pouca importância para o desenvolvimento cognitivo e da educação. Depois acontece a memória de curto prazo ou de trabalho, que dura entre 20 e 30 segundos e tem a capacidade de acumular cerca de sete elementos. Ou seja, essa é a quantidade de elementos de informação verdadeiramente novos aos quais conseguimos prestar atenção de maneira simultânea, o que cria, sem dúvida, um "gargalo" para a incorporação de novas informações. É essa a limitação à qual se refere o personagem de Marlowe quando expressa sua convicção de que em sua cabeça "entram pouquíssimas coisas" (na realidade, ele deveria acrescentar a palavra "simultaneamente"). Todos nós alguma vez já experimentamos, inclusive de maneira quase física, a sensação de que grande parte de uma explicação nos "foge" quanto contém um número demasiadamente grande de elementos novos para registrarmos, porque, quando atentamos a um, se perdem os outros. Por exemplo, quando queremos fazer mentalmente um cálculo em várias etapas, sem um lápis ou uma folha de papel que nos ajudem a descarregar a demanda cognitiva que os dados deste problema exercem em nossa memória de curto prazo. Da mesma maneira, é muito provável que os alunos experimentem esse tipo de processo quando o professor lhes apresenta conteúdos escolares que são, todos os anos, sempre os mesmos para ele (o professor), mas que para as crianças são completamente novos e, por essa razão, extraordinariamente cansativos do ponto de vista cognitivo.

CARACTERÍSTICAS DOS ESTUDOS SOBRE O DESENVOLVIMENTO COGNITIVO

Até aqui vimos como, do ponto de vista de Rivière – sem dúvida similar às decisivas contribuições de Donaldson (1978) e Farnham-Diggory (1972), para uma visão mais recente na qual essas contribuições se relacionam com outras mais atuais, veja Mayer (2004) e Mayer e Alexander (2011) –, alguns dos conceitos cognitivos básicos, procedentes do processamento de informações e de metáforas computacionais, nos oferecem não somente uma explicação plausível das possíveis dificuldades escolares como também uma análise das vicissitudes do funcionamento do sistema cognitivo humano que nos permite entender o mundo que nos cerca e lhe dar sentido.

No entanto, ainda que a análise que comentamos permaneça válida em inúmeros aspectos, também é verdade que as perspectivas atuais sobre o desenvolvimento cognitivo – e, portanto, suas aplicações na educação – possuem outras características que valem a pena comentar. Acreditamos que algumas das mais importantes dessas características são as seguintes:

- A influência da metáfora do computador como geradora de um panorama geral da arquitetura do sistema cognitivo, ainda que tenha sido duramente criticada (BRUNER, 1990), continua válida, como veremos na seção a seguir. Todavia, talvez pudéssemos dizer que esta já não é tão hegemônica como era alguns anos atrás, mas paralela ou compatível com outras visões, como, por exemplo, as concepções socioculturais da mente humana e de seu desenvolvimento, que serão comentadas a seguir. Essa é a interpretação de alguns autores, como Frawley (1999), com os quais concordamos.
- Alguns conceitos básicos associados a essa metáfora, como o da memória de curto prazo, eram e continuam sendo utilizados para explicar as diferenças produzidas pelo desenvolvimento. Assim, da mesma maneira que Piaget explicava a passagem de um estádio a outro em termos de estruturas lógicas cada vez mais complexas, as abordagens neopiagetianas (CASE, 1992; DEMETRIOU; EFKLIDES; SHAYER, 1992; PASCUAL-LEONE et al., 2002) postulam que a diferença de execução cognitiva entre crianças de diferentes idades se deve a um aumento da amplitude da memória de curto prazo ou a uma melhoria das estratégias executivas. Desse modo, eles aplicam um conceito que procede do processamento de

informações ao desenvolvimento cognitivo (em Gardner (2000b), pode-se encontrar uma explicação muito completa e comparativa das diferentes posições atuais sobre o desenvolvimento cognitivo).
- A visão adotada em muitos dos estudos contemporâneos sobre o desenvolvimento cognitivo é, segundo a formulação de Fodor (1986), modular. Por essa razão, como assinalamos na Introdução deste livro, as obras atuais sobre essa área de estudo estão organizadas de modo a compatibilizar a abordagem clássica das etapas de desenvolvimento com a orientação baseada nos diferentes conteúdos específicos (veja, por exemplo, Goswami, 2011). Ou seja, a mente humana por si própria e quanto a seu desenvolvimento é entendida como um dispositivo biológico muito flexível que, além de incluir processos gerais ou de amplo espectro, é extremamente determinada pela especificidade dos conteúdos. Portanto, neste ponto se pode observar uma interessante discrepância entre a perspectiva modular e as posições da epistemologia genética, que tem gerado formulações frutíferas, como a de Karmiloff-Smith (1996), o qual, baseando-se no estudo detalhado de como a criança vai desenvolvendo diferentes tipos de conhecimento (físico, numérico, linguístico e outros) e reconhecendo a necessidade de levar em conta sua especificidade, afirma que esses processos têm aspectos em comum, estabelecendo um diálogo crítico entre a ciência cognitiva e a epistemologia genética.
- É importante ressaltar que a crescente relevância da perspectiva modular do desenvolvimento e do funcionamento cognitivo das últimas décadas tem gerado uma heurística pesquisadora baseada na comparação entre experientes e novatos em diferentes áreas (matemática, física, história e muitas outras). Essas comparações, ainda que em geral sejam feitas entre indivíduos adultos da mesma idade que possuem diferentes níveis de conhecimento de distintas matérias, oferecem uma frutífera contribuição ao estudo do desenvolvimento cognitivo, posto que este não é habitualmente produzido à margem da aprendizagem, como demonstrou há tempo a posição vygotskiana (veja o Capítulo 2 deste livro). Além disso, justamente o que distingue os experientes dos novatos é a eficácia e a profundidade de sua aprendizagem, bem como a organização mais complexa e completa de seus conhecimentos. Por outro lado, do ponto de vista das implicações educativas, observe

também que a comparação entre especialista e novato é de grande transcendência para o estudo das diferenças entre o conhecimento cotidiano e o conhecimento acadêmico, que é tão importante para compreender cabalmente os fenômenos da educação escolar (Chevallard, 1997).
- A consolidação da proposta modular tem sido acompanhada da crescente importância atribuída às posições neoinatistas, como a de Carey (2009) e Spelke (2005), entre outros. Como se sabe, tal posição tem sua origem no neoinatismo chomskiano e sustenta implícita ou explicitamente que as crianças possuem desde muito pequenas um equipamento básico que lhes permite entender o mundo que as rodeia. Se isto acontece, se deve, em maior ou menor medida, a razões puramente semânticas. Assim, nos termos de Carey (1985), as crianças são "novatas universais". Em outras palavras, sabem uma menor quantidade de coisas do que as outras crianças mais velhas ou os adultos simplesmente porque tiveram menos oportunidades para ampliar suas redes semânticas, que são as que agrupam conceitos de diferentes complexidades. Neste sentido, alguns autores neoinatistas, como Carey (2009), também ocupam um lugar importante nas propostas sobre a transformação conceitual, já que para eles uma parte substancial dos fenômenos do desenvolvimento cognitivo estudados por teorias clássicas como a de Piaget pode ser explicada em termos de transformações conceituais sucessivas em diferentes domínios. Essas transformações acontecem como resultado da experiência do indivíduo a partir de um ponto de partida que implicam, como já indicamos, um equipamento de grande potencial, ainda que não esteja desenvolvido por completo. É nesse sentido que têm sido feitas comparações básicas entre as teorias e os conceitos das crianças e as dos adultos – novatos e experientes – quanto aos possíveis processos comuns nos mecanismos de transformação (Carey, 2009, Karmiloff-Simth; Inhelder, 1975; Keil; Lockhart; Schelegel, 2010; Samarapungavan, 1992). Veja também o Capítulo 3 do segundo volume desta obra.
- As pesquisas atuais sobre o desenvolvimento cognitivo possuem, sem dúvida, uma forte influência evolucionista, no sentido de estudar origens e processo comuns entre o desenvolvimento cognitivo – e o desenvolvimento em geral – dos seres humanos e o de outras espécies. Tal posição fica bem exemplificada nos trabalhos de Hauser (2008) e de outros autores sobre a mente moral do

primata ou nas pesquisas de Cosmides (1992) sobre as relações entre a origem do raciocínio complexo dos seres humanos e a lógica subjacente aos intercâmbios sociais. O primeiro caso coloca bases empíricas suficientes para sustentar a existência de uma moral quase universal, incipiente em primatas superiores, cuja estrutura e funções podem contribuir decisivamente para o entendimento do desenvolvimento moral das crianças de diferentes idades e culturas. O segundo mostra que a dificuldade de alguns raciocínios hipotético-dedutivos que os adolescentes e adultos com muita frequência não conseguem fazer pode ser resolvida com bastante facilidade quando o conteúdo dos problemas é fundamentado por uma lógica de intercâmbio social, uma lógica social que é justamente a apresentada por alguns primatas. Como se pode notar, as fortes orientações evolucionistas e neoinatistas das visões atuais do desenvolvimento cognitivo se encontram extremamente relacionadas.

– As abordagens cognitivas atuais, tanto em sua vertente de pesquisa básica como na aplicada, conferem um papel muito mais importante do que era atribuído há algumas décadas às questões socioculturais, derivadas em parte da obra de Vygotsky. Algumas amostras disto são as obras abrangentes e recentes de Valsiner e Rosa (2007) e de Vasiner (2012). Essa influência, considerada por alguns autores como uma autêntica "revolução sociocultural" (Voss; Wiley; Carretero, 1995), tem se constituído não somente na aplicação ou um desenvolvimento específico dos conceitos vygotskianos, mas tem pressuposto uma influência genérica a partir da qual vêm surgindo conceitos como o de cognição "situada" (Lave; Wenger, 1991) ou de *apprenticeship*[1] (Collins; Brown; Newman, 1989). Em ambos os casos parte-se da ideia de uma tensão de caráter irredutível entre a mente humana e seu desenvolvimento, e a natureza cultural da aprendizagem e de seus diferentes conteúdos específicos (Wertsch, 2005). Essa relação entre contexto sociocultural e desenvolvimento cognitivo do indivíduo sugere também que tal desenvolvimento se baseia no alcance de metas que têm origem social e que incluem a motivação e a emoção. Enquanto vem aumentando o número de estudos sobre aprendizagem fora da escola, tem surgido um interesse crescente pela relação entre tal aprendizagem e a aprendizagem escolar.

Surge, assim, a questão relativa à transferência em ambas as direções entre esses dois âmbitos: em que medida o conhecimento escolar pode facilitar a aprendizagem fora da escola e em que medida a aprendizagem que acontece na escola pode ser construído em sala de aula? Outro aspecto de vários estudos da revolução sociocultural é comum nas conclusões de inúmeras pesquisas: os efeitos positivos da interação social no desenvolvimento e funcionamento cognitivos. Tais resultados tendem a mudar a visão da aprendizagem, fortemente focado na aprendizagem individual, para uma perspectiva mais coletiva de aprendizagem formal.

O DESENVOLVIMENTO DOS CONCEITOS E DO RACIOCÍNIO

Até agora tentamos oferecer um panorama dos problemas e das características gerais do estudo do desenvolvimento cognitivo durante as últimas décadas, a fim de que se possa compreender suas contribuições principais, suas temáticas presentes e algumas de suas implicações para a educação. Nesta última parte, queremos apresentar alguns trabalhos específicos de nossa equipe de pesquisa (Carretero; Asensio, 2008) como um exemplo mais detalhado da tarefa cognitiva em uma área determinada. Nosso propósito é fazê-lo de forma que sua apresentação possa contribuir para a discussão concreta de alguns dos problemas e das características gerais aos quais fizemos alusão nas partes anteriores deste capítulo.

O desenvolvimento do raciocínio científico

No artigo de Rivière (1983) mencionado, se mostra a importância de que os alunos de diferentes idades possam aplicar habilidades de competência lógica (o oitavo mandamento) e de descontextualização dos conteúdos aprendidos (o sexto mandamento). Não há dúvida de que ambas as habilidades estão relacionadas. Tradicionalmente, a lógica tem sido entendida como "a arte de pensar bem", o que supõe que o sujeito seja capaz de fazê-lo em diferentes contextos e frente a distintos conteúdos, uma questão para a qual Piaget contribuiu de modo monumental e decisivo. Poder-se-ia dizer, inclusive, que toda a teoria da Escola de Genebra pode ser considerada com uma explicação do desenvolvimento da capacidade lógica, ou seja, como o estudo detalhado das fases e processo responsáveis para que o ser humano evolua e passe de um raciocínio menos lógico para um mais lógico. Assim, de acordo com esse posicionamento, considera-se a criança de 2 a 6 anos de idade como pré-lógica, de sete a 12 anos como possuidora de uma competência lógica em âmbitos concretos e os adolescente e o adulto como hábeis aprendizes científicos e metodológicos, na medida em que são capazes de executar operações formais (CARRETERO; ASENSIO, 2008).

Entretanto, sabemos há bastante tempo que essa caracterização é geral demais, já que diversos estudos mostram que nem todos os jovens e adultos empregam as estratégias cognitivas próprias das operações formais na resolução de determinadas tarefas. O próprio Piaget (1970) reconheceu, explícita ou implicitamente, que os adolescentes e adultos possuem um tipo de pensamento que não se baseia unicamente na estrutura dos problemas, mas também em seu conteúdo e que, portanto, seu pensamento não é somente "formal". Esse reconhecimento levou a diversos questionamentos. Em relação à noção de estádio, o estádio das operações formais é tal, no sentido de que suas características típicas representem aquisições necessárias e inevitáveis para definir o desenvolvimento cognitivo do adolescente e do adulto ou estas apenas constituem um conjunto de habilidades especializadas que variam segundo as diferenças entre os indivíduos? Por outro lado, se o pensamento formal é adquirido na área de especialização de cada sujeito, que tarefas são as mais adequadas para determinar se ele o adquiriu e que influência a familiaridade tem no nível de resolução de tais tarefas? Que papel os conhecimentos prévios ou as concepções intuitivas desempenham quando são tantas as dificuldades que os indivíduos enfrentam para alterar suas hipóteses iniciais a respeito de fenômenos científicos, ainda que estejam conscientes dos erros sistemáticos que cometem?

Essas críticas à concepção piagetiana acarretaram a emergência de novas teorias que permitem considerar as ideias dos sujeitos sob as perspectivas atuais do desenvolvimento cognitivo que acabamos de mencionar. Alguns destes trabalhos se enquadram no chamado "movimento de concepções alternativas", que surgiu a partir dos anos de 1970, junto com os estudos sobre experientes e novatos em domínios específicos (veja o Capítulo 3, do segundo volume desta obra). A partir deste momento, as concepções que as pessoas constroem tendem a ser mais abordadas com uma consequência do nível de habilidade em domínios específicos (DRIVER, 1986) do que como a manifestação de um estádio.

Nos últimos anos, tem sido feita uma notável quantidade de pesquisas sobre o raciocínio científico. O principal foco de interesse tem sido a interação entre hipóteses e evidência, assim como a questão, intimamente relacionada a ela, de como as evidências geram a mudança de conceitos, entendida como uma alternativa geral ao desenvolvimento cognitivo, como foi indicado nas seções anteriores deste capítulo. Sem dúvida, é preciso citar a influência que a pesquisa pioneira de Nisbett e Ross (1980) teve nesta área, os quais, com base no campo da psicologia social cognitiva se fizeram questionamentos básicos, como até que ponto é comum o raciocínio científico ou lógico entre os sujeitos sem conhecimentos específicos em determinada matéria. Ou, em outras palavras, em que medida o raciocínio do cidadão médio, deixando de lado o quanto ele conhece sobre determinada especialidade, se atém às tendências gerais do denominado "pensamento científico", definido no sentido amplo como as habilidades lógicas mais comuns, como o controle sobre variáveis, a comprovação de hipóteses e as inferências estatísticas básicas, entre outras. Tanto a obra de Nisbett e Ross (1980) como a de Tversky e Kahneman (1982) – lembre-se de que o segundo destes ganhou o Prêmio Nobel em 2002 –, colocavam sérias dúvidas a respeito disso e sustentavam que predomina uma tendência bastante comum, a da representação dos problemas do cotidiano de maneira muito pouco lógica.

Como mencionado anteriormente, esses trabalhos têm relação direta com a posição piagetiana sobre as operações formais e o desenvolvimento cognitivo de crianças, adolescentes e adultos. E é exatamente uma pesquisadora de origem piagetiana que fez um dos trabalhos mais influentes neste campo. Assim, Kuhn (1989), Kuhn, Capon, Carretero (1983) argumentam que a relação central que caracteriza o pensamento científico é a diferenciação entre teoria e evidência e a evolução correta dessas evidências com relação à teoria. Seus resultados indicam que as crianças têm uma dificuldade considerável para separar teoria e evidência, quando são realizadas tarefas de covariação (Kuhn, 2011), algo que não acontece com adolescentes e adultos, o que não descarta a possibilidade de que, em alguns casos determinados, eles possam ter dificuldades. Portanto, a proposta de Kuhn (2011) estava relativamente próxima das colocações piagetianas originais, no sentido de defender uma diferença qualitativa, do tipo geral, entre o raciocínio das crianças e o dos adolescentes e adultos. Essas conclusões foram criticadas de um ponto de vista neoinatista baseado na centralidade da mudança conceitual. Richardson (1992), Sodian, Zaitchik e Carey (1991) e Ruffman et al. (1993) mostraram que crianças entre 6 e 7 anos de idade às quais são propostos problemas simples são capazes de fazer adequadamente relações entre hipóteses e evidências. Nessa mesma linha, Brewer e Samarapungavan (1991) consideram, além disso, que as crianças, quando constroem seus modelos teóricos, utilizam processos semelhantes aos dos cientistas, e que as diferenças entre os dois grupos se devem ao fato de que os cientistas têm um maior conhecimento institucionalizado. Além disso, Samarapungavan (1992) mostrou que as crianças são capazes de escolher entre teorias científicas alternativas, se estas forem descritas de um modo simples.

A influência da mudança conceitual e do conflito cognitivo

Na esfera dessas colocações antagônicas sobre o desenvolvimento da capacidade de raciocínio de crianças, adolescentes e adultos, nos interessa especialmente explicar as complexas relações entre tal capacidade de raciocínio, a mudança conceitual e o conflito cognitivo. Este último tem importância capital, por ser tradicionalmente considerado por diferentes teorias psicológicas como essencial à geração de mudanças tanto cognitivas como evolutivas em geral. Além disso, no que diz respeito ao ensino das ciências (DUIT, 2006), considera-se que o conflito cognitivo é um requisito necessário, ainda que não suficiente, para a produção da mudança conceitual. Assim, ao descrever os processos de equilibração, Piaget (1985) faz uma distinção entre reações adaptadas e inadaptadas frente aos dados anômalos. Levemos em conta que os dados anômalos são aqueles que podem gerar conflito nas bases teóricas que uma pessoa qualquer tem, seja uma criança ou um cientista (KUHN, 1962; LEVINAS; CARRETERO, 2011) e, portanto, podem chegar a gerar uma mudança em suas representações. As reações inadaptadas são produzidas quando os sujeitos não percebem o conflito entre a informação nova e a antiga. As respostas adaptadas são classificadas em três tipos: alfa, beta e gama. Se os sujeitos não levam em conta os dados contraditórios, trata-se do primeiro tipo. Os comportamentos beta são caracterizados por produzirem modificações parciais na teoria do sujeito que não afetam seu núcleo central: os dados novos são considerados uma variação da teoria do sujeito e, portanto, fazem parte dela. Isso implica a inclusão de dados em um esquema explicativo que não havia sido utilizado antes (a generalização) ou a exclusão de dados de um esquema previamente empregado, que os explicava por meio de um esquema diferente ou inclusive mediante a construção de um princípio *ad hoc* (de diferenciação). Tanto a generalização como a diferenciação são utilizadas para resolver contradições entre os dados das teorias. Por fim, os comportamentos gama implicam a modificação do núcleo central da teoria, ou seja, neste caso é necessário fazer modificações conceituais para que a contradição seja eliminada. Portanto, este tipo de comportamento implica uma importante reestruturação da teoria do sujeito (CAREY, 1985).

Já Chinn e Brewer (1993) e Pozo e Carretero (1992) propuseram sete tipos de respostas frente a dados anômalos: ignorá-los, refutá-los, excluí-los, deixá-los em suspenso, reinterpretá-los, realizar mudanças periféricas e fazer uma mudança teórica. Os dados anômalos não são aceitos quando o indivíduo os ignora ou refuta e, ao contrário, são aceitos nos outros tipos de resposta. O indivíduo é capaz de explicar os dados anômalos quando ocorrem algumas mudanças na teoria do indivíduo (mudança periférica ou teórica). Quando ele os ignora, os refuta ou os deixa em suspenso, o indivíduo não tem a capacidade de explicá-los. Não se consegue nenhuma mudança teórica em nenhuma dessas respostas, exceto quando se faz uma mudança periférica ou teórica. Esses autores consideram que as formas fundamentais com as quais os cientistas reagem perante os dados anômalos são idênticas à maneira que agem os adultos não cientistas e os estudantes de ciências.

Assim, Carretero e Baillo (1996), Carretero e Rodríguez Moneo (2008) e Rodríguez Moneo, Aparicio e Carretero (2012), utilizando uma tarefa sobre a flutuação de corpos e densidade que foi apresentada a crianças, adolescentes e adultos – experientes e novatos –, estudaram, entre outros aspectos, até que ponto a capacidade de raciocínio hipotético-dedutivo pode influir na mudança conceitual e quais são os efeitos dos conflitos cognitivos sobre tal mudança quando se produz uma discrepância empírica entre a teoria e os dados observados. Quanto à comprovação de hipóteses, os resultados indicam que as crianças possuem essa capacidade, ainda que ela seja afetada por suas teorias prévias: se o conteúdo da hipótese combina fielmente com a teoria que a sustenta (p. ex., a explicação da flutuação baseada no peso, que é o mais habitual em todas as idades), o uso de estratégias de comprovação corretas – ou seja, demonstrar que tal hipótese é falsa – é insuficiente e há uma importante tendência para realizar uma verificação incorreta. As crianças de 10 anos empregam estratégias corretas, mas distorcidas, para comprovar as hipóteses, o que mostra que o desenvolvimento desta habilidade é anterior à adolescência, como indicaram há bastante tempo Karmiloff-Smith e Inhelder (1975). Além disso, vimos que essa capacidade melhora com a idade e se mantém estável a partir dos 15 anos, sempre que são mantidas as mesmas ideias prévias, cuja influência é similar até a idade adulta. Por outro lado, a capacidade de comprovar hipóteses aumenta significativamente com a idoneidade das ideias prévias (não há diferenças na utilização de estratégias entre novatos e adultos com iguais níveis de teoria inicial) e é mediada pelo conhecimento que o sujeito possui sobre o domínio no qual raciocina.

Quanto à influência da comprovação de hipóteses e do conflito cognitivo na mudança conceitual, os adolescentes e os adultos pareceram ser mais sensíveis a elas do que as crianças. No entanto, em geral, não foram maioria os sujeitos que mudaram a teoria como reação perante o conflito: nunca foram mais da metade. Portanto, confirma-se a conclusão de inúmeros pesquisadores, os quais afirmam que a mudança conceitual é um processo lento e custoso e que o conflito cognitivo pode ser negado tanto por crianças, como por adolescentes e adultos, na medida em que suas ideias prévias não considerem como conflito o que na verdade o é. Assim, as contradições explícitas parecem ter determinado papel como motor da mudança de teorias, ainda que essa influência não tenha se manifestado especialmente forte nem esteve sujeita a mudanças evolutivas. Em outras palavras, uma vez que o sujeito é capaz de diferenciar sua teoria dos fatos que a contradizem e de reconhecer a discrepância entre ambos, o conflito pode ser resolvido como uma mudança de teoria mais ou menos forte ou mediante alguma outra estratégia (para ajustar a evidência ou ignorá-la), o que deixa a teoria inalterada.

Desenvolvimento cognitivo e raciocínio em domínios mal definidos: o caso da história

É possível afirmar que a aquisição do conhecimento histórico tem sido um tema menos atraente para os pesquisadores do que a aquisição de conceitos científico-naturais. Podem ser mencionadas duas razões, entre outras, para essa falta de interesse. Por um lado, a sociedade em geral considera que a aprendizagem das ciências é muito mais importante do que o da história ou das ciências sociais.

Os trabalhos sobre a aquisição de conceitos históricos, sociais e políticos têm demonstrado, sem dúvida, que estes vão evoluindo com a idade dos alunos, e deixam de ser concretos e simples para se converterem em abstratos e complexos (CARRETERO, 2009). Assim, Berti (2006) estudou como as crianças desenvolvem conceitos políticos (p. ex., o conceito de Estado ou de governo) e ressalta que estes se encontram muito pouco estabelecidos entre os alunos do 3º ano do ensino fundamental (9 anos), já aparecem no 5º ano (11 anos) e são mais elaborados durante o 2º ano do ensino médio (14 anos). Delval (1994) também encontrou um padrão similar na aprendizagem de conceitos em diferentes culturas. Von Borries (1994) mostra que a compreensão dos conceitos históricos por parte dos estudantes não se baseia exclusivamente em considerações cognitivas. Por exemplo, às vezes respondem a perguntas sobre as Cruzadas em termos morais e emocionais, motivo pelo qual os valores morais dos estudantes podem desempenhar um papel importante em tal raciocínio. Carretero, Asensio e Pozo (1991) ressaltaram que os estudantes têm dificuldades para compreender o tempo histórico durante grande parte do ensino fundamental.

Outro âmbito de trabalho neste campo foi a compreensão da causalidade histórica. Assim, vemos que no julgamento de seis causas explicativas de por que Colombo realizou sua viagem, os estudantes do 6º e do 8º ano (12 e 14 anos) consideram os motivos pessoais como as causas mais importantes, enquanto os alunos do 4º ano do ensino médio (16 anos) e os estudantes de psicologia e de história escolheram as condições econômicas em primeiro lugar. Neste sentido, Voos et al. (1994) descobriram que os estudantes consideravam tanto os fatores pessoais quanto os estruturais quando pediam a eles que escrevessem uma redação sobre a queda da União Soviética (ou seja, os fatores estruturais provocavam a ação permanente). Os estudantes também consideraram as causas imediatas como mais importantes que as remotas.

Contudo, na história como em outros contextos disciplinares, os conceitos não surgem somente de uma situação isolada e estática nem na mente do aluno nem na disciplina, mas são empregados e se transformam mediante o raciocínio. Por essa razão, parece-nos importante examinar o vínculo entre o uso dos conceitos e sua possível mudança, justamente em relação às questões tratadas na seção anterior, ou seja, os processos de raciocínio e o conflito cognitivo. Um dos objetivos deste empenho é a comparação de domínios a respeito, no sentido de uma perspectiva modular, que é a tendência atual em nosso campo.

Assim, a história por si própria é um domínio mal definido, em termos da distinção clássica na literatura sobre o raciocínio e a solução de problemas (Carretero; Asensio, 2008). Levando em conta a importância dos documentos no raciocínio dos historiadores, muitos dos trabalhos em nossa área têm incluído tarefas que envolvem o uso de documentos históricos, sejam reais ou simulados (Carretero, 2007).

Assim, Wineburg (2001) propôs aos sujeitos (oito historiadores e oito estudantes) uma tarefa de resolução de problemas sobre a batalha de Lexington. Foram apresentados oito documentos sobre a batalha. Os resultados demonstraram que os sujeitos que eram mais experientes – os historiadores – utilizaram três heurísticas para resolver a tarefa: a) a da colaboração, com a qual verificavam em diferentes documentos a informação e os detalhes que consideravam mais pertinentes; b) a das fontes, nas quais prestavam atenção às fontes dos documentos apresentados; e c) a da contextualização, mediante a qual confrontavam as informações do documento com seus conhecimentos gerais, a fim de inserir o acontecimento histórico no tempo e no espaço.

Rouet et al. (2000) apresentaram sete documentos e uma cronologia dos principais acontecimentos relacionados com o canal do Panamá e lhes pediram que escrevessem uma redação sobre quatro temas controvertidos relacionados com a construção do canal. Por exemplo, perguntaram a eles se a intervenção por parte dos Estados Unidos na revolução panamenha de 1903 era justificada. No primeiro estudo, os participantes eram 24 estudantes universitários; no segundo, eram 19 sujeitos – oito graduados em história e 11 em psicologia. Os resultados do segundo estudo mostraram que tanto os especialistas como os novatos utilizaram as heurísticas de corroboração e de fontes, mas que as contextualizações eram mais frequentes e qualitativamente diferentes nos ensaios dos especialistas do que nos dos novatos. As afirmações contextuais dos especialistas eram mais elaboradas e se encontravam em um ponto intermediário entre o conhecimento específico e o conhecimento geral do mundo.

De nossa parte, já comentamos (CARRETERO, 2011) que a história é uma disciplina em que os valores sociais e individuais e a ideologia frequentemente influem no modo pelo qual os acontecimentos históricos são compreendidos e ensinados na escola. Sem dúvida, a identidade nacional e a memória coletiva (CARRETERO; ROSA; GONZÁLEZ, 2006) estão intimamente relacionadas com essas representações históricas. Em geral, podemos afirmar que o conteúdo histórico tem a oferecer maior resistência à mudança conceitual do que à científica: para os novatos que estudam história é mais fácil mudar de ideia com respeito a um problema de física, como o de um corpo que cai, do que modificar suas representações sobre a independência de seu país (CARRETERO; LÓPEZ, 2011).

Todavia, a partir de uma análise detalhada dos processos de raciocínio e em relação à contribuição de Kuhn (2011) ao estudo do desenvolvimento do raciocínio científico, mencionada anteriormente, a distinção entre teoria e evidência é fundamental para o processo da mudança conceitual. Se alguém vai mudar sua teoria, é importante: a) que distinga entre teoria e evidência; b) que esteja consciente tanto da teoria como da evidência para poder refletir sobre elas; c) que reconheça a possível falsidade de uma teoria; e d) que identifique a evidência capaz de refutar a teoria. A apresentação de dados contraditórios ou anômalos pode facilitar o reconhecimento da possível falsidade de uma teoria e agregar informações capazes de refutar a evidência.

No entanto, é importante destacar que, no domínio da história, que se caracteriza por ser aberto e mal definido, a falsidade no sentido popperiano – ou seja, a verificação de uma hipótese ao confrontá-la com a evidência contrária utilizando a lógica dedutiva e por meio de um experimento crucial – nem sempre é possível. O fato de refutar uma evidência pode mudar, de certa maneira, a teoria ou a hipótese, mas frequentemente não é suficiente para descartar definitivamente uma teoria. Por exemplo, no caso do problema micro-histórico do estudo empírico que apresentaremos a seguir, é possível encontrar evidências que deem respaldo de que a nobreza não se beneficiou com a expulsão dos mouros na Espanha, mas esta evidência de refutação não consegue descartar tal hipótese. De fato, dependendo da seleção dos sujeitos e da avaliação da evidência, é possível encontrar evidências que confirmem ou descartem uma tese. A disciplina histórica consiste no estudo do passado, e uma de suas características é que as conclusões às quais ela chega podem mudar com o passar do tempo: pode-se utilizar uma nova metodologia para a análise da evidência histórica, pode-se descobrir novas informações e as posturas historiográficas podem ser transformadas, o que levaria a uma análise diferente dos dados. Em síntese, essa "reconstrução" do passado pode ser considerada interminável e quase sempre permanece aberta.

Estamos interessados no estudo da interação entre estratégias de raciocínio, tais como a seleção e avaliação da evidência para o desenvolvimento de uma explicação – uma argumentação –, e o conhecimento de domínio específico. Portanto, decidimos incluir em nossas pesquisas uma amostra integrada de indivíduos que possuam elevados conhecimentos de domínio específico, a fim de estudar as estratégias que são utilizadas pelos experientes e por que supúnhamos que poderiam evitar com mais facilidade as influências ideológicas e afetivas.

Vejamos um problema micro-histórico sobre um tema muito específico: a expulsão dos mouros da Espanha. Entre 1499 e 1526, os muçulmanos haviam sido forçados pela monarquia espanhola a se converterem ao catolicismo, mas como continuaram vivendo de acordo com seus costumes árabes, foram definitivamente expulsos em 1609. A posição mais consolidada na historiografia tradicional é que tal expulsão foi promovida pela nobreza, já que a beneficiava. Contudo, nos últimos anos vêm sendo feitos estudos detalhados tentando corroborar uma hipótese alternativa, a qual afirma que, na realidade, a nobreza se viu prejudicada por essa expulsão, a qual finalmente beneficiou a incipiente burguesia local. Essa posição se baseia nos dados que mostram que quando os mouros deixaram de trabalhar a terra e, portanto, de pagar o imposto correspondente à nobreza, esta foi arruinada e teve de vender suas propriedades à burguesia. Assim como em outros de nossos estudos, tanto sobre o conhecimento histórico como o físico, usamos uma metodologia que consistia basicamente de três fases. Em primeiro lugar, obtínhamos as representações iniciais dos participantes sobre o problema. Em segundo lugar, lhes apresentávamos várias alternativas e documentos sobre a temática em questão, a respeito dos quais podiam raciocinar. E, por fim, lhes perguntávamos de novo o que pensavam, para determinar se havia ocorrido alguma mudança em suas teorias.

Aproximadamente a metade dos participantes não modificou sua hipótese inicial ao longo das três fases da tarefa. Tais resultados podiam ser associados à conhecida tendência que os seres humanos têm de "defender" suas hipóteses, assim como às grandes dificuldades para trocá-las ou modificá-las. Ainda que esses participantes tenham se mostrado conscientes da contradição, ignoraram, refutaram, excluíram ou deixaram em suspenso os dados contraditórios ou todos aqueles dados que não combinavam com a explicação do problema.

Sob uma perspectiva qualitativa, os sujeitos modificaram suas hipóteses a partir da apresentação dos dados contraditórios, o que, aparentemente, provocou uma mudança conceitual maior. Seguindo a terminologia proposta por Chinn e Brewer (1993), os participantes do estudo reinterpretaram seus dados, ainda que tenham mantido suas hipóteses. Esse tipo de mudança os levou a estruturar levemente suas ideias, devido ao fato de que alguns deles incorporaram os dados contraditórios como uma ampliação de suas hipóteses.

Somente alguns, principalmente os professores, reinterpretaram os dados e ampliaram suas hipóteses mediante a generalização e a diferenciação, de acordo com as três dimensões vinculadas à perícia na história: a) a dimensão temporal; b) a dimensão do tipo de benefício; e c) a contextualização histórica do problema (WINEBURG, 2001). Muitas de suas explicações assinalam que deveria ser escolhida outra opção, se o acontecimento histórico é avaliado no curto, no médio ou no longo prazo. Outras explicações se referiram ao nível de análise do problema. Por exemplo, os especialistas pareceram ponderar mais os aspectos sociais e políticos (em particular, a típica situação originada a partir das redes de poder e dos desejos da burguesia) do que os econômicos, em virtude do conhecimento geral que tinham de tal período. Não obstante, os estudantes, que interpretaram o problema fundamentalmente sob uma perspectiva econômica, utilizaram critérios contemporâneos de análise para avaliar as informações apresentadas. Já os historiadores contextualizaram claramente sua resposta ao problema, o que confirmou os resultados obtidos por Wineburg (2001) e Rouet et al. (2000). Somente 6% dos participantes mudaram parcialmente sua hipótese. Portanto, o processo até a mudança conceitual, entendido como um processo de reestruturação profunda, é laborioso, difícil e prolongado, tanto na história como na física.

NOTA

1 *Apprenticeship* é definido como o ensino de um ofício mediante a atividade prática em uma relação entre dois indivíduos – um novato e um experiente. Portanto, constitui-se em um exemplo de aprendizagem em um contexto específico. O aprendiz constrói um modelo conceitual da tarefa, que é mais desenvolvido durante as fases de orientação e prática, nas quais se insere a informação positiva ou negativa sobre sua aprendizagem que o professor lhe dá.

REFERÊNCIAS

AUSUBEL, D. P.; NOVAK, J. D.; HANESIAN, H. *Psicología educativa*. México: Trillas, 1983.
BERTI, A. E. Reestructuración del conocimiento en un subdominio económico: el sistema bancário. In: SCHONTZ, W.; VOSNIADOU, S.; CARRETERO, M. (Org.). *Cambio conceptual y educación*. Buenos Aires: Aique, 2006.
BREWER, W. F.; SAMARAPUNGAVAN, A. Children's Theories versus Scientific Theories: Differences in Reasoning or Differences in Knowledge? In: HOFFMAN, R. R.; PALERMO, D. S. (Ed.). *Cognition and the symbolic processes*: applied and ecological perspectives. Hillsdale: Erlbaum, 1991.
BRUNER, J. *Acts of meaning*. Nova York: Harvard University, 1990.
CAREY, S. *Conceptual change in childhood*. Cambridge: MIT, 1985.
CAREY, S. The origin of concepts. New York: Oxford University, 2009.
CARRAHER, T. N.; CARRAHER, D. W.; SCHLIEMANN, A. D. Mathematics in the Streets and in Schools. *British Journal of Developmental Psychology*, v. 3, n. 1, p. 21-29, 1985.
CARRETERO, M. *Constructing patriotism*: teaching history and memories in global worlds. Charlotte: Information Age, 2011.

CARRETERO, M. *Constructivismo y educación*. Buenos Aires: Paidós, 2009.
CARRETERO, M. *Documentos de identidade*: la construcción de la memoria histórica. Buenos Aires: Paidós, 2007.
CARRETERO, M.; ASENSIO, M. *Psicología del pensamiento*. Madrid: Alianza, 2008.
CARRETERO, M.; ASENSIO, M.; POZO, J. I. Cognitive development, historical time representation and causal explanations in adolescents. In: CARRETERO, M. et al. (Ed.). *Learning and instruction*. Oxford: Pergamonn, 1991.
CARRETERO, M.; BAILLO, M. La construcción de nociones físicas y la utilización del método científico. In: CARRETERO, M. (Ed.), *Construir y enseñar las ciencias experimentales*, Buenos Aires: Aique, 1996. p. 77-106.
CARRETERO, M.; LÓPEZ, C. The narrative mediation on historical remembering. In: SALVATORE, S.; VALSINER, J.; GENNARO, A. (Ed.). *The yearbook of idiographic science*: memories and narratives in context. Paris: Firera y Liuzzo, 2011. p. 285-294.
CARRETERO, M.; RODRÍGUEZ MONEO, M. Ideas previas, cambio conceptual y razonamiento. In: CARRETERO, M.; ASENSIO, M. *Psicología del pensamiento*. Madrid: Alianza, 2008.
CARRETERO, M.; ROSA, A. Y.; GONZÁLEZ, M. F. (Org.). *Enseñanza de la historia y memoria colectiva*. Buenos Aires: Paidós, 2006.
CASE, R. *The mind's staircase*: exploring the conceptual underpinnings of children's thought and knowledge. Hillsdale: Erlbaum, 1992.
CASTELLS, M. *La era de la información*: la sociedad red, Madrid: Alianza, 2000. v.1.
CHEVALLARD, Y. *La transposición didáctica*: del saber sabio al saber enseñado, Buenos Aires: Aique, 1997.
CHIN, C. A.; BREWER W. F. The Role of anomalous data in knowledge acquisition: a theoretical framework and implications for science education. *Review of Educational Research*, v. 63, n. 1, p. 1-49, 1993.
COLLINS, A.; BROWN, J. S.; NEWMAN, S. Cognitive apprenticeship: teaching the craft of reading, writing, and mathematics. In: RESNICK, L. B. (Ed.). *Knowing, learning and instruction*: essays in honor of Robert Glaser. Hillsdale: Erlbaum, 1989.
COSMIDES, L. Cognitive adaptation for social exchange. In: BARKOW, J. H.; COSMIDES, L.; TOOBY, L. (Ed.). *The adapted mind*: evolutionary psychology and the generation of culture. New York: Oxford University, 1992. p. 163-228.
DELORS, J. *La educación encierra un tesoro*. Madrid: Santillana, 1996.
DELVAL, J. Stages in childs construction of social knowledge. In: CARRETERO, M.; VOSS, J. F. (Ed.). *Cognitive and instructional processes in history and the social sciences*. Hillsdale: LEA, 1994.
DEMETRIOU, A.; EFKLIDES, A. Y.; SHAYER, M. *Neo-piagetian theories of cognitive development*: implications and applications for education. London: Routledge, 1992.
DONALDSON, M. *Children's mind*. London: Fontana, 1978.
DRIVER, R. Psicología cognoscitiva y esquemas conceptuales de los alunos. *Enseñanza de las ciencias*, v. 4, p. 3-15, 1986.
DUIT, R. Enfoques del cambio conceptual en la enseñanza de las ciências. In: SCHNORTZ, W.; VOSNIADOU, S.; CARRETERO, M. (Ed.). *Cambio conceptual y educación*. Buenos Aires: Aique, 2006.
FAIRSTEIN, G.; CARRETERO, M. La teoría de Jean Piaget y la educación: medio siglo de debates y aplicaciones. In: TRILLA, J. (Org.). *El legado pedagógico del siglo XX para la escuela del siglo XXI*. Barcelona: Graó, 2002. p. 107-205.

FARNHAM-DIGGORY, S. *Information processing in children*. New York: Academic, 1972.
FODOR, J. A. *Modularidad de la mente*. Madrid: Morata, 1986.
FRAWLEY, W. *Vigotsky y la ciencia cognitiva*. Barcelona: Paidós, 1999.
GARDNER, H. *Inteligencia*: múltiples perspectivas. Buenos Aires: Aique, 2000b.
GOSWAMI, U. *The Wiley-Blackwell handbook of childhood cognitive development*. Oxford: Wiley-Blackwell, 2011.
HAUSER, M. C. *La mente moral*: cómo la naturaleza ha desarrollado nuestro sentido del bien y del mal. Barcelona: Paidós, 2008.
KARMILOFF-SMITH, A. *Beyond modularity*: a developmental perspective on cognitive science. Massachusetts: MIT, 1996.
KARMILOFF-SMITH, A.; INHELDER, B. If you want to get a head, get a Theory. *Cognition*, v. 3, p. 195-212, 1975.
KEIL, F. C.; LOCKHART, K. L.; SCHLEGEL, E. A bump on a bump?: emerging intuitions concerning the relative difficulty of the sciences. *Journal of Experimental Psychology General*, v. 139, n. 1, p. 1-15, 2010.
KUHN, D. Children and adults as intuitive scientists. *Psychological Review*, v. 96, n. 4, p. 674-689, 1989.
KUHN, D. The importance of learning about knowing: creating a foundation for development of intellectual values. *Perspectives on Child Development*, v. 3, n. 2, p. 112-117, 2011.
KUHN, D.; CAPON, H. N.; CARRETERO, M. *Formal operation and consumer behavior*. Nova York: Columbia University, 1983.
KUHN, T. *The structure of scientific revolutions*. Chicago: International Encyclopedia of Unified Science, 1962.
LAVE, J.; WENGER, E. *Situated learning*: legitimate peripheral participation. Nova York: Cambridge University, 1991.
LEVINAS, M.; CARRETERO, M. Conceptual change, crucial experiments and auxiliary hypotheses. A theoretical contribution. *Integrative Psychological and Behavioral Science*, v. 44, n. 4, p. 1-11, 2011.
MARLOWE, C. *El judío de Malta*: Eduardo II. Madrid: Cátedra, 2003.
MAYER, R. E. *Psicología de la educación*: la enseñanza del aprendizaje significativo. Madri: Pearson Prentice Hall, 2004. v. 2.
MAYER, R. E.; ALEXANDER, P. A. (Ed.). *Handbook of research on learning and instruction*. Nova York: Routledge, 2011.
NISBETT, R.; ROSS, L. *Human inference*: strategies and shortcomings of social judgment. New Jersey: Prentice Hall, 1980.
NUNES, T. et al. (Ed.). *Improving literacy by teaching morphemes*. London: Routledge, 2006.
PASCUAL-LEONE, A. et al. (Ed.). *Handbook of transcranial magnetic stimulation*. New York: Arnold, 2002.
PERKINS, D. *Making learning whole*: how seven principles of teaching can transform education. San Francisco: John Wiley & Sons, 2009.
PIAGET, J. L'evolution intellectualle entre l'adolescence et l'age adulte. In: INTERNACIONAL CONVENTION AND AWARDING OF FONEME PRIZES, 3., 1970, Milán. *Proceedings*... Milán: [s.n.], 1970. p. 149-152.
PIAGET, J. *The equilibration of cognitive structures*: the central problem of intellectual development. Chicago: University of Chicago, 1985.

POZO, J. I.; CARRETERO. M. Causal theories, reasoning strategies and conflict resolution by experts and novices in newtonian mechanics. In: DEMETRIOU, A.; SHAYER, M.; EFKLIDES, A. (Ed.). *Neo-piagetian theories of cognitive development*: implications and applications for education. Londres: Routledge, 1992.

RICHARDSON, K. Covariation analysis of knowledge representation: some development studies. *Journal of Experimental Child Psychology*, v. 53, n. 2, p. 129-150, 1992.

RIVIÈRE, A. Por qué fracasan tan poco los niños? *Cuadernos de Pedagogía*, n. 103-104, p. 103-104, 1983.

RODRÍGUEZ MONEO, M.; APARICIO, J. J.; CARRETERO, M. Conceptual change and the use of knowledge in different contexts. *British Journal of Educational Psychology*, 2012.

ROUET, J. F. et al. Understanding historical controversies: students evaluation and use of documentary evidence. In: VOSS, J. F.; CARRETERO, M. (Ed.). *Learning and reasoning in history*. Londres: Taylor and Francis, 2000.

RUFFMAN, T. et al. Reflecting on scientific thinking: children's understanding of the hypothesis-evidence relation. *Child Development*, v. 64, n. 6, p. 1617-1636, 1993.

SAMARAPUNGAVAN, A. Children's judgments in theory choice tasks: scientific rationality in childhood. *Cognition*, v. 45, n. 1, p. 1-32, 1992.

SCHLIEMANN, A. D.; CARRAHER, D. W.; BRIZUELA, B. *Bringing out the algebraic character of arithmetic*: from children's ideas to classroom practice. Mahwah: Lawrence Erlbaum, 2007.

SODIAN, B.; ZAITCHIK, D.; CAREY, S. Young children's differentiation of hypothetical beliefs from evidence. *Child Development*, v. 62, n. 4, p. 753-766, 1991.

SPELKE, E. Sex differences in intrinsic aptitude for mathematics and sciences? *American Psychologist*, v. 60, n. 9, p. 950-958, 2005.

TVERSKY, A.; KAHNEMAN, D. Evidential impact of data base. In: KAHNEMAN, D.; SLOVIC, P.; TVERSKY, A. (Ed.). *Judgement under uncertainty*: heuristics and biases. Cambridge: Cambridge University, 1982. p. 153-160.

VALSINER, J. (Ed.). *The Oxford handbook of culture and psychology*. Nova York: Oxford University, 2012.

VALSINER, J.; ROSA, A. *Handbook of sociocultural psychology*. Cambridge: Cambridge University, 2007.

VON BORRIES, B. (Re)constructing history and moral judgment: on relationships between interpretations of the past and perceptions of the present. In: CARRETERO, M.; VOSS, J. F. (Ed.). *Cognitive and instructional processes in history and the social sciences*. Hillsdale: LEA, 1994.

VOSS, J. F. et al. The collapse of the Soviet Union: a case study in causal reasoning. In: CARRETERO, M.; VOSS, J. F. (Ed.). *Cognitive and instructional processes in history and the social sciences*. Hillsdale: LEA, 1994.

VOSS, J. F.; WILEY, J.; CARRETERO, M. Acquiring intellectual skills. *Annual Review of Psychology*, v. 46, p. 155-181, 1995.

WERTSCH, J. *La mente en acción*. Buenos Aires: Aique, 2005.

WINEBURG, S. *Historical thinking and other unnatural acts*: charting the future of teaching the past. Philadelphia: Temple University, 2001.

4
Cérebro, desenvolvimento e educação

Aldo Rodolfo Ferreres, Nancy China e Valeria Abusamra

NEUROCIÊNCIA E EDUCAÇÃO

A busca de pontes entre as neurociências[1] e a educação é um empreendimento promissor, embora não esteja isento de riscos. A pesquisa educacional está voltada para a melhoria dos métodos, técnicas e materiais de ensino, enquanto o interesse básico das neurociências é a compreensão do sistema nervoso e, mais especificamente, das relações entre a mente e o cérebro. Não há dúvida de que o aumento da quantidade de informações sobre como se dá a aprendizagem e sobre outras funções no cérebro é valioso para quem trabalha com a educação, mas sua transposição para a teoria e a prática do ensino não é óbvia nem automática. No diálogo interdisciplinar entre as ciências do cérebro e as da educação, a psicologia cognitiva é uma mediadora obrigatória (BRUER, 2008), não somente por ser a principal fonte de pesquisa básica relevante para a educação, mas por já ter sua própria história de interação com as neurociências, o que tem levado ao desenvolvimento de uma pesquisa integrada entre a mente e o cérebro na qual os dados neurocientíficos servem para validar os modelos neurais e também são utilizados como evidência independente para o refino dos modelos cognitivos das funções psicológicas.

Assim como a contribuição das neurociências para a educação é em tese importante, sua colaboração para o estudo das alterações da aprendizagem parece insubstituível: é impossível compreender a natureza da dislexia, do déficit de atenção ou dos transtornos do desenvolvimento sem a pesquisa neurocientífica atual.

CÉREBRO E CONDUTA

O pressuposto básico do qual partem as neurociências é que a atividade cerebral está por trás de toda conduta, seja ela simples, como piscar e caminhar, ou complexa, como falar, reconhecer rostos ou compor uma sinfonia. No cérebro são armazenadas as experiências e elaboradas as condutas que permitem a adaptação ao ambiente, incluindo o complexo ambiente social humano. Desta suposição derivam duas proposições: toda alteração no cérebro produzirá mudanças na conduta, e toda alteração na conduta também modificará o cérebro. A descrição da neuropsicologia[2] sobre como uma lesão cerebral (uma modificação no cérebro) afeta diferentes capacidades mentais (mudanças na conduta) contribui, há cerca de 150 anos, com uma enorme quantidade de evidências para a primeira proposição. Nos últimos anos, e graças às novas técnicas de imagens cerebrais funcionais utilizadas pela neurociência cognitiva[3], também tem surgido uma quantidade enorme de evidências relacionadas a segunda proposição. Essas técnicas permitem não apenas identificar que áreas cerebrais estão relacionadas com determinada habilidade, mas também como a aprendizagem, a intervenção educativa e até mesmo a psicoterapia (as mudanças de conduta) alteram os padrões de funcionamento cerebral (ou seja, modificam o cérebro).

O cérebro é um órgão modelado e sustentado pelos genes e pelo ambiente ao longo do ciclo da vida. Os genes codificam as informações necessárias para o desenvolvimento dos sistemas cerebrais que dão suporte à conduta e, portanto, determinam o que, como, quando e com que velocidade uma espécie pode aprender. Já a variabilidade genética contribui para explicar as diferenças entre os indivíduos. Contudo, a ação dos genes não pode ser concebida desconsiderando-se a influência do ambiente: para que a informação genética deixe de ser virtual e seja convertida em real, os genes devem se expressar, e essa expressão depende do ambiente, seja ele o microambiente celular, o ecossistema natural ou o cultural. Os genes e o ambiente interagem ao longo de toda a vida, e essa interação modifica muitos aspectos da estrutura e da função dos sistemas cerebrais. Por exemplo, em um estudo com imagens cerebrais funcionais, Castro Caldas et al. (1998) mostraram que o ensino da leitura modificava o funcionamento dos circuitos da linguagem, e isso pode ocorrer tanto na infância como na idade adulta. Atualmente, o desenvolvimento dos sistemas neuronais que sustentam a conduta é considerado o resultado da interação dos genes com o ambiente, isto é, não devemos concebê-lo como uma independência automática do programa genético nem como um processo circunscrito ao período embrionário e aos primeiros anos de vida (GILLIAM; KANDEL; JESSELL, 2001).

SISTEMAS DE APRENDIZAGEM E MEMÓRIA

A contribuição das neurociências para a compreensão dos sistemas de aprendizagem e memória é uma das contribuições mais úteis para a educação. Os estudos neuropsicológicos mostram que as lesões cerebrais podem afetar a memória, produzindo dissociações surpreendentes. Por exemplo, as lesões no lóbulo temporal médio alteram a capacidade dos pacientes de armazenar novas recordações, mas não afetam a aprendizagem de novas habilidades perceptivas e motoras (FERRERES, 2004; KENSINGER et al., 2003). Essas dissociações deram origem à abordagem não unitária da memória, segundo a qual existem distintos *sistemas de aprendizagem e memória* (SQUIRE, 2009; TULVING, 2000), moldados e selecionados ao longo de sucessivas etapas da evolução filogenética, os quais têm diversas funções cognitivas e comportamentais, processam diferentes tipos de informação, têm seus próprios princípios de processamento e dependem de distintos substratos neurais. No cérebro humano – que é o resultado de muitas camadas de modificações evolutivas – convivem vários sistemas de aprendizagem e memória, os quais emergem em distintos momentos do desenvolvimento individual, à medida que amadurecem seus respectivos substratos neurais. Tulving (2000) considera cinco sistemas de memória nos seres humanos: a memória procedural (que inclui a aprendizagem associativa, a não associativa e a dos hábitos motores), o sistema de representação perceptual, a memória semântica, a memória de trabalho e a memória episódica. Assim, o condicionamento da "resposta da piscada", que depende do cerebelo, já está presente nos bebês poucos dias após o nascimento (BLAKEMORE; FRITH, 2005; BRACHA, 2004), enquanto a memória de trabalho tem um longo período de desenvolvimento, começando na primeira infância e se estendendo até a adolescência e o início da idade adulta, seguindo um curso paralelo ao do amadurecimento do córtex pré-frontal (FUSTER, 2001). Já a memória episódica, cuja função é o armazenamento de recordações sobre os acontecimentos que presenciamos ou dos quais participamos, também surge tardiamente, devido ao fato de que uma de suas estruturas essenciais, o hipocampo, somente começa a amadurecer na segunda infância (DE HAAN et al, 2006). Os avanços nesta área são do interesse da educação, porque não se aprende da mesma maneira a ler, a tocar um piano, a fazer cálculos geométricos ou a entender a história. As aprendizagens escolares se baseiam em diferentes sistemas de memória que surgem em distintos momentos do desenvolvimento de uma pessoa e também possuem distintos princípios de organização. Assim, a repetição é essencial para a aprendizagem procedural e perceptivo – um evento notável somente precisa de uma ocorrência para ser armazenado na memória episódica; e a aprendizagem de um conceito exige a elaboração de um mapa de relações para que possa ser armazenado na memória semântica.

A CAPACIDADE REPRESENTACIONAL DO CÉREBRO

Outro campo de possível interesse para a educação são os estudos sobre a capacidade representacional do cérebro, em especial aqueles relacionados com a imitação e o imaginário mental.

A imitação é uma estratégia de aprendizagem bem estabelecida nos primatas. Os macacos copiam percursos através das árvores ou sobre o solo, e os chimpanzés imitam o uso de ferramentas humanas (martelos e chaves de fenda). Os bebês humanos com apenas alguns dias de idade já copiam gestos faciais elementares (mostrar a língua, abrir a boca) e, depois, o sorriso. Pouco tempo mais tarde, mostram grande capacidade para imitar a prosódia da linguagem, os movimentos dos membros, a manipulação de objetos e a conduta social (veja o Capítulo 7 deste livro). Com o passar do tempo, a imitação se torna menos servil, e as crianças e os adolescentes copiam o sotaque, os gestos e as posturas de seus modelos da vida real e dos meios de comunicação (BLAKEMORE; FRITH, 2005). Os adultos também captam os sentimentos e as atitudes de seus interlocutores e as copiam sem se darem conta (imitação implícita), o que facilita a comunicação e a inserção no grupo social. Isto sugere que o cérebro humano está equipado com um poderoso *hardware* que lhe possibilita elaborar representações neurais não somente dos objetos percebidos, mas também das ações que permitem manipulá-los (IACOBONI, 2009) e daquelas que compõem a conduta social.

Além disso, tem sido identificada uma forte relação entre a representação neural daquilo que é percebido, do imaginário mental e da ação. Por exemplo, durante a aprendizagem perceptiva visual, são elaboradas representações neurais a partir dos estímulos visuais, os quais depois permitem um rápido reconhecimento e mesmo a evocação consciente da percepção, na ausência de qualquer estímulo ("ver" na mente uma bola, um rosto, um recinto de casa, a palavra "canção"). O córtices occipital e occipitotemporal são necessários tanto para a percepção visual como para a imaginação visual: quando imaginamos um objeto, são ativados ao menos dois terços do córtex ativados durante a percepção com o estímulo presente, o que significa que a percepção e a imaginação compartilham muitos mecanismos (BARTOLOMEO, 2002). De fato, pacientes com lesões occipitais e occipitotemporais perdem a percepção e a imaginação visual (GANIS; THOMPSON; KOSSLYN, 2004). O cérebro elabora representações dos movimentos percebidos, e os estudos com imagens funcionais mostram que, durante a observação de um movimento, são ativadas muitas áreas similares àquelas envolvidas na realização do movimento, mesmo que o observador esteja imóvel. Sugestivamente, a ativação aumenta se o observador tiver a intenção de imitar o movimento. A *imaginação motora* (imaginar que estamos pedalando, ainda que permaneçamos imóveis em nossos escritórios) ativa os córtices pré-motor, motor suplementar e parietal, os mesmos que participam da realização do ato motor. Gallese et al. (1996) descobriram um grupo de neurônios no córtex pré-motor do macaco, os quais denominaram *neurônios-espelho*, que são disparados quando o macaco observa que outro indivíduo realiza uma ação, mas não quando ele observa o objeto ou sua mão isolado, ou seja, são neurônios ativados especificamente quando é observada uma ação dirigida a um objeto. A representação da ação no cérebro serve não somente para fins de imitação e aprendizagem de habilidades motoras, mas também parece útil para compreender o significado da ação observada (da intenção) e para responder rapidamente a ela. Os avanços no conhecimento de como o cérebro elabora e manipula representações a partir de informações sensoriais e motoras são relevantes para a análise dos métodos de ensino de habilidades, como a dança, o teatro, os esportes e, talvez, até mesmo aprender a desenhar e pintar.

O CÉREBRO EMOCIONAL E SOCIAL

As neurociências estão começando a apresentar evidências que sustentam a afirmação de Platão de que toda aprendizagem tem uma base emocional. As emoções negativas perturbam as capacidades de focar a atenção, resolver problemas e estabelecer relações sociais. Por exemplo, a presença de professores agressivos ou de alunos que maltratam seus colegas em sala de aula, e inclusive o uso de materiais didáticos incompreensíveis, desencadeiam uma resposta de estresse similar à provocada por estímulos que ameaçam a sobrevivência de um indivíduo (ORGANISATION FOR ECONOMIC CO-OPERATION AND DEVELOPMENT, 2007).

A resposta emocional de estresse inclui um aumento da atenção para o estímulo estressor, modificações na expressão facial e na postura corporal, mudanças mediadas pela secreção de hormônios (adrenalina, noradrenalina e cortisol) e pelo sistema nervoso autônomo. As transformações autônomas incluem o aumento da sudorese, a ereção dos pelos (a "pele de galinha"), a secura da boca, o desconforto gastrointestinal, o aumento da frequência cardíaca e respiratória e da pressão arterial, preparando o corpo para a ação (a luta ou fuga) (DAMASIO, 1994; LEDOUX, 2000; ORGANISATION FOR ECONOMIC CO-OPERATION AND DEVELOPMENT, 2007).

O *cérebro emocional*, que é constituído pelo núcleo da amídala e os córtices somatossensorial, pré-frontal médio, orbitofrontal e do cíngulo anterior, controla os diferentes aspectos da resposta emocional por meio de suas conexões com o hipotálamo, a neuro-hipófise e os núcleos cinza da base e do tronco cerebral (DAMASIO, 1994; LEDOUX, 2000).

O termo *cognição social* se refere às capacidades de perceber e analisar as expressões faciais, os gestos e as ações de outras pessoas, compreender os pensamentos e as emoções que estão por trás de tais manifestações e, como consequência, modificar a própria conduta social (ADOLPHS, 2001; PERLMAN; VANDER WYK; PELPHREY, 2010). Essas capacidades dependem da atividade do chamado *cérebro social*, o qual é formado por um conjunto distribuído de regiões cerebrais, algumas das quais constituem também o cérebro emocional: a região occipitotemporal do ventre, a posterior do sulco temporal superior, o núcleo da amídala e os córtices pré-frontal médio e parietais posteriores.

Os estudos com ressonância magnética funcional (RMf) da atividade cerebral de sujeitos com lesões cerebrais permitem atribuir funções específicas a cada uma destas áreas (PERLMAN; VANDER WYK; PELPHREY, 2010). As regiões occipitotemporais do ventre realizam processamentos perceptivos visuais, entre os quais está a análise visual de outros indivíduos. O giro fusiforme lateral, chamado *área fusiforme para os rostos*, é ativado seletivamente com a percepção e o reconhecimento visuais das faces, e a *área extraestriada para o corpo*, com a percepção visual de corpos e partes do corpo humano. A região posterior do sulco temporal superior processa visualmente o movimento biológico das mãos, dos olhos e de outras partes do corpo e é sensível à intenção de movimento observado, já que diversos estudos sobre a atividade cerebral mostram diferenças de ativação quando se observa um movimento congruente com o contexto da ação[4]. O núcleo da amídala, localizado no fundo do lóbulo temporal, ativa reações corporais, neurovegetativas (autônomas), neuroendócrinas (a liberação de hormônios) e cerebrais rápidas perante estímulos emocionalmente significativos. Quanto à cognição social, ela participa na análise de expressões faciais emocionais. O córtex pré-frontal médio é ativado quando são realizadas inferências ou atribuições sobre os estados mentais (crenças, desejos, intenções, etc.) de outras pessoas, como nas tarefas de "teoria da mente", que consistem no raciocínio sobre os estados mentais de uma pessoa com base em sua conduta (veja o Capítulo 10 deste livro). Ele também participa em tarefas que envolvem o raciocínio sobre os estados mentais próprios. Nos seres humanos, a lesão desta região provoca uma alteração da conduta social, da tomada de decisões e da expressão emocional. Esses sujeitos costumam violar as normas sociais e éticas, são incapazes de planejar a atividade futura, respondem inadequadamente ao castigo, não mostram interesse nem empatia perante os sentimentos dos outros – inclusive de entes queridos – e exibem um achatamento emocional (DAMASIO, 1994). A união temporoparietal é ativada por tarefas que envolvem refletir sobre os estados mentais de outras pessoas ou do próprio indivíduo, assim como no caso do córtex pré-frontal médio. A região do pré-cúneo, localizada na face média da região parietal posterior, está envolvida com a cognição social de alto nível. Essa região é ativada mais por tarefas que implicam a direção da atenção interna, como refletir sobre si próprio (a autoconsciência, a tomada de perspectiva em primeira pessoa), do que por tarefas que envolvem a reflexão sobre os estados mentais dos demais. Outras regiões incluídas no "cérebro social" são os córtices do cíngulo anterior e o somatossensorial direito. O primeiro córtex está relacionado com as funções executivas e, junto com o córtex pré-frontal médio, participa da escolha de respostas, da tomada de decisões e do controle voluntário da conduta, fundamentais para o funcionamento social (ADOLPHS, 2001; POSNER;

RAICHLE, 1994). As lesões no córtex somatossensorial direito alteram a percepção do estado do próprio corpo e o reconhecimento das expressões emocionais e dos juízos sobre o estado emocional de outras pessoas, o que reforça a hipótese de que a compreensão dos estados sociais e emocionais alheios pode estar baseada na simulação ou na reflexão de como essa pessoa sente determinada emoção (ADOLPHS, 2001).

O estresse e a educação

Lupien et al. (2009), que propuseram um mo-delo dos efeitos do estresse ao longo da vida, com base nas descobertas de estudos feitos com animais e seres humanos, afirmam que o cortisol liberado como consequência da exposição repetida ao estresse tem efeitos negativos sobre as estruturas cerebrais que estão sendo desenvolvidas ou sofrendo transformações relacionadas com a idade no momento da exposição. No período pré-natal, na infância e na adolescência, as estruturas mais afetadas são o hipocampo, o córtex frontal e a amídala. O estresse e a depressão durante a gravidez e a exposição ao estresse durante a infância e a adolescência estão associados a alterações no desenvolvimento emocional, social e cognitivo, como as condutas antissociais, os sintomas de depressão, o abuso de drogas, os transtornos do humor, a ansiedade, a redução da empatia, o transtorno do déficit de atenção/hiperatividade e os transtornos do sonho, que afetam a boa adaptação e o rendimento escolar. Na idade adulta e durante o envelhe-cimento, a estrutura mais vulnerável continua sendo o hipocampo, e as alterações associadas são a depressão e os déficits de memória dependente desta parte do cérebro.

Em contrapartida, as emoções positivas promovem as capacidades necessárias para a boa adaptação e o rendimento escolar. É por essa razão que a escola deveria assumir o compromisso de fomentar o desenvolvimento emocional das crianças, reduzindo ao máximo as situações de estresse, ensinando as estratégias de regulação emocional e criando um ambiente motivador para a aprendizagem.

O CÉREBRO, A LEITURA E A DISLEXIA[5]

O conhecimento dos aspectos neurobiológicos da leitura e da dislexia se fundamenta na compreensão de suas bases cognitivas, tem sido beneficiado pela adoção de uma perspectiva evolutiva e tem experimentado um forte impulso com os estudos de imagens cerebrais funcionais.

A teoria cognitiva mais aceita é a que sustenta que a dislexia se deve a um déficit no componente fonológico da linguagem, o qual é bastante ameno e não afeta o uso comunicativo da linguagem, mas é suficientemente forte para alterar a aprendizagem do princípio alfabético[6], a automatização das correspondências letra-som e o desenvolvimento do vocabulário visual (RAMUS et al., 2000). Em todos os idiomas estudados, apesar das diferenças entre seus sistemas de escrita, tem sido observado que o déficit fonológico está relacionado à dislexia.

A perspectiva evolutiva ajuda a compreender algumas das características da leitura e da dislexia (IMMORDINO-YANG; DEACON, 2007). Enquanto a linguagem tem uma longa história, calculada em 2 milhões e meio de anos, o *homo sapiens* moderno adquiriu suas características anatômicas há 200 mil anos, os símbolos escritos mais antigos datam de apenas 5500 anos e a escrita fonológica (o princípio alfabético) foi inventada há somente uns 3 mil anos. Assim, a linguagem pode ser considerada uma função orgânica integrante do cérebro, que tem sido modelada e organizada por meio da seleção natural, como um sistema unificado, o que reflete na natureza espontânea, robusta e previsível de sua aquisição por parte dos indivíduos. A leitura, por outro lado, não foi modelada pela seleção natural – ela é uma invenção da cultura, sua aprendizagem requer esforço e instrução específica e exige que sejam envolvidos sistemas cerebrais preexistentes (a linguagem, a visão) para que possam ser realizados processamentos não característicos de seu desenho evolutivo (DEACON, 2000). O primitivismo e a fragilidade desse sistema explica o motivo pelo qual ele seja mais vulnerável a um amplo conjunto de fatores (genéticos, do desenvolvimento e ambientais), tenha maior variabilidade entre os indivíduos e inclusive seja inacessível para algumas pessoas (um fato para entre 5 e 10% da população). Esse ponto de vista é compatível com os conhecimentos atuais sobre a base genética da dislexia e da leitura. Têm sido documentadas a influência familiar e a possibilidade de que o transtorno seja herdado, uma vez que as habilidades de leitura e escrita são características hereditárias (WADSWORTH et al., 2002). Mesmo que o mecanismo de transmissão genética e a localização do(s) gene(s) nos cromossomos ainda não sejam conhecidos com precisão, é provável que a dislexia seja geneticamente heterogênea, seja provocada por múltiplos genes e que estes sejam de susceptibilidade, e não devidos a uma enfermidade, ou seja, que eles contribuam tanto para a transmissão da dislexia como para a variação normal na habilidade da leitura (GALABURDA et al., 1985; PENNINGTON et al., 1991).

As técnicas de imagens cerebrais funcionais têm sido aplicadas durante tarefas de leitura em adultos sãos, em crianças que aprendem a ler normalmente e naquelas que apresentam dificuldades, bem como antes e depois de intervenções terapêuticas, para que se possam observar as alterações provocadas pelo tratamento (TEMPLE et al., 2003; SHAYWITZ; SAHYWITZ, 2008; SHAYWITZ et al., 2003). Os novos dados coletados corroboram o papel das regiões posteriores do hemisfério esquerdo na leitura que foram identificados pela neuropsicologia no estudo de pacientes com alexia[7] e pelos estudos *post mortem* de indivíduos que em vida tinham sido disléxicos (GALABURDA et al., 1985). Todavia, hoje já temos um panorama mais preciso dos sistemas neurais da leitura, sobre como eles são organizados durante a aprendizagem, como diferem nos indivíduos disléxicos e como podem ser moldados por meio de intervenções educativas (COHEN et al., 2003; McCANDLISS; COHEN; DEHAENE, 2003).

Três sistemas cerebrais relacionados com a leitura

A partir dos dados neuropsicológicos e de imagens cerebrais funcionais, foram identificados três sistemas cerebrais que intervêm na leitura, dos quais dois incluem as clássicas áreas da linguagem do hemisfério esquerdo (áreas de Broca e Wernicke), e o terceiro está localizado em regiões dedicadas ao processamento visual.

O *sistema anterior* (F) está localizado na zona frontal esquerda e corresponde à área de Broca, uma parte crítica do sistema de produção da fala[8] e da memória de curto prazo fonológica[9]. Os estudos com imagens cerebrais funcionais mostram que o sistema F é ativado durante a leitura em voz alta, mas também durante a leitura em silêncio, o que confirma que, mesmo quando a leitura não implica uma pronunciação aberta, sempre se produz uma recodificação fonológica automática. A ativação aumenta com a leitura de não palavras ("melu", "terasi"), que exigem maior esforço do processamento fonológico.

O *sistema dorsal* (T-P) se localiza na parte temporoparietal (T-P) esquerda dorsal do cérebro e inclui parte do giro temporal superior e dos giros supramarginal e angular do lóbulo parietal. Ele coincide anatomicamente com a área da linguagem posterior (de Wernicke) e com o denominado *planum temporale*[10]. O giro supramarginal faz parte da base anatômica do sistema de memória de curto prazo verbal (o armazém auditivo) e o giro angular conecta a área de Wernicke com as regiões visuais, possibilitando a formação de associações entre o material verbal e o visual. No caso da leitura, ele participa do estabelecimento de associações entre a fonologia e a ortografia, tanto no nível léxico (das palavras) como no subléxico (dos fonemas e grafemas). Os estudos com imagens cerebrais funcionais mostraram que o sistema dorsal T-P é ativado durante a leitura de palavras, e que esta ativação é maior quando são lidas não palavras e com tarefas que exigem alto nível de processamento fonológico e de memória de curto prazo verbal. Esses dados sugerem que o sistema T-P é crítico para a recuperação e manipulação das representações fonológicas, para a análise das palavras em seus elementos fonêmicos e para o estabelecimento de associações entre os preceitos visuais da escrita e das estruturas fonológicas da linguagem, ou seja, para a aprendizagem das relações entre as letras e os sons.

O *sistema ventral* (O-T) também é posterior, porém ventral e bilateral, se localiza na zona limítrofe occipitotemporal e sua estrutura mais importante é o giro fusiforme[11.] Essa região é especializada no processamento e na formação de memórias perceptivas visuais. Os estudos com imagens cerebrais funcionais mostraram evidências de que esta região é ativada quando são vistos estímulos ortográficos e que essa ativação é maior quando o material escrito se assemelha a uma palavra conhecida. Uma sequência de consonantes (p. ex.,"tnstl") produz uma ativação fraca, uma não palavra ("tencalo") produz uma ativação intermediária e uma palavra ("janela"), uma ativação máxima. A região ventral O-T foi batizada como a "área da forma visual da palavra" (COHEN et al., 2003) e se imagina que sua função principal na leitura consiste no armazenamento e na recuperação das representações ortográficas.

Mudanças cerebrais durante a aprendizagem da leitura

Quando são comparados leitores iniciais com experientes, se observa uma mudança no padrão de ativação das três áreas mencionadas em três direções: a lateralização para a esquerda, a mudança anteroposterior ou a mudança dorsoventral. Ao início da aprendizagem se nota uma ativação frontal bilateral, que progressivamente diminui e é lateralizada para a esquerda. Ao mesmo tempo, se passa de uma maior ativação no sistema posterior dorsal (T-P) para uma maior ativação do sistema posterior ventral (O-T). Essas mudanças evolutivas têm sido interpretadas como a expressão neural da passagem do estabelecimento de uma forma de leitura analítica que predomina nas etapas iniciais, ao domínio de uma leitura de palavras completas, típica das etapas avançadas.

A via analítica de leitura, que é produzida pela conversão de letras em sons (conversão grafema-fonema) e sua posterior combinação em sequências pronunciáveis, depende do sistema dorsal T-P para a análise fonológica e a elaboração de conexões linguístico-visuais, bem como do sistema anterior F especializado na programação articulatória da fala e pela sustentação da informação fonológica na memória verbal de curto prazo. Essa interpretação é compatível com a observação de que os leitores iniciais mostram maior ativação dos sistemas anteriores F e posterior dorsal T-P. A redução ulterior da ativação do sistema F é explicada pelo fato de que o desenvolvimento das habilidades de manipulação fonológica e do domínio das regras de conversão grafema-fonema (graças às associações elaboradas no sistema T-P) reduzem as exigências da memória fonológica de curto prazo sustentadas pelo sistema F.

Com o avançar da aprendizagem, passa-se ao predomínio da segunda via de leitura, a qual processa palavras completas. Supõe-se que a experiência repetida de ver sequências de letras e acessar por mediação fonológica sua pronúncia e significado conduz, por um lado, à elaboração de uma representação visual ortográfica da palavra completa (entendida como uma sequência de letras), e, por outro lado, ao estabelecimento de associações diretas entre a representação ortográfica com o significado e a pronúncia da palavra. Isso permite que o reconhecimento da palavra escrita e o acesso a seu significado e pronúncia possam ocorrer de modo rápido e direto, sem a mediação fonológica. Sugestivamente, os estudos com imagens cerebrais funcionais indicam que a ativação do sistema ventral O-T aumenta à medida que se desenvolve a aprendizagem, e esta ativação está estreitamente relacionada com o rendimento na tarefa de leitura (quanto maior a pontuação na leitura, maior a ativação do sistema ventral O-T)[12].

O cérebro dos disléxicos

O padrão de ativação cerebral dos indivíduos com dislexia é diferente daquele dos leitores experientes e consiste em uma hipoativação das regiões posteriores (T-P e O-T) esquerdas e em uma hiperativação frontal bilateral e T-P direita. A primeira é a "assinatura" neurofuncional da dislexia. A hipoativação do sistema T-P coincide com a localização dos defeitos anatômicos encontrados nos estudos *post mortem* dos disléxicos é provável que reflita a falha estrutural e funcional que está por trás da dislexia: o defeito nas áreas da linguagem que produzem as dificuldades fonológicas que afetam o desenvolvimento das habilidades de conversão grafema-fonema. A hipoativação do sistema posterior ventral (T-O) traduz a falta de desenvolvimento do sistema da forma visual da palavra, imprescindível para uma leitura fluente. Já a hiperativação frontal esquerda, por sua parte, traduz o esforço feito para compensar o déficit do sistema posterior dorsal e o maior consumo de recursos de memória de trabalho verbal que o disléxico dedica à conversão grafema-fonema. A persistência desta hiperativação reflete a dificuldade em automatizar a decodificação leitora. A ativação direita é interpretada, então, como uma expressão de um sistema compensatório ineficiente.

Shaywitz e Shaywitz (2008) sustentam que há dois tipos de "maus leitores": os disléxicos clássicos, que podem melhorar com o tratamento, mas jamais se tornam fluentes, devido a sua deficiência intrínseca no sistema posterior dorsal (T-P), nos quais a hipoativação posterior é persistente. O segundo tipo de "maus leitores" é composto por aqueles indivíduos cujo déficit de leitura não se deve a um transtorno intrínseco, mas a um fator ambiental, ou seja, à combinação entre má instrução escolar com uma baixa estimulação no lar e, ainda que mostrem um padrão de hipoativação posterior dorsal similar ao dos disléxicos, após um ano de intervenção se produz uma ativação cerebral semelhante a dos "bons leitores".

OS MITOS SOBRE O CÉREBRO

A década de 1990 foi considerada, de modo quase unânime, a "década do cérebro". Entretanto, a difusão das pesquisas científicas, em determinados casos, deu lugar a certas interpretações equivocadas das descobertas. Assim, surgiu grande parte dos chamados mitos sobre o cérebro (ou *neuromitos*).

O que é um mito sobre o cérebro? É uma concepção errônea sobre como o cérebro funciona. Em geral, começa com uma má interpretação de fatos comprovados pela ciência, os quais são desenvolvidos e divulgados rapidamente, devido à grande expectativa gerada pela aplicabilidade da pesquisa sobre o cérebro em relação à prática educativa (CHRISTODOULU; GAAB, 2008; ORGANISATION FOR ECONOMIC CO-OPERATION AND DEVELOPMENT, 2007).

Quando esses mitos surgem, fica muito difícil discernir entre fatos e ficção, e, ainda que alguns deles sejam em parte verdadeiros, é necessário que recorramos aos trabalhos originais para verificar o que efetivamente é postulado e o que foi mal interpretado.

São várias as razões pelas quais a escola se constitui em um terreno fértil para o desenvolvimento dos mitos sobre o cérebro. Um dos argumentos de maior peso está no que Bruer (1997) denominou "ponte demasiadamente longínqua". De acordo com seu ponto de vista, as conexões entre as neurociências e a educação ainda são distantes, embora não reste dúvida de que os conhecimentos sobre redes neurais, plasticidade cerebral e desenvolvimento realmente possam contribuir para a pesquisa educacional e sua prática (Blakemore; Frith, 2005).

Portanto, há um amplo consenso quanto à necessidade de os professores conhecerem as teorias de aprendizagem neurocientífica e psicológica, como mecanismos de aperfeiçoamento do ensino. Neste sentido, é um verdadeiro desafio reforçar o conhecimento e as estratégias pedagógicas e conseguir que professores e cientistas compartilhem seus saberes. Um bom intercâmbio de informações (entre a ciência e a educação) evitará a proliferação de conceitos desconexos. Os mitos sobre o cérebro ainda são abundantes. Analisaremos alguns dos mais populares: o mito da especialização ou predomínio hemisférico, a da aprendizagem e desenvolvimento sináptico, o do período crítico e o do uso reduzido da capacidade do cérebro.

O mito da especialização ou do predomínio hemisférico

Um erro conceitual recorrente em torno da ciência do cérebro tem a ver com a relação entre a aprendizagem e as capacidades de cada um dos hemisférios cerebrais. Os não especialistas costumam afirmar que o hemisfério esquerdo é lógico e codifica a informação verbal, enquanto o direito é criativo e codifica a informação visual. Essas ideias têm sido tão difundidas a ponto de algumas pessoas chegarem a afirmar que uma atividade possa depender exclusivamente de um hemisfério ou outro.

Esses atributos têm inclusive sido substituídos por características do caráter, o que leva à falsa ideia de que os artistas "são de cérebro direito", e os matemáticos, "de cérebro esquerdo". As pesquisas a respeito do tema têm demonstrado que, inclusive em tarefas que anteriormente pensávamos serem regidas por apenas um hemisfério, ambos participam (ORGANISATION FOR ECONOMIC CO-OPERATION AND DEVELOPMENT, 2007; CORBALLIS, 1999). O cérebro é um sistema altamente integrado, e é difícil para uma parte trabalhar de modo isolado. Por exemplo, para dividir os componentes da leitura em itens menores, são ativados ambos os hemisférios. Por outro lado, os dois hemisférios codificam relações espaciais, mas de maneira distinta: o hemisfério esquerdo é mais hábil para a codificação de relações espaciais categóricas (do tipo para cima/para baixo, esquerda/direita), enquanto o direito é melhor para o cômputo de relações espaciais de medição (de distâncias contínuas) (SHAYWITZ et al., 1998).

O mito da aprendizagem e desenvolvimento sináptico

O processo por meio do qual as sinapses são criadas em grande número durante os períodos normais de crescimento é chamado *sinaptogênese*. Ele varia ao longo da vida e depende da experiência. Em determinado momento do desenvolvimento, as sinapses diminuem e apenas se produz o que denominamos *poda sináptica*, que é um processo normal e necessário. No ciclo vital, as sinapses seguem uma curva de Gauss, com um crescimento bem marcado durante a infância, estabilização na vida adulta e diminuição na velhice (ORGANISATION FOR ECONOMIC CO-OPERATION AND DEVELOPMENT, 2007).

Um mito sobre o cérebro muito difundido é aquele que sustenta que o ambiente complexo aumenta a densidade de sinapses. As evidências para sustentar essa hipótese vieram principalmente de experiências com ratos em ambientes enriquecidos e pobres (DIAMOND et al., 1987). No entanto, as implicações das descobertas com roedores não são necessariamente aplicáveis aos seres humanos, e essas projeções são as que têm resultado neste mito sobre o cérebro, cuja proposição é que a intervenção educativa, para ser efetiva, deveria coincidir com a sinaptogênese.

O mito do período crítico

Em função do uso equivocado dos dados científicos sobre a sinaptogênese, surgiu um novo erro conceitual, que é considerar que entre o nascimento e os 3 anos de idade as crianças são mais receptivas à aprendizagem. Consequentemente, tem sido difundia a ideia de que se a criança não é exposta de modo pleno e total a vários estímulos, ela perderá a possibilidade de desenvolver completamente essas habilidades "perdidas".

O conceito de período crítico também foi originado com base na observação de condutas de animais e pode ser definido como um período de tempo no qual um evento biológico tem maiores probabilidades de funcionar bem (Pinker, 1994). Hoje em dia, os cientistas reconhecem que os períodos críticos não são tão estanques e que existem fatores que influenciam no funcionamento biológico (p. ex., o tipo de informação de entrada, a modalidade, etc.). É por isso que a maioria dos pesquisadores prefere utilizar o termo "período sensível" para se referir ao estádio do desenvolvimento durante o qual os neurônios selecionam seus repertórios entre uma variedade de entradas possíveis. De acordo com esse ponto de vista, existiriam determinados períodos sensíveis do desenvolvimento biológico durante a primeira infância nos quais a capacidade do cérebro para se adaptar, em resposta à experiência, é substancialmente maior do que na idade adulta (Organisation for Economic Co-operation and Development, 2007; O'Connor; Bredenkamp; Rutter, 1999).

Para compreender o conceito de período sensível é necessário fazer a distinção entre processos inatos e aqueles associados à exposição a ambientes complexos. Por exemplo, a aquisição da gramática é considerada parte do que é conhecido como *experiência esperada*, no sentido de que se espera que aconteça durante um período de tempo determinado. Há processos que não dependem de um período sensível, como a aprendizagem do vocabulário, já que são "dependentes da experiência" e podem melhorar durante toda a vida.

Os pesquisadores estão cada vez mais focando o estudo da plasticidade e dos períodos sensíveis para a aprendizagem da matemática, da música, das habilidades sociais e emocionais (Blakemore, 2010; Blakemore; Frith, 2005). Esta é uma questão crucial, já que os resultados podem dar uma contribuição essencial para a elaboração de programas de educação.

Ao contrário da crença popular, não há um motivo neurocientífico convincente para que se comece a educação formal o mais cedo possível. Certos argumentos que têm sido empregados para defender esta ideia se baseiam, na realidade, em interpretações inadequadas das evidências. Ainda que seja indubitável que a taxa de sinaptogênese e de poda sináptica seja maior em crianças do que em adultos, o que se sabe a respeito destes fenômenos deriva de estudos realizados em primatas. Já foi demonstrado que, nos macacos, os processos ocorrem em momentos precoces e que os três primeiros anos de vida parecem ser críticos para a aprendizagem

(RAKIC, 1995). No entanto, sabemos que as mudanças estruturais nos cérebros humanos acontecem além deste período de tempo. De fato, há áreas do cérebro humano que são desenvolvidas durante a adolescência, em particular é no lóbulo frontal e no parietal que ocorre uma poda sináptica que apenas inicia a partir da puberdade (HUTTENLOCHER, 1979).

O mito do uso reduzido da capacidade do cérebro

Muitos anos atrás, Albert Einstein afirmou – em resposta a uma pergunta sobre sua inteligência – que utilizava apenas 10% de seu cérebro. Ainda que esta anedota não constitua a origem direta da falácia, pouco a pouco começou a circular um dos mais persistentes e difundidos mitos: a de que utilizamos apenas 10% de nossos cérebros.

Aqueles que defendem essa ideia afirmaram que a reserva de 90% do potencial cerebral teria a ver com a necessidade de deixar disponível uma capacidade para a aprendizagem de coisas novas. Outros disseram que, uma vez que perdemos neurônios constantemente, ao longo da vida usamos todos eles (BEYERSTEIN, 1999; CORBALLIS, 1999). A verdade é bastante diferente dessas explicações. Não existe nenhuma evidência científica que confirme o mito: ao contrário, os dados mostram que usamos 100% de nossos cérebros.

São várias as razões para pensar que o cérebro não desperdiça sua capacidade. Em primeiro lugar, há causas evolutivas que não permitem nenhum tipo de desperdício. Assim como os demais órgãos, nosso cérebro foi formado por meio da seleção natural. Enquanto o cérebro corresponde a somente 2% do peso total do corpo, ele utiliza 20% do total de sua energia. Se pensarmos sobre este alto custo, é pouco provável que a evolução de nossa espécie permita o desperdício de recursos, já que um cérebro que funciona com apenas 10% de seu potencial não valeria a pena. Além disso, do ponto de vista da neurologia clínica, sabe-se que perder muito menos do que os 90% do tecido cerebral tem consequências gravíssimas. Não há acidente vascular no cérebro que não tenha consequências. Por último, existem mapas cerebrais que demonstram que é impossível pensar com 90% do cérebro inativo: as técnicas de imagens cerebrais funcionais têm permitido localizar as diferentes funções psicológicas e registrar a atividade cerebral.

A relação entre as neurociências e a educação pode ser mais produtiva quando estas se envolvem em uma troca bidirecional de ideias e abordagens. A conexão entre ambas as disciplinas pode ser orientada por meio da definição de papéis, perspectivas, implicações e aplicações. Desta maneira, se maximizará a comunicação e a utilidade dos avanços que surgem em função das pesquisas. O esclarecimento dos papéis e das contribuições de cada disciplina permitirá, além disso, que se evitem interpretações equivocadas e que se potencializem as aplicações possíveis da neurociência na educação e vice-versa (Goswami, 2006).

Em conclusão, a emergência de uma "neurociência educacional" (Szücs, Goswami, 2007) é um sinal de progresso na utilização dos conhecimentos neurocientíficos para a elaboração, aplicação e avaliação de métodos e técnicas de ensino mais efetivos e inclusivos.

NOTAS

1. O termo "neurociências" reúne todas as disciplinas que estudam o sistema nervoso, em qualquer um de seus níveis de organização (sistemas, redes, neurônios, sinapses, moléculas e genes). Os campos mais relevantes para a educação são a neuropsicologia e a neurociência cognitiva, que estudam o cérebro no nível dos sistemas em maior escala, os quais são a base neural de funções como a memória, a linguagem, a leitura e a cognição social, entre outros.
2. A neuropsicologia estuda o efeito das lesões cerebrais (AVCs, hemorragias, traumatismos) sobre as funções psicológicas complexas dos seres humanos (linguagem, memória, leitura, etc.).
3. A neurociência cognitiva estuda a base neural das funções psicológicas complexas mediante técnicas como as da imagem cerebral funcional, as técnicas eletrofisiológicas, etc. – que registram a atividade elétrica dos neurônios – e as técnicas de estimulação magnética transcraniana. Ela utiliza como base teórica os modelos cognitivos e neurais, tem uma abordagem evolutiva da mente e do cérebro e aceita evidências oriundas de vários campos para a refutação de seus modelos (dados comportamentais e neurais provenientes de seres humanos ou de animais, sejam eles sãos ou lesionados, adultos ou não).
4. Por exemplo, o deslocamento do olhar para a localização de uma imagem constitui um movimento congruente com o contexto, e o deslocamento para o lado contrário, um movimento incongruente (Pelphrey et al., 2003).
5. A dislexia é uma alteração da aprendizagem da leitura causada por um problema neurobiológico intrínseco ao sujeito e que, ainda que também possa ser afetada por fatores ambientais (a experiência linguística), não é provocada por eles.
6. Dominar o princípio alfabético significa compreender que as palavras faladas são compostas de unidades menores (fonemas) e que as letras (os grafemas) de uma palavra representam seus sons.
7. Entende-se por alexia a alteração da capacidade de leitura devido a uma lesão cerebral (para estudos sobre alexias em indivíduos cuja língua materna é o espanhol, veja Ferreres, 2008; Ferreres; López; China, 2003; Ferreres; Martinez Cuitiño; Olmedo, 2005; Ferreres; Miravalles, 1995).

8   A lesão desta parte produz a afasia de Broca, um quadro caracterizado por um severo déficit na produção verbal, com relativa conservação da compreensão auditiva da linguagem. Já a afasia de Wernicke se caracteriza por dificuldades na compreensão da linguagem, com conservação relativa da produção da fala. A afasia de condução é gerada por lesões que afetam o giro supramarginal e apresenta alterações da memória de curto prazo, com déficits na repetição de material verbal (para um resumo sobre os quadros afásicos, veja Ferreres; China; Abusamra, 2008).

9   A memória de curto prazo fonológica tem dois componentes cognitivos: o "armazém auditivo", que retém as informações verbais por um breve período, e o "sistema de recuperação", que, mediante uma repetição subvocal, atualiza a informação do primeiro. A área de Broca está relacionada com o *buffer* fonológico, isto é, o componente articulatório do sistema de revisão. O giro supramarginal do lóbulo parietal é a base neural do armazém auditivo.

10 O *planum temporale* é assimétrico (na maioria dos destros a parte esquerda tem maior tamanho). Tem-se observado que esta assimetria é anulada ou invertida em muito pacientes disléxicos. Também têm sido encontradas anomalias na arquitetura celular destas áreas, que provavelmente se devam a defeitos que surgiram durante o desenvolvimento do córtex cerebral.

11 A lesão occipitotemporal não afeta a linguagem, mas produz o quadro que Déjerine (1892) chamou de *alexia sem agrafia*, que se caracteriza pela dificuldade no reconhecimento visual das letras e palavras, com a conservação da escrita.

12 Nos leitores experientes, esta área é ativada com a apresentação subliminar da palavra escrita, isto é, quando ela é apresentada durante um lapso de tempo tão breve (menor de 30 milissegundos) que o indivíduo não tem a consciência de tê-la visto e não permite a aplicação de regras de conversão grafema-fonema. A ativação subliminar é um argumento a favor do caráter modular deste componente, já que responde de maneira automática (veloz e involuntária) a estímulos específicos (ortográficos).

REFERÊNCIAS

ADOLPHS, R. The neurobiology of social cognition. *Current Opinion in Neurobiology*, v. 11, n. 2, p. 231-239, 2001.

BARTOLOMEO, P. *The relationship between visual perception and visual mental imagery*: a reappraisal of the neuropsychological evidence. Cortex, v. 38, n. 3, p. 357-378, 2002.

BEYERSTEIN, B. Whence cometh the myth that we only use ten percent of our brain? In: DELLA SALA, S. (Ed.). *Mind myths*: exploring popular assumptions about the mind and brain. Nova York: John Wiley & Sons, 1999. p. 314-335.

BLAKEMORE, S. J. The developing social brain: implications for education. *Neuron*, v. 65, n. 6, p. 744-747, 2010.

BLAKEMORE, S. J.; FRITH, U. *The learning brain*: lessons for education. Oxford: Blackwell, 2005.

BRACHA, V. Role of the cerebellum in eyeblink conditioning. *Progress in Brain Research*, v. 143, p. 331-339, 2004.

BRUER, J. Building bridges in neuroeducation. In: BATTRO, A. M.; FISCHER, K. W.; LÉNA, P. J. (Ed.). *The educated brain*: essays in neuroeducation. Cambridge: Cambridge University, 2008. p. 43-58.

BRUER, J. Education and the brain: a bridge too far. *Educational Researcher*, v. 26, p. 4-16, 1997.

CASTRO-CALDAS, A. et al. The illiterate brain learning to read and write during childhood influences the functional organization of the adult brain. *Brain*, v. 121, p. 1053-1063, 1998.

CHRISTODOULOU, C.; GAAB, N. Using and misusing neuroscience in education-related research. *Cortex*, v. 45, n. 4, p. 555-557, 2008.

COHEN, L. et al. Visual word recognition in the left and right hemispheres: anatomical and functional correlates of peripheral alexias. *Cerebral Cortex*, v. 13, p. 1313-1333, 2003.

CORBALLIS, M. C. Are we in our right minds? In: DELLA SALA, S. (Ed.). *Mind myths*: exploring popular assumptions about the mind and brain. Nova York: John Wiley & Sons, 1999. p. 291-313.

DAMASIO, A. R. *Descartes' error*: emotion, reason and the human brain. Nova York: Avon Books, 1994.

DE HAAN, M. et al. Human memory development and its dysfunction after early hippocampal injury. *Trends in Neurosciences*, v. 29, n. 7, p. 374-381, 2006.

DEACON, T. W. Evolutionary perspectives on language and brain plasticity. *Journal of Communication Disorders*, v. 33, n. 4, p. 273-291, 2000.

DÉJERINE, J. *Contribution a l'étude anatomo-pathologique et clinique des différentes variétés de cécité-verbale*. Paris: Masson, 1892.

DIAMOND, M. C. et al. Rat cortical morphology following crowded-enriched living conditions. *Experimental Neurology*, v. 96, n. 2, p. 241-247, 1987.

FERRERES, A. Alexia fonológica y alexia de superficie en hispanohablantes. *Psico*, v. 39, p. 465-476, 2008.

FERRERES, A. *Cerebro y memoria*. Buenos Aires: Tekné, 2004.

FERRERES, A.; CHINA, N.; ABUSAMRA, V. Las afasias. In: LABOS, E. et al. (Ed.). *Tratado de neuropsicología clínica*. Buenos Aires: Akadia, 2008. p. 121-144.

FERRERES, A.; LÓPEZ, C.; CHINA, N. Phonological alexia with consonant-vowel dissociation in non word reading. *Brain & Language*, v. 84, p. 399-413, 2003.

FERRERES, A.; MARTÍNEZ CUITIÑO, M.; OLMEDO, A. acquired surface alexia in Spanish: a case report. *Behavioral Neurology*, v. 16, p. 71-84, 2005.

FERRERES, A.; MIRAVALLES, G. The production of semantic paralexias in Spanish speaking aphasic. *Brain & Language*, v. 49, p. 153-172, 1995.

FUSTER, J. The prefrontal cortex. an update time is of the essence. *Neuron*, v. 30, p. 319-333, 2001.

GALABURDA, A. M. et al. Developmental dyslexia: four consecutive cases with cortical anomalies. *Annals of Neurology*, v. 18, p. 222-233, 1985.

GALLESE, V. et al. Action recognition in the premotor cortex. *Brain*, v. 119, p. 593-609, 1996.

GANIS, G.; THOMPSON, W.; KOSSLYN, S. Brain areas underlying visual imagery and visual perception: an fMRI study. *Cognitive Brain Research*, v. 20, p. 226-241, 2004.

GILLIAM, C.; KANDEL, E.; JESSELL, T. Genes y conducta. In: KANDEL, E.; SCHWARTZ, J.; JESSELL, T. (Ed.). *Principios de Neurociencia*. Madri: McGraw-Hill Interamericana, 2001. p. 36-59.

GOSWAMI, U. Neuroscience and education: from research to practice? *Nature Reviews Neuroscience*, v. 7, p. 406-411, 2006.
HUTTENLOCHER, P. R. Synaptic density in human frontal cortex-developmental changes and effects of aging. *Brain Research*, v. 163, p. 195-205, 1979.
IACOBONI, M. *Las neuronas espejo*. Buenos Aires: Katz, 2009.
IMMORDINO-YANG, M. H.; DEACON, T. W. An Evolutionary perspective on reading and reading disorders. In: FISCHER, K. W.; BERNSTEIN, J. H.; IMMORDINO- YANG, M. H. (Ed.). *Mind, brain, and education in reading disorders*. Cambridge: Cambridge University, 2007. p. 16-25.
KENSINGER, E. et al. Working memory and mild Alzheimer's disease and early Parkinson disease. *Neuropsychology*, v. 17, p. 230-239, 2003.
LEDOUX, J. Emotion circuits in the brain. *Annual Review of Neurosciences*, v. 23, p. 155-184, 2000.
LUPIEN, S. J. et al. Effects of stress throughout the lifespan on the brain, behaviour and cognition. *Nature Reviews Neuroscience*, v. 10, n. 6, p. 434-445, 2009.
MCCANDLISS, B.; COHEN, L.; DEHAENE, S. The Visual word form area: expertise in reading in the fusiform gyrus. *Trends in Cognitive Sciences*, v. 7, p. 293-299, 2003.
O'CONNOR, T. G.; BREDENKAMP, D.; RUTTER, M. attachment disturbances and disorders in children exposed to early severe deprivation. *Infant Mental Health Journal*, v. 20, n. 10, p. 10-29, 1999.
ORGANISATION FOR ECONOMIC CO-OPERATION AND DEVELOPMENT. *Understanding the brain*: the birth of a learning science. Paris: OECD, 2007.
PELPHREY, K. A. et al. Brain activation evoked by perception of gaze shifts: the influence of context. *Neuropsychologia*, v. 41, n. 2, p. 156-170, 2003.
PENNINGTON, B. F. et al. Evidence for major gene transmission of developmental dyslexia. *JAMA*, v. 266, n. 11, p. 1527-1534, 1991.
PERLMAN, S. B.; VANDER WYK, B. C.; PELPHREY, K. A. Brain mechanisms in the typical and the atypical development of social cognition. In: ZELAZO, P. D.; CHANDLER, M.; CRONE, E. (Ed.). *Developmental social cognitive neuroscience*. Nova York: Psychology, 2010. p. 99-124.
PINKER, S. *The language instinct*: how the mind creates language. Nova York: Morrow, 1994.
POSNER, M. I.; RAICHLE, M. E. *Images of mind*. Nova York: Scientific American Books, 1994.
RAKIC, P. Corticogenesis in Human and Nonhuman Primates. In: GAZZANIGA, M. S. (Ed.). *The cognitive neurosciences*. Cambridge: MIT, 1995. p. 127-145.
RAMUS, F. et al. Theories of developmental dyslexia: insights from a multiple case study of dyslexic adults. *Brain*, v. 126, p. 841-865, 2003.
SHAYWITZ, S. et al. Functional disruption in the organization of the brain for reading in dyslexia. *Proceedings of the National Academy of Science of the United States of America*, v. 95, p. 2636-2641, 1998.
SHAYWITZ, S. et al. Neural systems for compensation and persistence: young adult outcome of childhood reading disability. *Biological Psychiatry*, v. 54, p. 25-33, 2003.
SHAYWITZ, S.; SHAYWITZ, B. Paying attention to reading: the neurobiology of reading and dyslexia. *Development and Psychopathology*, v. 20, p. 1329-1349, 2008.
SNOWLING, M. *Dyslexia*. Oxford: Blackwell, 2000.

SQUIRE, L. R. Memory and brain systems: 1969-2009. *Journal of Neuroscience*, v. 29, p. 12711-12716, 2009.

SZÜCS, D.; GOSWAMI, U. Educational neuroscience: defining a new discipline for the study of mental representations. *Mind, Brain, and Education*, v. 1, p. 114-127, 2007.

TEMPLE, E. et al. Neural deficits in children with dyslexia ameliorated by behavioral remediation: evidence from fMRI. *Proceedings of the National Academy of Science of the United States of America*, v. 100, p. 2860-2865, 2003.

TULVING, E. Memory. In: GAZZANIGA, M. (Ed.). *The new cognitive neurosciences*. Cambridge: MIT, 2000. p. 727-733.

WADSWORTH, S. J. et al. Reading performance at 7, 12 and 16 years of age in the colorado adoption project: parent-offspring analyses. *Journal of Child Psychology and Psychiatry*, v. 43, p. 769-774, 2002.

5

A dialética no estudo do desenvolvimento

Jaan Valsiner

> O [...] método quantitativo, que a psicologia importou das ciências exatas – a física e a química –, precisa ser descartado, uma vez que seu ideal consiste em reduzir o mais complexo ao mais simples, o todo a suas partes, o último a evoluir ao existente anteriormente, negando ou eliminando, assim, *exatamente o fator que constitui ou revela o que é verdadeiramente genético*. Os modos mais novos de manifestação não podem ser formulados em termos atômicos *sem prejudicar os modos mais sintéticos* que a observação revela.
>
> (Baldwin, 1930, p. 7, grifo nosso)

EXPLICAÇÃO E OBJETIVIDADE NA PSICOLOGIA

Muitas das crenças básicas na ciência da psicologia não fazem sentido. O imperativo de converter qualquer fenômeno em dados por meio da quantificação – de "agregar números" ao fenômeno original – tem levado ao extravio da disciplina por cerca de um século (MICHELL, 1997; PORTER, 1995; TOOMELA, 2007; TOOMELA; VALSINER, 2010). Por meio de um cuidadoso retorno aos fenômenos (CAIRNS, 1986) e do desenvolvimento de novas formas de abordar suas caracte-rísticas, é possível superar a moda social de buscar a "credibilidade científica" por meio da quantificação, que tem dominado a psicologia (GIGERENZER et al., 1989). O foco na qualidade – e não na quantidade – é a pedra fundamental de qualquer perspectiva científica baseada no desenvolvimento.

O que deu errado na elaboração da metodologia da psicologia? A prática social da quantificação levou a um impasse conceitual. Transformou os estudos correlacionais (e seus derivados – LISREL*, análises de regressão múltipla, etc.) no ponto *final* do descobrimento de relações generalizadas por indução, que são tratadas como se fossem explicativas. Essa finalidade das correlações é visível em qualquer publicação empírica na qual tais métodos são utilizados – coeficientes de correlação proporcionam informações que constituem dados que são interpretados de maneira literal (VALSINER, 1986). Descobrir uma *relação significativa* entre *variáveis* é, geralmente, o resultado final da investigação, o que bloqueia o *começo* de uma investigação profunda sobre os fenômenos nos quais se originaram os dados quantificados. Os fenômenos psicológicos são necessariamente únicos e qualitativos em sua forma (SALVATORE; VALSINER, 2010; SALVATORE; STROUT-YAGODZINSK; CLEGG, 2009; VALSINER; SATO, 2006).

Chegou a hora de mudar a direção da metodologia utilizada na psicologia e ajustá-la aos fenômenos estudados. Existem muitas maneiras possíveis de atingir esse objetivo (BRINKMANN, 2009; MOGHADDAM, 2004; VALSINER, 2005), das quais destacarei uma: a possibilidade de desenvolver as ideias esquecidas da dialética, que tem suas raízes na Grécia antiga, na filosofia de Heráclito, e que foram retomadas por Solomon Maimon, Johannn Gottfried Fichte e Georg Wilhelm Hegel nos séculos XVIII e XIX. Tal resgate da metodologia exige uma elucidação por parte desses autores.

A METODOLOGIA NO SENTIDO PLENO DA PALAVRA

Fala-se muito, na psicologia, sobre métodos – geralmente equiparando os termos "métodos" e "metodologia". É preciso especificá-los: metodologia não é o mesmo que métodos, nem é uma "caixa de ferramentas dos métodos" da qual o pesquisador pode selecionar as ferramentas conforme sua reputação social. Em vez disso, precisamos pensar no *ciclo da metodologia* (BRANCO; VALSINER, 1997) como está descrito na Figura 5.1).

---

* N. de T.: Sigla de *Linear strucutral relations* (relações estruturais lineares). Nas pesquisas em ciências sociais, é o modelo geral que aborda casos particulares da maior parte dos modelos estatísticos de relações lineares entre variáveis.

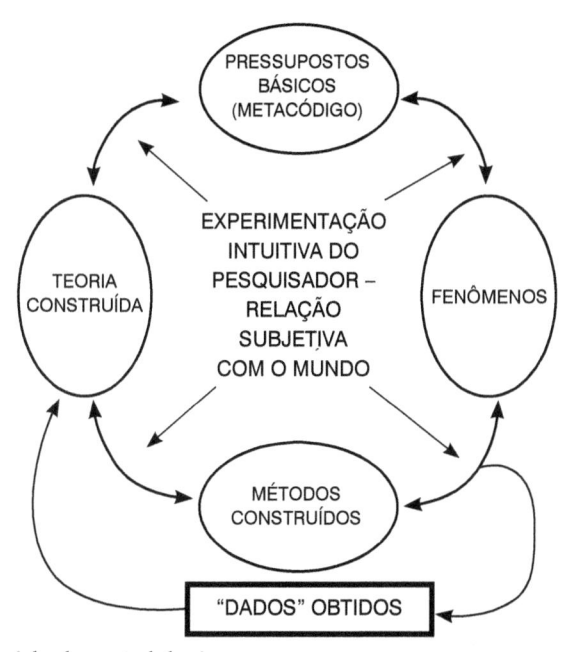

Figura 5.1 O ciclo da metodologia.
Fonte: Adaptada de Branco e Valsiner (1997).

O ciclo da metodologia tem duas características principais: considera que a *intuição instruída do pesquisador* é o ponto de partida – e o objetivo desejado – de todos os esforços de construção de conhecimento e atribui um *papel secundário aos métodos específicos* que estão incluídos no ciclo de metodologia.

A natureza crucial do ciclo da metodologia é a inclusão de todas as características filosóficas (metateóricas), teóricas e fenomenológicas da construção de conhecimento nas atividades dos pesquisadores. O processo de pesquisa é um todo – e o cientista, um criador de conhecimento holístico que comete erros na maioria das vezes (p. ex., formula hipóteses que no fim se mostram equivocadas) com o objetivo de chegar, finalmente, ao conhecimento adequado. O mero uso dos "métodos corretos" (p. ex., o fascínio da psicologia contemporânea pelo ANOVA* ou outros métodos de análise, ou a dependência das "escalas padronizadas") não é garantia de objetividade. Esta pode emergir da totalidade do ciclo da metodologia, como resultado de reflexões e atos meticulosos por parte do pesquisador – *a objetividade só pode ser alcançada por meio da subjetividade.*

---
* N. de T.: Sigla de *analysis of variance* (análise de variança).

Todos aqueles que participam da construção de conhecimento psicológico são sujeitos semióticos

A subjetividade se encontra no centro de todos os fenômenos psicológicos. O *status do sujeito semiótico*[1] dos seres humanos individuais garante que qualquer princípio geral, na psicologia, assuma a forma de uma individualidade elevada – na verdade, se expressa na singularidade de cada fenômeno individual. Perguntar-se sobre a generalidade é se interrogar sobre a geração dessa singularidade em função do contexto, com base em leis gerais. O geral, aqui, não é o *comum a todos*, mas o *variável para cada um* – a singularidade é baseada em princípios gerais comuns. Essa característica está de acordo com a premissa básica da *segunda cibernética* (MARUYAMA, 1963, 1992): o funcionamento regular dos sistemas abertos aumenta – em vez de reduzir – a variabilidade. Isso significa que a novidade é a chave. Os princípios gerais da organização sistêmica dão lugar a um fluxo sempre aberto de formas novas. A psicologia não pode, por mais que seus praticantes mais rígidos queiram, ser definida como uma ciência do *controle* e da *previsão* de nada – sejam ideias ou condutas – pela simples razão que o controle sistêmico produz, precisamente, o surgimento imprevisível de formas novas. Estas são necessárias para a adaptação dos organismos a condições ambientais oscilantes e, no caso dos seres humanos, para a construção de *momentos estáveis* de pré-adaptação.

Que tipos de unidades de análise são necessários na psicologia?

Talvez a definição mais clara de unidades de análise na psicologia seja a de Vygotsky (1982, p. 16):

> A psicologia, visto que deseja estudar totalidades complexas [...] deve transformar os métodos de análise em elementos pelo método analítico que revela as partes da unidade [literalmente: divide o todo em unidades relacionadas; em russo: *metod... analiza,... razchleniayushego na edinitsy*]. Deve encontrar os traços indivisíveis que persistem, característicos do todo dado como uma unidade – unidades dentro das quais esses traços estão representados em formas mutuamente opostas [em russo: *edinitsy, v kotorykh v protivopolozhnom vide predstavleny eti svoistva*].[2]

A psicologia tem recorrido a analogias para pensar sobre as unidades holísticas. Desde a década de 1870, a principal metáfora utilizada para explicar a necessidade de considerar diferentes qualidades em diferentes níveis analíticos foi o contraste entre a água (H_2O) e seus componentes (oxigênio e hidrogênio)[3]. É evidente que a água é uma substância que não pode ser obtida simplesmente mesclando dois gases – o hidrogênio e o oxigênio. Nos termos da habitual terminologia da ANOVA utilizada pelos psicólogos, a água não é um "efeito de interação" entre o hidrogênio e o oxigênio, mas uma síntese de um novo composto, cuja qualidade se difere da de seus componentes tomados separadamente.

A analogia da água foi boa para lembrar os psicólogos sobre a relação entre as partes e o todo em suas pesquisas, mas continua sendo insuficiente para as ciências do desenvolvimento. Estas se serviriam de analogias da natureza sintética das reações químicas, principalmente no caso da síntese de novos compostos. É aqui que começam os problemas conceituais das ciências do desenvolvimento: Como analisar os processos de surgimento de novas ordens qualitativas? É a síntese, não a análise, que deve ser compreendida.

EM BUSCA DA ESTRUTURA DA SÍNTESE: O IMPERATIVO HOLÍSTICO

A síntese é um conceito estrutural – surge uma nova totalidade por meio das reações entre totalidades prévias e suas partes. A premissa dialética – a *unidade obrigatória dos opostos dentro de um todo* – nos leva à necessidade de descobrir os princípios gerais pelos quais esses opostos se relacionam. Ao pensar na unidade dos opostos, imediatamente lembramos os modelos do pensamento oriental, no quais o objetivo é compreender a permanência das oposições – quando a relação entre as partes é dada, não é construída:

> [...] a relação entre o *yin* e o *yang* existe em todas as coisas e em todos os fenômenos da natureza, inclusive em partes dissociadas das coisas. Assim como o imã, mesmo depois de dividi-lo em duas partes várias vezes, cada uma continua tendo os dois polos norte e sul. (Hu; Li, 2009, p. 153).

Essa relação é um processo de estabelecimento de vínculos que orienta o oposto em certa direção – geralmente por meio da desadaptação, que costumamos chamar de contradição. No entanto, a analogia do imã também acaba sendo enganosa para as ciências do desenvolvimento: os imãs incluem a união dos opostos, mas não se desenvolvem.

Primeiro passo: as ciências do desenvolvimento precisam se libertar da lógica clássica

É aqui que a lógica clássica (que descarta as contradições: "se A é verdadeiro, então não A é falso") se opõe ao foco das ciências do desenvolvimento e da educação. A educação, como prática social, consiste precisamente em um esforço para transformar a base existente de conhecimentos. As ciências do desenvolvimento tratam da emergência de totalidades novas a partir das totalidades prévias, por meio da superação das contradições. Assim, as contradições não ficam excluídas da metodologia do desenvolvimento, mas se incorporam ao pressuposto organizador do ciclo da metodologia em seu conjunto (Figura 5.1). Ao focar as contradições entre os opostos e sua transformação em novas formas (com novas contradições), é possível criar uma lógica do desenvolvimento. Isso foi o que Baldwin (1906, 1908, 1911, 1915) tentou fazer, com certo êxito. Contudo, sua lógica também não incluiu a elaboração do pensamento dialético.

RAÍZES DA PERSPECTIVA DIALÉTICA

O sistema dialético foi introduzido ao pensamento ocidental por Maimon, em 1790 (MAIMON, 2010), e Johann Gottlied Fichte, em 1794, a partir da reinvenção das ideias de Heráclito, da Grécia antiga. O interesse de Fichte nas unidades Eu (*Ich*) e não Eu (*nicht Ich*) o levou a considerar este como a antítese do primeiro (FICHTE, 1794). A antítese permitiu refletir sobre a tese de que para compreender o Eu é preciso assumir uma posição exterior (não Eu) da qual observá-lo. Essa reflexão sobre uma oposição de partes de um sistema (A e não A) assume múltiplas formas, incluindo uma tensão (contradição) entre as partes opostas, mas unidas, do sistema. A síntese vem junto com a antítese, por meio da abstração (FICHTE, 1794).

Hegel (1998) levou as ideias dialéticas mais longe, para torná-las amplamente populares no pensamento alemão do início do século XIX. O sistema dialético criado por Hegel, mesmo que este conhecesse a filosofia de Fichte, tomou como ponto de partida um objeto diferente. Sua tese sobre as órbitas planetárias (HEGEL, 1998) mostrava como a inevitabilidade do movimento dos corpos celestes evita que estes se choquem. Seu estudo sobre astronomia foi seguido por seus esforços para desenvolver uma teoria da história, do espírito e da lógica. O interlocutor intelectual ao qual se opunha era Immanuel Kant. Em relação às categorias fixas de Kant, Hegel transformou suas antinomias ontológicas – "o que é" e "o que não é" – em uma dualidade – "o que é" e "o que ainda não é":

> Assim como um construto estático, de acordo com sua simples definição nominal, começa, qual gota d'água sob um microscópio, a ganhar vida e a pôr-se em movimento, do mesmo modo, se torna dinâmico, por meio da descrição minuciosa do estado de coisas lógico, o enunciado rígido segundo o qual é de uma maneira e não de outra. Com o padrão do "é", de que se serve toda lógica discursiva e reflexiva, se desmascara o ser como um devenir, no sentido das determinações iniciais da lógica dialética. (ADORNO, 1961, p. 213).

A reformulação de Hegel das categorias: {A **ou** não A} → {A **e** (relação tensa com) não A} superou o dualismo em prol da inter-relação dentro – e (por meio da síntese) mais adiante – da dualidade. A tensão interna da estrutura dual leva à superação da qualidade prévia e à emergência de uma nova. Em condições de refletividade, a perfeição pode emergir da imperfeição.

Qualidade e quantidade

O pensamento de Hegel sobre as relações entre a qualidade e a quantidade tem sido uma característica crucial no desenvolvimento das ciências no contexto europeu desde o início do século XIX. Para ele, a qualidade se determina por meio de seu oposto – "algo que é" se torna conhecido em contraste com seu oposto (algo que não é). Assim, o "algo que é" constitui uma qualidade em contraste com seu oposto (que, em relação a ele, pode constituir outra qualidade, a qualidade oposta). Mesmo assim, o "algo que não é {isto}" não precisa ter automaticamente uma natureza determinada ({isso}); pode ser um campo indiferenciado do Outro. Para Hegel,

> Ao afirmar "tenho um ser para mim", quero dizer que não dependo de nenhum outro ser humano. Nego esse ser que está ali e que me negaria. O finito é ser para outro, o infinito é ser para si. Essa é a esfera da qualidade. (HEGEL, 2008, p. 86)[4].

Esse exemplo ilustra a unidade do eu e o outro na negação dessa unidade – de ambos os lados. A negação da relação é precisamente o que confirma a realidade dessa relação. A qualidade se determina por meio do estabelecimento de uma fronteira (limite, *Grenze*) entre si mesmo e o outro. Dentro desse limite, a oposição ao outro é infinita (para conservar a qualidade de si mesmo – *fürsichselbstsein*), ao passo que o ato da negação é finito. Manter o significado de "nossa identidade nacional" como uma qualidade construída, à medida que possa ser mantido, exige um fluxo recorrente de contrastes finitos com outros – vizinhos, inimigos de combate, espiões e bruxas das imediações ou germes que invadem através dos portos de entrada. Diferentes qualidades podem estar vinculadas à mesma quantidade – *a quantidade é um parceiro subordinado na unidade com a qualidade*[5]. Essa ideia foi explicada por um dos seguidores de Hegel, Rosenkranz (1872, p. 114):

> A ideia de um ponto, por exemplo, é sempre a mesma, mas à medida que o ponto se move engendra outro, o outro de si, no qual se nega como verdade. A linha, novamente, ao se mover em diferentes direções, produz a diferença entre o reto e o curvo. Analiticamente, o ponto se transforma em uma linha, mas sinteticamente permanece contido nela; a linha se transforma, analiticamente, em uma linha reta ou curva, mas sinteticamente é considerada uma linha tanto em uma como na outra.

A quantidade – o ponto que se move, formando, assim, uma linha – é uma extensão quantitativa que pode assumir diferentes formas qualitativas, a partir das quais é possível criar divisões, fronteiras.

A natureza inevitável da infinitude e suas implicações para o psiquismo

A questão da infinitude surge apenas quando um esquema filosófico se liberta de um conjunto de axiomas ontológicos estáticos e começa a tratar a variabilidade ("fluxo") do mundo, que vai dos processos físicos do universo aos desejos subjetivos da mente. O afastamento dialético de Hegel em relação a Kant revitalizou os antigos pensamentos heraclitanos na ciência do século XIX, abrindo o caminho para uma orientação sistemática dos processos nas ciências e para colocar a noção de desenvolvimento no núcleo destas. Como sabemos, em nosso século XXI, o desenvolvimento está em toda parte: vírus, bebês e galáxias – se desenvolvem, mesmo que em diferentes períodos e formas.

A PSICOLOGIA DIANTE DA DIALÉTICA NO SÉCULO XXI

Os poucos esforços que têm sido feitos para trazer a perspectiva dialética para a psicologia contemporânea têm algo em comum: o predomínio dos fenômenos sobre a aplicação semiautomática de "métodos" pré-fabricados. Às vezes, diferentes áreas de pesquisa têm nos dado exemplos desses esforços: a psicologia ambiental (Werner; Altman, 1998), a psicologia do desenvolvimento (Basseches, 1989; Kvale, 1977; Overton, 1998; Pascual-Leone, 1984, 1995; Riegel, 1975, 1979), a psicologia clínica (Greenberg; Rice; Elliott, 1993; Greenberg; Pascual-Leone, 1995; Kramer, 1989; Verhofstadt-Denève, 2000, 2003, 2007), a psicologia da personalidade (Rychlak, 1976, 1995; Holzkamp, 1992) e a psicologia social (Cvetkovich, 1977; Georgoudi, 1984). O crescente interesse pela psicologia da mulher levou a novas perspectivas do pensamento dialético, para analisar as relações intra e interpsicológicas das mulheres (Falmagne, 2009), e tem ingressado, de maneira periférica, nos discursos das faculdades de administração de empresas (Mitroff; Manson, 1981).

Nos Estados Unidos, o surgimento de perspectivas dialéticas tem se baseado, em grande parte, nas tradições pragmáticas de James, Dewey e Peirce, que enfatizam as características dinâmicas dos fenômenos. Isso tem se combinado com empréstimos seletivos das tradições soviética e alemã (Holzkamp, 1992; Riegel, 1976, 1978; Scribner, 1985). Em certas ocasiões, as contribuições da ênfase de Jean Piaget no equilíbrio progressivo guiam os esforços de introduzir as perspectivas dialéticas (Basseches, 1989; Kramer, 1989; Pascual-Leone, 1988; Pascual-Leone; Johnson, 1999).

Consideração da oposição e da contradição, mas não da síntese

Uma característica comum em todas as perspectivas dialéticas que surgiram na psicologia no final do século XX e início do XXI é que evitam abordar a noção de síntese. Os componentes primários de uma abordagem dialógica – aceitação da *unidade dos opostos na mesma totalidade e ênfase na contradição das partes opostas (mas unidas)* – são levados em conta

(JAMESON, 2009), porém, não a ênfase da síntese dialética. Em vez disso, podemos observar a noção de transição nos processos estudados pelos pesquisadores.

A noção de transição qualitativa para um novo nível de organização estrutural não é explicitada[6]. Às vezes, a dialética acaba imersa no campo dinâmico do *interacionismo radical* (SMITH, 1977), vinculada à noção de *transação* (WERNER; ALTMAN, 1998) ou denominada como *relacional* (OVERTON, 1998). Por exemplo, em uma tentativa de introduzir uma perspectiva dialética em um planejamento empresarial, Richard Mason determinou que um sistema é "dialético" se

> [...] examina uma situação de maneira sistemática e lógica, de dois pontos de vista diametralmente opostos. A abordagem dialética começa identificando o *plano* prevalente ou recomendado e os dados que foram usados para obtê-lo. Põe-se a questão: "Sob que visão de mundo este plano 'ótimo' prosperaria?". Esse resultado é uma tentativa de especificar um conjunto de pressupostos plausíveis e críveis que subjazem a esse plano. Isto é, eles servem para interpretar os dados, possibilitando a conclusão lógica de que esse plano é o melhor para atingir os objetivos da organização. (MITROFF; MASON, 1981, p. 7).

A redução do pensamento dialético à consideração dos opostos – com o objetivo de *otimizar* suas relações – se ajusta bem à organização social dos Estados Unidos, baseada no governo democrático, e às praticas de discurso social que têm sido estabelecidas nos últimos quatro séculos. Suas raízes estão na organização social inglesa – exemplificada pela negociação conflituosa dos litígios e da justiça:

> Do ponto de vista dialético, um advogado de defesa supõe um promotor (o advogado de acusação), cujo papel consiste em formular uma argumentação convincente sobre o delito do acusado, de maneira que haja condenação e punição adequadas. Como as forças opostas que formam um todo unificado, os advogados de defesa e acusação formam um sistema que é inerentemente antagônico. (ANCHIN, 2008, p. 808).

A unidade dos opostos contraditórios de dois advogados – ou a unidade de animosidades mútuas entre dois partidos políticos importantes – constituem um fundamento histórico suficiente para que as premissas do pensamento dialético se ajustem ao mundo social anglo-americano. Contudo, a união desses opostos tem um resultado final fixo: não há novidade no veredito do júri ("culpado" ou "inocente"), nem na decisão do juiz sobre a punição. Também não surge uma nova forma de governo do processo antagônico de contradição entre forças opostas, visto que o princípio de que ambas são parte da mesma totalidade conduz ao domínio de uma opção preestabelecida sobre a outra, não ao surgimento do novo.

A RECONSTRUÇÃO DA DIALÉTICA: REVELAÇÃO DOS PRESSUPOSTOS

Georgoudi (1984) destacou oito pressupostos da teoria dialética para que nossa psicologia contemporânea abandone o pseudoempirismo e ingresse na ciência:
1. A dialética não reivindica primeiros princípios ontológicos.
2. A dialética é uma forma de mediação.
3. As relações dialéticas se fundamentam na negação.
4. A negação proporciona as bases principais para a transformação.
5. As transformações são processuais.
6. Os processos são caracterizados por uma orientação teleológica.
7. As relações dialéticas devem ser interpretadas como experiências concretas, não como produtos da reflexão.
8. A tarefa científica de gerar compreensão está historicamente situada e é relacional.

Desses oito pressupostos, o terceiro e o quarto são fundamentais para distinguir perspectivas dialéticas de outras abordagens dinâmicas e interativas. Como afirma Georgoudi (1984, p. 85),

> No nível mais fundamental, reconhecer qualquer entidade existente é, ao mesmo tempo, reconhecer sua negação, isto é, seu estado de não ser. O próprio ato de reconhecimento exige a negação. Assim, qualquer entidade especificada existe em um estado que constitui sua negação.

A negação de algo (A) – não A – é, então, uma parte constitutiva fundamental do que é colocado (A). A tensão que emerge nessa negação leva à superação da oposição prévia:

> A contradição proporciona um ímpeto essencial para a transformação das entidades especificadas presentes nessa relação. A transformação é mú-

tua: ambas as entidades se alteram mutuamente e criam uma nova entidade especificada. Porém, no reconhecimento dessa nova entidade especificada, se estabelecem as bases para sua própria contradição. *Assim, a contradição não implica a negação no sentido da denúncia, mas sim em termos de uma afirmação negativa.* (GEORGOUDI, 1984, p. 85-86, grifo nosso).

Como entender as contradições?

A questão-chave para entender as contradições dialógicas é separar seu significado de uma avaliação com carga afetiva ("denúncia"). A noção de contradição é isenta de valores, mesmo que o material substantivo de determinada contradição possa ter uma carga de valor. Como explicou Jean Piaget:

> Os lógicos costumam falar do princípio de contradição como se fosse uma lei jurídica, que poderia, sozinha, prever seu próprio significado e o alcance de sua aplicação. No entanto, é claro que o princípio de contradição não se aplica dessa forma, pois não indica, por si mesmo, se algo é contraditório ou não. Sabemos antecipadamente que, se A e B são contraditórios, *devemos escolher entre eles, mas não sabemos, desde o início, se são contraditórios ou não.* (PIAGET, 1995, p. 189, grifo nosso).

O Piaget da década de 1920 – que recém começava a descobrir o material rico que as crianças lhe ofereciam ao estudar suas mentes – pôde localizar o limite da lógica clássica. A verdadeira escolha – entre A ou B – é considerada racional no sentido de um imperativo de separação (de B em relação a A). O ato dessa separação exclusiva é um princípio axiomático para os lógicos, mas não para um biólogo (como Piaget). Os *fundamentos da escolha* (A ou B) estão abertos aos valores e ao afeto. Isso está garantido pelo uso que o ser humano faz da linguagem. A natureza afetiva da vivência humana entra necessariamente em contradição com as formas como as pessoas usam a linguagem para simplificar suas experiências e passar para outras novas. A busca pela unidade em nosso cotidiano – que operava segundo regras lógicas clássicas – trata a contradição como uma forma de relação entre opostos aparentemente irreconciliáveis:

> Um sonho, com efeito, é uma tentativa de sistematizar as diversas impressões que bombardeiam nossa consciência [...] Suponhamos o seguinte sonho: "Estou morto e ainda não estou morto. Diante de mim está um

amigo X, que é ele mesmo, mas é outra pessoa. É ele quem me matou, mas não estou morto...", etc. Apesar da natureza contraditória dessas palavras e desses conceitos, há uma tentativa de sistematização. O amigo dual condensa, efetivamente, as características de duas pessoas que podem se unir. A noção de morte sem morte é uma tentativa de sistematizar uma dualidade de impressões que a consciência busca justificar, unir em um todo. (PIAGET, 1995, p. 190).

O processo psicoterapêutico (GREENBERG; PASCUAL-LEONE, 2001; VERHOFSTADT-DENÈVE, 2000, 2003, 2007) é o terreno em que as questões psicológicas necessariamente apresentam todas as nuances empíricas dos processos dialéticos. Ele implica um problema persistente – um estado constante fruto de um equilíbrio dinâmico – que deve ser superado por meio do encontro terapêutico. Os contextos educativos são semelhantes: aqui, as contradições entre aquilo que já foi dominado e o objetivo seguinte a ser aprendido constituem o terreno em que se produz o desenvolvimento.

Rompendo o ciclo: da dinâmica à dialética

Como pode nosso pensamento passar do percurso exclusivo para o inclusivo? A Figura 5.2 mostra um exemplo da extensão da ideia dialética dos opostos que existem dentro do todo, visto que operam um por meio do outro. Segundo a "noção de membrana" (VALSINER, 2007), cada um dos opostos (A e não A) opera como uma "membrana" para o outro, proporcionando "caminhos de passagem". Em outras palavras, duas partes adjacentes e relacionadas do mesmo sistema estabelecem a transparência condicional da barreira[7] – condições para abordar os limites estabelecidos. A questão não é se essas fronteiras existem – já que estão em tudo, nas membranas das células, nas camadas dos órgãos, na pele, nos estabelecimentos burocráticos das sociedades –, mas *em que condições* podem estar relacionadas com um novo estado e quando podem ser transformadas em um novo estado. As respostas devem ser *especificadas estruturalmente,* o *locus* da ação relevante deve ser estabelecido de maneira explícita.

Assim, o estabelecimento da tese (a passagem $A \rightarrow não\ A$, veja a Figura 5.2) evoca o oposto da posição inicial (A) na forma do campo de não A (JOSEPHS; VALSINER; SURGAN, 1999). Isso, por sua vez, cria a contraposição (a "antítese", a passagem de não A para A). O último se alimenta do primeiro, e o ciclo pode entrar em uma sequência de interações repetitivas. Se ele ocorre, o ciclo que vai da "tese" à "antítese" e desta à "tese" se torna recor-rente. Essa dinâmica eterna implica uma *tensão harmoniosa* entre opostos (a unidade entre o *yin* e o *yang*, como ilustra o exemplo anterior do imã). Mesmo assim, para o surgimento da síntese, o que se necessita é a tensão não harmoniosa que pode chegar a um "ponto de ruptura". Essa tensão surge sobre a base da tensão harmoniosa, por meio da diversificação dos processos e dos "pontos de bifurcação" (D1 e D2 na Figura 5.2).

A noção de pontos de bifurcação (pontos D) nos permite conceituar ambos os processos como um pano de fundo (unidade de opostos, na qual cada um "nega" o outro, no sentido de que se contrapõe a ele). Esse pano de fundo tem sido considerado, no contexto da teoria do Eu Dialógico, como uma *alimentação mútua* (VALSINER, 2002) que tem uma presença ampla no fluxo ideacional dos participantes em uma psicoterapia, ainda que não alcance novos avanços por si mesmo. Ele simplesmente constitui o processo básico sobre o qual a síntese pode ser constituída. A verdadeira passagem à síntese provém dos processos de canais paralelos, tanto em A como em não A, que "negam" a primeira negação ("negação dupla", em termos do pensamento dialético clássico de Maimon e Fichte). A tensão desarmônica leva a um súbito salto qualitativo – síntese dialética (Figura 5.2).

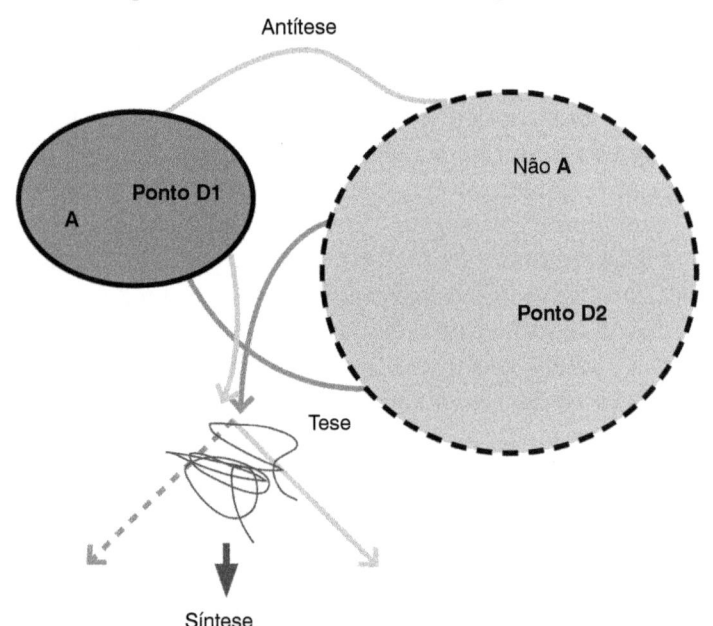

Figura 5.2 Uma estrutura possível da síntese.
Fonte: O autor.

Escalada da tensão desarmônica até um ponto de ruptura

Exemplos psicológicos do funcionamento desses processos complexos podem ser encontrados em situações extraordinárias – ou estéticas. A pessoa em tensão *precisa estar em uma relação* (com outra pessoa, com um objeto – *Gegenstand*) e em função dessa relação com o objeto pode experimentar *o aumento da tensão desarmônica* que leva a um salto qualitativo, um novo equilíbrio em uma nova forma. Os fenômenos desse tipo são abundantes na produção de significação, resultante dos encontros com objetos estéticos – a tensão entre opostos leva a uma "catarse", uma espécie de "curto-circuito" da tensão afetiva que resulta em um novo sentimento hipergeneralizado (Vygotsky, 1987, p. 204). Por exemplo, a autorreflexão de uma pessoa (tese), A, quando é ativada, leva ao não A de seu oposto. Continuando com o exemplo do sonho hipotético de Piaget:

> TESE: *Estou morto* (A) → "*Mas como estou dizendo isso*, estou não morto" (não A)
> ANTÍTESE (primeira negação): Não A (*Estou não morto* → "Estou vivo") → A "Estou não vivo" → "Estou morto"

Essa antítese se alimenta de A ("Estou não vivo"), que, em seus termos, segue se alimentando do campo não A, provocando outra antítese vaga, que é superada, novamente, ao se alimentar de A, e assim por diante.

Esse quadro está de acordo com noção de interatividade entre opostos, é dinâmico, mas exclui qualquer novidade. O quadro geral que é obtido dessa dinâmica de autodiálogo como uma estrutura de faixa de Möbius se ajusta à noção de *uso omniscópico da linguagem* presente na adivinhação da sorte (Aphek; Tobin, 1990). A linguagem pode ser usada como "omniscópio", quando se reconhecem todas as possibilidades sem se comprometer com nenhuma delas, mas atingindo a clareza por meio da falta de clareza generalizada. Por exemplo, uma adivinha diz a seu cliente:

"Você terá sérios problemas" e "Você superará seus problemas"

A negação simples – da tese pela antítese e da antítese pela tese – nos mostra um quadro dinâmico da mudança, embora não especifique como poderia produzir o desenvolvimento. A mudança é o resultado de diferentes formações da antítese geral (não A é um campo, não um ponto), mas nenhuma delas leva a um novo desenvolvimento ao serem *ressuprimidas* – o ato da primeira negação – pela tese (A), em vez de *superadas* por meio dela. Para que o desenvolvimento seja explícito, a segunda negação é necessária – da totalidade da faixa de Möbius A não A, por meio da tensão gerada sobre sua base. A questão crucial é o processo nos pontos D1 e D2, que pode fazer uma nova oposição tensa crescer (ou não) em contraste com o processo möbiano. Paralelamente à manutenção deste processo, pode crescer uma nova oposição que negue o processo que se mantinha. É aqui que surgem as aventuras (com base na vida cotidiana) ou que uma pessoa rompe uma velha rotina (e se sente bem com isso).

A estrutura da dupla negação

A chave da regulação da negação simples *versus* a negação dupla em D1 e D2 está nas mãos dos *organizadores semióticos*, que regulam a divergência da relação do processo möbiano com a inovação. Esses mecanismos podem assumir a forma de destacar de qualquer dúvida na relação A não A ou aceitação desta em certos momentos (mas não em outros). Esses organizadores incluem significados que são *operadores morais* – que bloqueiam uma passagem particular para o novo por meio da referência afetiva a sentimentos moralmente imbuídos de horror ("Acredito que X, mas *Como posso pensar dessa forma*?!"). Os antídotos contra esses organizadores são os *promotores revolucionários* – signos que inibem os operadores morais e permitem rupturas nos sistemas semióticos ("mas *Eu quero pensar dessa maneira!*"). A relação entre esses dois tipos de mecanismos semióticos é catalisada por campos de significado hipergeneralizados – *condições atmosféricas* (Cabell, 2010). Alguém que visita uma galeria de arte (a "atmosfera da arte") pode encontrar uma escultura clássica de uma pessoa nua, realizada por um dos mestres da Grécia antiga. Se o operador moral imediato suprimiria o surgimento de qualquer sentimento de beleza estética, levaria o visitante a protestar, perante o pessoal da galeria, contra esses atos de "nudez pública" das esculturas de humanos[8].

Em contrapartida, um promotor revolucionário no contexto do museu de arte (condição catalítica) poderia inibir o operador moral (que, por exemplo, passaria a operar imediatamente se seu filho adolescente ficasse nu em público, para denunciá-lo) e levaria ao sentimento de beleza em relação ao mármore nu. Os fenômenos de vandalismo com objetos simbólicos – como os atos de iconoclastia (BESAÇOM, 2000; VON GRÜNEBAUM, 1962) bizantinos (séculos VIII e IX d.C.) e da reforma europeia (século XVI) ilustram o papel dos signos catalíticos hipergeneralizados que permitem a desinibição dos operadores morais ao atuar como signos promotores revolucionários. Os fenômenos recorrentes de saques em momentos de incerteza da ordem social também poderiam ser incluídos nesse sistema explicativo.

O processo abstrato de regulação da diversidade é ilustrado na Figura 5.3. A função primária dos signos é inibir a possibilidade de inovação e canalizar todo o processo A – não A para a dinâmica do circuito TESE → ANTÍTESE → TESE → .... Ainda assim, o próprio inibidor semiótico primário pode ser inibido por um signo de metanível (os de maior hierarquia e os mais hipergeneralizados de todos são os significados pessoais sobre um mesmo "quero", "irei"). Esse sistema de processos de regulação semiótica estritamente localizados garante a flexibilidade da conduta humana e a natureza episódica da "aventurosidade" do sistema. A conduta humana geralmente é conservadora em seus modos – mantém seu *modus operandi* nas ações mundanas do cotidiano, mas "estala" em momentos repentinos e aparentemente inesperados de euforia estética, sensual ou exploradora.

CATALISADOR SEMIÓTICO: UM SIGNO HIPERGENERALIZADO NO ESTILO DE UM CAMPO QUE PERMITE A "ATMOSFERA GERAL" PARA O FLUXO DO PROCESSO AUTODIALÓGICO

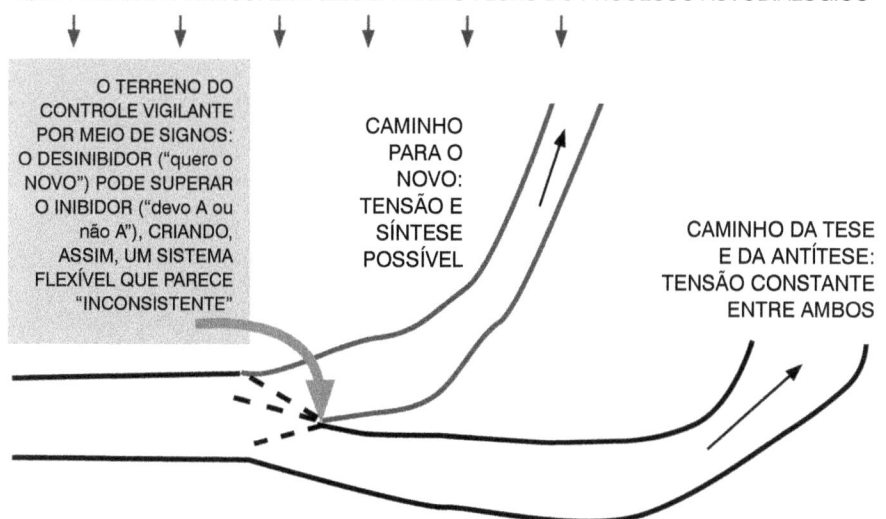

↓ ↓ ↓ ↓ ↓ ↓

O TERRENO DO CONTROLE VIGILANTE POR MEIO DE SIGNOS: O DESINIBIDOR ("quero o NOVO") PODE SUPERAR O INIBIDOR ("devo A ou não A"), CRIANDO, ASSIM, UM SISTEMA FLEXÍVEL QUE PARECE "INCONSISTENTE"

CAMINHO PARA O NOVO: TENSÃO E SÍNTESE POSSÍVEL

CAMINHO DA TESE E DA ANTÍTESE: TENSÃO CONSTANTE ENTRE AMBOS

Figura 5.3 O processo de regulação semiótica no ponto de bifurcação.
Fonte: O autor.

O sistema descrito na Figura 5.3 é também uma interpretação da unidade de opostos no nível da sociedade humana especificada por Serge Moscovici:

> Nossa sociedade é uma instituição que inibe o que estimula. Ela controla e, ao mesmo tempo, incentiva as tendência agressivas, epistêmicas e sexuais, aumenta ou reduz as possibilidades de satisfazê-las de acordo com distinções de classe *e inventa as proibições junto com os meios de transgredi-las*. Seu único propósito, até agora, é a autopreservação, e se opõe a mudanças por meio de leis e regulamentações. Funciona segundo o pressuposto básico de que é única, não tem nada a aprender e não pode ser melhorada. Daí sua rejeição inequívoca de tudo o que lhe for estranho. Até mesmo sua suposta artificialidade, que poderia ser considerada um defeito, se torna, pelo contrário, outro sinal de superioridade, por ser um atributo do homem. (Moscovici, 1976, p. 149, grifo nosso).

Essa dupla função – inibir e realçar – é crucial para o desenvolvimento das noções dialéticas dos processos psicológicos. Cada função psicológica se encontra em um estado potencial de transformação (Figura 5.3) sob certas condições específicas de regulação. Contudo, em condições comuns, se mantém em um estado estável. Tanto a estabilidade quanto a mudança são geradas pelo mesmo mecanismo regulador.

CONCLUSÃO: A METODOLOGIA DIALÉTICA E O DESENVOLVIMENTO COGNITIVO

Os modelos para examinar as transformações dialéticas esboçados aqui são esquemáticos – e não se espera que sejam outra coisa. Sua aplicabilidade aos fenômenos empíricos pode exigir um retorno às descrições fenomenológicas da conduta humana em termos do tipo piagetiano clássico. Esse retorno ao *método clínico* clássico é necessário para voltar o foco para os processos de surgimento de novidade. O desenvolvimento só pode se estudado à medida que vai ocorrendo – o que significa que são necessários níveis de análise microgenéticos, mesogenéticos e macrogenéticos. Em termos práticos, é preciso realizar um estudo simultâneo de um processo cognitivo e seu enquadre metacognitivo.

A construção de esquemas dialéticos para a compreensão do desenvolvimento tira partido da ambivalência inerente aos processos psicológicos. Esta dá lugar à aparição de tensão nas relações entre opostos, o que leva à ruptura irreversível e à reestruturação da função em uma nova forma. É aqui que os contextos educativos podem ser produtivos para as ciências do desenvolvimento, na medida em que acentuam a produção dessas rupturas como um modo de abrir caminho para novos conhecimentos.

NOTAS

1 Termo introduzido por Lamiell (2003) para enfatizar que, sob todas as circunstâncias da vida, os seres humanos são construtores ativos de significado. Isso explica a generalização na variabilidade cada vez maior (tanto no plano interindividual quanto no intraindividual) de sua conduta, assim como o previsto por Maruyama (1963, 1995).
2 É importante notar que o vínculo intrincado com a dinâmica dialética das unidades – presente no original em russo – se perde na tradução, que formula brevemente o argumento principal: "A psicologia, que se propõe a estudar os sistemas holísticos complexos, deve substituir o método de análise em elementos pelo método de análise em unidades." (VYGOSTSKY, 1986, p. 5).
3 Esta metáfora tem sido utilizada no discurso científico desde, pelo menos, 1872, quando J. S. Mill a usou em sua obra *Lógica*: "Não se observa rastro algum das propriedades do hidrogênio ou do oxigênio nas propriedades de seu composto, a água." (SAWYER, 2002).
4 No original: "Wenn ich sage: Ich bin für mich, so liegt darin, ich bin nicht abhänging von [einem] Anderen, ich negierte diesen negative Dasein, das Endliche ist Sein für ein Anderes. Das Unendliche is Fürsichselbstsein. Das ist [die] Sphäre der Qualität." (HEGEL, 2001, p. 95-96).
5 É precisamente aqui que a psicologia, ao inverter essa relação (de modo que a quantidade passou a predominar sobre a qualidade), falhou em sua construção de métodos empíricos de pesquisa. Qualquer quantidade tem *alguma qualidade*, ao passo que a qualidade se sustenta sozinha (não precisa da quantidade para se especificar).
6 Frequentemente podemos encontrar essas transições cobertas por termos abstratos gerais – como quando se declara que a oposição é "mutuamente constituída"; por exemplo, no *relacionismo constitutivo* de Sergey Rubinshtein (RIEGEL, 1978, p. 13) – que, é claro, se ajustam aos fenômenos, mas têm o problema de concluir a pesquisa, em vez de promovê-la. Na orientação semiótica do pensamento, há dois tipos de signos: os promotores (que alimentam a investigação) e os inibidores (que a bloqueiam, tornando-a supérflua – por considerar que não é necessário mais conhecimento – ou ambígua em sentido abstrato).
7 De um ponto de vista estrutural, todo o mundo vivo pode ser descrito como um sistema de fronteiras que organizam a ordem temporal da vida, ao permitirem sua travessia lenta ou acelerada.
8 Isso foi documentado na história dos museus de arte dos Estados Unidos (BEISEL, 1993). Há, também, exemplos da ambivalência suscitada por esculturas nuas. Um

caso concreto da negociação da autorreflexão em relação à nudez pública (e sua ocultação) é o da escultura de Antonio Canova, em 1805–1811, que retrata Napoleão Bonaparte como Marte (JOHNS, 1994). A princípio, o imperador aceitou (relutante) a ideia de ser retratado como um deus grego clássico – que por convenção é representado nu –, mas, quando a escultura estava pronta e chegou a Paris, ele proibiu a exibição pública de sua gloriosa forma nua.

REFERÊNCIAS

ADORNO, T. W. Static' and 'dynamic' as sociological categories. *Diogenes*, v. 9, p. 28-49, 1961.
ANCHIN, J. C. The critical role of the dialectic in viable metatheory. *Theory & Psychology*, v. 18, n. 6, p. 801-816, 2008.
APHEK, E.; TOBIN, Y. *Semiotics of fortune-telling*. Amsterdam: John Benjamins, 1990.
BALDWIN, D. A. James Mark Baldwin. In: MURCHISON, C. (Ed.). *A history of psychology in autobiography*. New York: Russell & Russell, 1930. v. 1.
BALDWIN, J. M. *Experimental logic, or genetic theory of thought*. London: Swan Sonnenschein, 1908. v. 2.
BALDWIN, J. M. *Functional logic, or genetic theory of knowledge*. London: Swan Sonnenschein, 1906. v. 1.
BALDWIN, J. M. *Genetic theory of reality*. New York: G. P. Putnam's Sons, 1915.
BALDWIN, J. M. *Interest and art being real logic*. London: Swan Sonnenschein, 1911. v. 3.
BASSECHES, M. Toward a constructive-developmental understanding of the dialectics of individuality and irrationality. In: KRAMER, D. A.; BOPP, M. J. (Ed.). *Transformation in clinical and developmental psychology*. New York: Springer, 1989. p. 188-209.
BEISEL, N. Morals versus art: censorship, the politics of interpretation, and the victorian nude. *American Sociological Review*, v. 58, p. 145-162, 1993.
BEKHTEREV, V. M. *Suggestion and its role in the social life*. 2nd ed. St-Peterburg: K.L. Rikker, 1903.
BESANÇON, A. *The forbidden image*. Chicago: University of Chicago, 2000.
BRANCO, A. U.; VALSINER, J. Changing methodologies: a co-constructivist study of goal orientations in social interactions. *Psychology and Developing Societies*, v. 9, n. 1, p. 35-64, 1997.
BRINKMANN, S. Literature as qualitative inquiry: the novelist as a researcher. In: *Qualitative Inquiry*, v. 15, n. 8, p. 1376-1394, 2009.
CABELL, K. R. Mediators, regulators and catalyzers. *Psychology and Society*, v. 3, n. 1, p. 26-41, 2010.
CAIRNS, R. B. Phenomena lost. In: VALSINER, J. (Ed.). *The role of individual subject in scientific psychology*. New York: Plenum, 1986. p. 97-111.
CVETKOVICH, G. Dialectical perspectives on empirical research. *Personality and Social Psychology Bulletin*, v. 3, p. 688-696, 1977.
FALMAGNE, R. J. Subverting theoretical dualisms: discourse and mentalism. *Theory & Psychology*, v. 19, n. 6, p. 795-815, 2009.
GEORGOUDI, M. Modern dialectics in social psychology. In: K. J. GERGEN; M. M. GERGEN (Ed.). *Historical social psychology*. Hillsdale: Erlbaum, 1984. p. 83-101.
GIGERENZER, G. et al. *The empire of chance*. Cambridge: Cambridge University, 1989.

GREENBERG, L.; PASCUAL-LEONE, J. A dialectical constructivist approach to experiential change. In: NEIMEYER, R. A.; MAHONEY, M. J. (Ed.). *Constructivism in psychotherapy*. Washington: APA, 1995. p. 169-191.
GREENBERG, L.; PASCUAL-LEONE, J. A dialectical constructivist view of the creation of personal meaning. *Journal of Constructivist Psychology*, v. 14, p. 165-186, 2001.
GREENBERG, L.; RICE, L. N.; ELLIOTT, R. *Facilitating emotional change*: the moment-by-moment process. New York: Guilford, 1993.
HENGEL, G. W. F. Dissertationi philosophicae de orbits planetarum. In: HENGEL, G. W. F. *Gesammelte werke*: Schriften und Entwürfe (1799-1808). Hamburg: Felix Meiner Verlag, 1998. v. 5.
HENGEL, G. W. F. *Lectures on logic*. Bloomington: Indiana University, 2008.
HENGEL, G. W. F. *Vorlesungen über die logic*. Hamburgo: Felix Meiner Verlag, 2001.
HOLZKAMP, K. On doing psychology critically. *Theory & Psychology*, v. 2, n. 2, p. 193-204, 1992.
HU, S.; LI, X. The distance from psychological research to real life. *IPBS: Integrative Psychological & Behavioral Science*, v. 43, n. 2, p. 149-157, 2009.
JAMESON, F. *Valences of the dialectic*. London: Verso, 2009.
JOHNS, C. M. S. Portrait mythology: antonio canova's portraits of the bonapartes. *Eighteenth-Century Studies*, v. 28, n. 1, p. 115-129.
JOSEPHS, I. E.; VALSINER, J.; SURGAN, S. E. The process of meaning construction. In: BRANDTSTÄTDTER, J.; LERNER, R. M. (Ed.). *Action and self development*. Thousand Oaks: Sage, 1999. p. 257-282.
KRAMER, D. A. Change and stability in marital interaction patterns: a developmental model. In: KRAMER, D. A.; BOPP, M. J. (Ed*.). Transformation in clinical and developmental psychology*. New York: Springer, 1989. p. 210-233.
KVALE, S. Dialectics and research on remembering. In: DATAN, N.; REESE, H. (Ed.). *Life-span developmental psychology*: dialectical perspectives on experimental research. New York: Academic, 1977. p. 165-189.
LAMIELL, J. T. *Beyond individual and group differences*. Thousand Oaks: Sage, 2003.
MAIMON, S. *Essay on transcendental philosophy*. London: Continuum Books, 2010.
MARUYAMA, M . Individual epistemological heterogeneity across cultures and its use in organizations. *Cybernetica*, v. 37, n. 3, p. 215-249, 1995.
MARUYAMA, M. Entropy, beauty, and eumorphy. *Cybernetica*, v. 35, n. 3, p. 195-206, 1992.
MARUYAMA, M. The second cybernetics: deviation amplifying mutual causal processes. *American Scientist*, v. 51, p. 164-179, 1963.
MICHELL, J. Quantitative science and the definition of measurement in psychology. British *Journal of Psychology*, v. 88, p. 355-383, 1997.
MITROFF, I.; MASON, R. O. *Creating a dialectical social science*. Dordrecht: D. Reidel, 1981.
MOGHADDAM, F. From 'Psychology in Literature' to 'Psychology as Literature'. *Theory & Psychology*, v. 14, n. 4, p. 505-525, 2004.
MOSCOVICI, S. *Society against nature*: the emergence of human societies. Atlantic Highlands: Humanities, 1976.
OVERTON, W. F. Relational-developmental theory: a psychological perspective. In: GÖRLITZ, D. et al. (Ed.). *Children, cities, and psychological theories*. Berlin: Walter de Gruyter, 1998. p. 315-335.

PASCUAL-LEONE, J. Affirmations and negotiations, disturbances and contradictions, in understanding Piaget: is his later theory causal? *Contemporary Psychology*, v. 33, n. 5, p. 420-421, 1988.

PASCUAL-LEONE, J. Attentional, dialectic, and mental effort: toward an organismic theory of life stages. In: COLLINS, M. L.; RICHARDS, F. A.; ARMON, C. (Ed.). *Beyond formal operations*. New York: Praeger, 1984. p. 182- 215.

PASCUAL-LEONE, J. Learning and development as dialectical factors in cognitive growth. *Human Development*, v. 38, p. 338-348, 1995.

PASCUAL-LEONE, J.; JOHNSON, J. A dialectical constructivist view of representation: role of mental attention, executives, and symbols. In: SIGEL, I. E. (Ed.). *Development of mental representation*: theories and applications. Mahwah: Erlbaum, 1999. p. 169-200.

PIAGET, J. Genetic logic and sociology. In: PIAGET, J. *Sociological studies*. London: Routledge, 1995. p. 184-214.

RIEGEL, K. *Foundations of dialectical psychology*. New York: Academic, 1979.

RIEGEL, K. *Psychology mon amour*: a countertext. Boston: Houghton-Mifflin, 1978.

RIEGEL, K. Toward a dialectical theory of development. *Human Development*, v. 18, p. 50-64, 1975.

ROSENKRANZ, K. The science of logic. *Journal of Speculative Philosophy*, v. 6, p. 97-120, 1872.

RYCHLAK, J. F. (Ed.). A teleological critique of modern cognitivism. *Theory & Psychology*, v. 5, n. 4, p. 511-531, 1995.

RYCHLAK, J. F. (Ed.). *Dialectic*: humanistic rationale for behaviour development. Basel: Karger, 1976.

SALVATORE, S.; STROUT-YAGODZINSKY, S. Y.; CLEGG, J. (Ed.). *YIS*: Yearbook of Idiographic Science 2008. Paris: Fireira, 2009. v. 1.

SALVATORE, S.; VALSINER, J. Between the general and the unique: overcoming the nomothetic versus idiographic opposition. *Theory & Psychology*, v. 20, n. 6, p. 817-833, 2010.

SAWYER, R. K. *Entrevista*. [S.l.: s.n.], 2002. Comunicação pessoal.

SCRIBNER, S. Thinking in action. In: STERNBERG, R.; WAGNER, R. (Ed.). *Practical intelligence*. New York: Cambridge University, 1985. p. 13-10.

SMITH, B. A Dialectical social psychology? *Personality and Social Psychology Bulletin*, v. 3, p. 719-724, 1977.

TOOMELA, A.; VALSINER, J. (Ed.). *Methodological thinking in psychology*: 60 years gone astray? Charlotte: Information Age, 2010.

VALSINER, J. Between groups and individuals: psychologists' and laypersons' interpretations of correlational findings. In: VALSINER, J. (Ed.). *The individual subject and scientific psychology*. New York: Plenum, 1986. p. 113-152.

VALSINER, J. *Culture in minds and societies*. New Delhi:, Sage, 2007.

VALSINER, J. Forms of dialogical relations and semiotic autoregulation within the self. *Theory & Psychology*, v. 12, n. 2, p. 251-265, 2002.

VALSINER, J. Transformations and flexible forms: where qualitative psychology begins. *Qualitative Research in Psychology*, v. 4, n. 4, p. 39-57, 2005.

VALSINER, J.; SATO, T. Historically Structured Sampling (HSS): how can psychology's methodology become tuned in to the reality of the historical nature of cultural psychology? In: STRAUB, J. et al. (Ed.). *Pursuit of meaning*. Bielefeld: Transcript, 2006. p. 215-251.

VERHOFSTADT-DENÈVE, L. Existential-dialectic psychodrama: the theory behind practice. In: BAIM, C.; BURMEISTER, J.; MACIEL, M. (Ed.). *Psychodrama*: advances in theory and practice. NewYork: Brunner, 2007. p. 111-126.
VERHOFSTADT-DENÈVE, L. The psychodramatic social atom method: dialogical self in dialectical action. *Journal of Constructivist Psychology*, v. 16, p. 183-212, 2003.
VERHOFSTADT-DENÈVE, L. *Theory and practice of action and drama techniques*. London: Jessica Kingsley, 2000.
VIGOTSKY, L. S. El significado histórico de la crisis de la Psicología. In: VIGOTSKY, L. S. *Obras escogidas*. Madrid: Visor, 1982. v. 1.
VIGOTSKY, L. S. *Psikhologia iskusstva*. Moscú: Pedagogika, 1987.
VIGOTSKY, L. S. *Thought and language*. 2nd ed. Cambridge: MIT, 1986.
VON GRUNEBAUM, G. E. Byzantine iconoclasm and the influence of the Islamic environment. *History of Religions*, v. 2, n. 1, p. 1-10, 1962.
WERNER, C. M.; ALTMAN, I. A dialectical/transactional framework of social relations: children in secondary territories. In: GÖRLITZ, D. et al. (Ed.). *Children, cities, and psychological theories*. Berlín: Walter de Gruyter, 1998. p. 123-154.

Leituras recomendadas

AUBUSSON, P. J.; HARRISON A. G.; RITCHIE S. M. (Ed.). *Metaphor and analogy in science education*. Dordrecht: Springer, 2006.
BALDWIN, D. A.; MARKMAN, E. M.; MELARTIN, R. L. 'Infants' ability to draw inferences about non obvious object properties: evidence from exploratory play. *Child Development*, v. 64, p. 711-728, 1993.
BARNETT, S. M.; CECI, S. J. When and where do we apply what we learn? A taxonomy for far transfer. *Journal of Experimental Psychology: General*, v. 128, p. 612-637, 2002.
CAREY, S. *Conceptual change in childhood*. Cambridge: MIT, 1985.
CHEN, Z.; MO, L.; HONOMICHL, R. Having the memory of an elephant: longterm retrieval and use of analogues in problem solving. *Journal of Experimental Psychology: General*, v. 133, p. 415-433, 2004.
CHILDERS, J. B. Attention to multiple events helps two-and-a-half-years-olds extend new verbs. *First Language*, v. 31, n. 1, p. 3-22, 2011.
CHRISTIE, S.; GENTNER, D. Where hypotheses come from: learning new relations by structural alignment. *Journal of Cognition and Development*, v. 11, p. 356-373, 2010.
CLEMENT, J. Using bridging analogies and anchoring intuitions to deal with students' preconceptions in physics. *Journal of Research in Science Teaching*, v. 30, p. 1241-1257, 1993.
DE LA FUENTE, J.; MINERVINO, R. A. Pensamiento analógico. In: CARRETERO, M.; ASENSIO, M. (Coord.). *Psicologia del pensamiento*. Madri: Alianza, 2008. p. 193-214.
FICHTE, J. G. *Grundlage der gesammten Wissenschaftslehre*. Leipzig: Christian Ernst Gabler, 1794.
GELMAN, S. A. The development of induction within natural kind and artifact categories. *Cognitive Psychology*, v. 20, p. 65-95, 1988.
GENTNER, D. Bootstrapping children's learning: analogical processes and symbol systems. *Cognitive Science*, v. 34, p. 752-775, 2010.
GENTNER, D. Reviving inert knowledge: analogical abstraction supports relational retrieval of past events. *Cognitive Science*, v. 3, p. 1343-1382, 2009.

GENTNER, D. Structure-mapping: a theoretical framework for analogy. *Cognitive Science: a Multidisciplinary Journal*, v. 7, p. 155-170, 1983.

GENTNER, D. The development of relational category knowledge. In: GERSHKOFF-STOWE, L.; RAKISON, D. H. (Ed.). *Building object categories in developmental time*. Hillsdale: Erlbaum, 2005. p. 245-275.

GENTNER, D. The mechanisms of analogical learning. In: VOSNIADOU, S.; ORTONY, A. (Ed.). *Similarity and analogical reasoning*. Cambridge: Cambridge University, 1989. p. 199-241.

GENTNER, D.; KURTZ, K. Relational categories. In: AHN, W. K. et al. (Ed.). *Categorization inside and outside the lab*. Washington: APA, 2005. p. 151-175.

GENTNER, D.; NAMY, L. L. The role of comparison in children's early word learning. In: HALL, D. G.; WAXMAN, S. R. (Ed.). *Weaving a lexicon*. Cambridge: MIT, 2004. p. 533-568.

GENTNER, D.; RATTERMANN, M. J. Language and the career of similarity. In: GELMAN, S. A.; BYRNES, J. P. (Ed.). *Perspectives on thought and language*: interrelations in development. Londres: Cambridge University, 1991. p. 225-277.

GENTNER, D.; TOUPIN, C. Systematicity and surface similarity in the development of analogy. *Cognitive Science*, v. 10, p. 277-300, 1986.

GLYNN, S. M. Methods and strategies: the teaching-with-analogies model. *Science and Children*, v. 44, p. 52-55, 2007.

GOLDSTONE, R. L.; SON, J. Y. The transfer of scientific principles using concrete and idealized simulations. *The Journal of the Learning Sciences*, v. 14, p. 69-110, 2005.

GOLDSTONE, R. L.; WILENSKY, U. Promoting transfer by grounding complex systems principles. *Journal of the Learning Sciences*, v. 17, p. 465-516, 2008.

GOSWAMI, U. Analogical reasoning and cognitive development. In: REESE, H. W. (Ed.). *Advances in child development and behavior*. San Diego: Academic, 1996. p. 91-138. v. 26.

GOSWAMI, U.; BROWN, A. L. Melting chocolate and melting snowmen: analogical reasoning and causal relations. *Cognition*, v. 35, p. 69-95, 1989.

GOSWAMI, U.; PAUEN, S. The effects of a family analogy on class inclusion reasoning by young children. *Swiss Journal of Psychology*, v. 64, p. 11-124, 2005.

HALFORD, G. S. *Children's understanding*: the development of mental models. Hillsdale: Erlbaum, 1993.

HALFORD, G. S.; WILSON, W. H.; PHILLIPS, W. Processing capacity defined by relational complexity: Implications for comparative, developmental and cognitive psychology. *Behavioral and Brain Sciences*, v. 21, p. 803-831, 1999.

HARRISON, A. G.; COLL, R. K. *Using analogies in middle and secondary science classrooms*. Thousand Oaks: Corwin, 2008.

HAYES, B.; KAHN, T. Children's sensitivity to sample size in inductive reasoning. In: BIENNIAL CONFERENCE OF THE AUSTRALASIAN HUMAN DEVELOPMENT ASSOCIATION, 14., 2005, Perth. *Proceedings*... Perth: [s.n.], 2005.

HAYES, B.; THOMPSON, S. P. Causal relations and feature similarity in children's inductive reasoning. *Journal of Experimental Psychology: General*, v. 136, n. 3, p. 470-484, 2007.

HEIT, E.; HAHN, U.; FEENEY, A. Defending diversity. In: AHN, W. et al. (Ed.). *Categorization inside and outside the lab*: festschrift in honor of Douglas L. Medin. Washington: APA, 2005. p. 87-99.

HOLYOAK K. J.; THAGARD P. *Mental leaps*: analogy in creative thought. Cambridge: Bradford Book, 1995.

HOLYOAK, K. J.; JUNN, E. N.; BILLMAN, D. O. Development of analogical problem-solving skill. *Child Development*, v. 55, p. 2042-2055, 1984.
HOLYOAK, K. J.; LEE, H. S.; LU, H. Analogical and category-based inference: a theoretical integration with Bayesian causal models. *Journal of Experimental Psychology: General*, v. 139, p. 702-727, 2010.
INHELDER, B.; PIAGET, J. *De la logica del nino a la logica del adolescente*. Barcelona: Paidos, 1985.
JEE, B. D. et al. Analogical thinking in geoscience education. *Journal of Geoscience Education*, v. 58, p. 2-13, 2010.
JOHNSON-LAIRD, P. Analogy and the exercise of creativity. In: VOSNIADOU, S.; ORTONY, A. (Ed.). *Similarity and analogical reasoning*. Cambridge: Cambridge University, 1989. p. 313-331.
KOTOVSKY, L.; GENTNER, D. Comparison and categorization in the development of relational similarity. *Child Development*, v. 67, p. 2797-2822, 1996.
KURTZ, K. J.; MIAO, C.; GENTNER, D. Learning by analogical bootstrapping. *Journal of the Learning Sciences*, v. 10, p. 417-446, 2001.
LOEWENSTEIN, J. How one's hook is baited matters for catching an analogy. In: ROSS, B. (Ed.). *Psychology of learning and motivation*. San Diego: Academic Press, 2010. v. 53.
LOEWENSTEIN, J.; GENTNER, D. Spatial mapping in preschoolers: close comparisons facilitate far mappings. *Journal of Cognition and Development*, v. 2, p. 189-219, 2001.
LOPEZ, A. et al. The development of category based induction. *Child Development*, v. 63, p. 1070-1090, 1992.
LOPEZ, A. et al. The tree of life: Universal and cultural features of folkbiological taxonomies and inductions. *Cognitive Psychology*, v. 32, p. 251-295, 1997.
MATLEN, B. et al. Enhancing the comprehension of science text through visual analogies. In: ANNUAL CONFERENCE OF THE COGNITIVE SCIENCE SOCIETY, 33., 2011, Austin. *Proceedings*.... Austin: Cognitive Science Society, 2011. p. 2910-2915.
MEDIN, D. L. et al. A relevance theory of induction. *Psychonomic Bulletin and Review*, v. 10, p. 517-532, 2003.
MINERVINO, R. A.; OBERHOLZER, N. Falsa memoria de inferencias analógicas y cambio representacional. *Anuario de Psicologia*, v. 38, p. 129-146, 2007.
MURPHY, G. L. *The big book of concepts*. Cambridge: MIT, 2002.
OSHERSON, D. N. et al. Categorybased induction. *Psychological Review*, v. 97, p. 185-200, 1990.
PIAGET, J.; MONTANGERO, J.; BILLETER, J. La formacion de los correlatos. In: PIAGET, J. *Investigaciones sobre la abstraccion reflexionante*. Buenos Aires: Huemul, 1980. v. 1. p. 93-104.
PORTER, T. M. *The trust in numbers*: the pursuit of objectivity in science and public life. Princeton: Princeton University, 1995.
RATTERMANN, M. J.; GENTNER, D. More evidence for a relational shift in the development of analogy: children's performance on a causal-mapping task. *Cognitive Development*, v. 13, p. 453-478, 1998.
RHODES, M.; BRICKMAN, D. The role of within-categoty variability in category-based induction: a developmental study. *Cognitive Science*, v. 34, n. 8, p. 1561-1573, 2010.
RHODES, M.; GELMAN, S. A.; BRICKMAN, D. Developmental changes in the consideration of sample diversity in inductive reasoning. *Journal of Cognition and Development*, v. 9, p. 112-143, 2008.

RICHLAND, L. E.; MORRISON, R. G.; HOLYOAK, K. J. Children's development of analogical reasoning: Insights from scene analogy problems. *Journal of Experimental Child Psychology*, v. 94, p. 249-273, 2006.

RIPS, L. J. Inductive judgments about natural categories. *Journal of Verbal Learning and Verbal Behavior*, v. 14, p. 665-681, 1975.

ROSS, B. H. Distinguishing types of superficial similarities: different effects on the access and use of earlier problems. *Journal of Experimental Psychology: Learning, Memory and Cognition*, v. 15, p. 456-468, 1989.

ROSS, B. H. This is like that: The use of earlier problems and the separation of similarity effects. *Journal of Experimental Psychology: Learning, Memory, and Cognition*, v. 13, p. 629-639, 1987.

SHAFTO, P.; COLEY, J. D. Development of categorization and reasoning in the natural world: Novices to experts, naive similarity to ecological knowledge. *Journal of Experimental Psychology: Learning, Memory, and Cognition*, v. 29, p. 641-649, 2003.

SHAFTO, P.; COLEY, J. D.; BALDWIN, D. Effects of time pressure on context-sensitive property induction. *Psychonomic Bulletin and Review*, v. 14, p. 890-894, 2007.

SHIPLEY, E. F.; SHEPPERSON, B. Test sample selection by preschool children: Honoring diversity. *Memory and Cognition*, v. 34, p. 1444-1451, 2006.

SLOMAN, S. A.; LAGNADO, D. A. The problem of induction. In: HOLYOAK, K.; MORRISON, R. (Ed.). *Cambridge handbook of thinking and reasoning*. Nova York: Cambridge University, 2005. p. 95-116.

STERNBERG, R. J.; NIGRO, G. Developmental patterns in the solution of verbal analogies. *Child Development*, v. 51, n. 1, p. 27-38, 1980.

THIBAUT, J. P.; FRENCH, R.; VEZNEVA, M. The development of analogy making in children: cognitive load and executive functions. *Journal of Experimental Child Psychology*, v. 106, p. 1-19, 2010.

TRENCH, M.; OLGUIN, V.; MINERVINO, R. A. Mammoth cloning reminds us of "Jurassic Park" but storm replication does not: Naturalistic settings do not aid the retrieval of distant analogs. In: ANNUAL CONFERENCE OF THE COGNITIVE SCIENCE SOCIETY, 33., 2011, Austin. *Proceedings*.... Austin: Cognitive Science Society, 2011. p. 2649-2654.

VIGOTSKY, L. S. *Pensamiento y habla*. Buenos Aires: Colihue, 2007.

VOSNIADOU, S.; SKOPELITI, I.; GERARKAKIS, S. L. Understanding the role of analogies in restructuring processes. In: SCHWERING, A. et al. (Ed.). *Analogies*: integrating multiple cognitive abilities. Osnabruck: Institute of Cognitive Science, 2007. p. 9-43.

WELDER, A. N.; GRAHAM, S. A. The influence of shape similarity and shared labels on infant's inductive inferences about nonobvious object properties. *Child Development*, v. 72, p. 1653-1673, 2001.

PARTE II

Os inícios do conhecimento

6
Desenvolvimento do conhecimento da realidade do bebê

Ileana Enesco

O ESTUDO DO BEBÊ

Nós, os adultos, temos expectativas muito concretas sobre o mundo: esperamos que uma moeda atirada ao ar termine caindo, que as chaves que acabamos de guardar em uma gaveta continuem aí; sabemos que as pessoas ou os animais podem se mover de um lugar ao outro de maneira autônoma e imprevisível, enquanto um objeto que lançamos sobre uma superfície seguirá uma trajetória retilínea e previsível; sabemos que nem as pessoas nem os objetos atravessam muros e esperamos que as mãos que alcançam um livro estejam *conectadas* a um corpo... Tão fortes são nossas expectativas sobre como as coisas funcionam e sobre como as pessoas se comportam que qualquer transgressão a algum desses princípios nos provocaria verdadeira surpresa, se não medo: uma moeda que fica suspensa no ar, objetos que desaparecem ou que se multiplicam, um caminhão que realiza trajetórias estranhas ou que nos segue até em casa, pessoas que atravessam portas sem as abrir ou mãos que existem sem um corpo. Esses exemplos remetem a dois tipos de conceitos fundamentais: por um lado, aqueles que permitem categorizar os *objetos* (p. ex., seres animados *versus* inanimados) e, por outro lado, aqueles que permitem estabelecer nexos entre acontecimentos (causalidade) ou entre intenções e conduta, representar as experiências e os objetos em um tempo e espaço comum (permanência do objeto) e estimar a frequência de acontecimentos ou objetos (número). Dificilmente poderíamos imaginar um mundo alheio a eles e menos ainda sobreviver nele.

Passando agora ao bebê: suas expectativas sobre o mundo são semelhantes às do adulto? Desde quando ele conhece as propriedades que distinguem seres animados (pessoas, animais) de seres inanimados (objetos)? Neste capítulo abordaremos estes e outros aspectos do desenvolvimento do conhecimento do bebê, anteriores ao surgimento da função semiótica.

COMO O BEBÊ CONHECE A REALIDADE? DIFERENTES TEORIAS, DIFERENTES RESPOSTAS

Uma das grandes diferenças entre os teóricos do desenvolvimento reside precisamente em sua perspectiva sobre o *desenvolvimento*. Alguns o concebem como um processo evolutivo no qual as transformações mais importantes são produzidas durante a ontogênese (a vida do indivíduo) enquanto outros o consideram um processo de enriquecimento a partir de um substrato filogenético (p. ex., as capacidades selecionadas ao longo da história da espécie). Entre os dois extremos existem posições intermédias que tentam integrar aspectos de ambas as perspectivas, a evolutiva-ontogenética e a evolucionista-filogenética. Mas qualquer que seja a abordagem teórica escolhida todos consideram que o estudo do bebê é uma oportunidade única para tentar desvendar os segredos da origem do conhecimento: Qual é o estado inicial do bebê e como ele experimenta o mundo? Como ele chega a conhecer a realidade? Comecemos esboçando as respostas que diferentes teorias têm oferecido desde os princípios do século XX até os dias de hoje.

A perspectiva behaviorista

O behaviorismo ou condutismo clássico se nutre de uma longa tradição empirista baseada na metáfora da *tábula rasa*: nada foi escrito *a priori* nela, ou seja, o bebê nasce sem conhecimento e sem "instruções" sobre o mundo. Por isso, ele começa experimentando a realidade como um enorme e confuso zumbido, como dizia William James, conflituado por sensações caóticas que provêm tanto do exterior como do seu interior, e é incapaz de controlar qualquer coisa por si mesmo. Como chega então a conhecer a realidade? Pois bem, a partir de sua experiência sensorial e mediante mecanismos gerais de aprendizagem, como a associação, a repetição e o condicionamento – a única capacidade que o behaviorismo atribui ao neonato, junto a suas estruturas nervosas e sensoriais – o bebê vai aprendendo as contingências de sua conduta e as propriedades ou *estruturas* do mundo. Esses mecanismos servem para aprender qualquer coisa ao longo da vida: a linguagem, os conhecimentos, as atitudes ou habilidades de todo tipo, e neste sentido se diz que são de *domínio geral*. Hoje ninguém nega que tais mecanismos sustentam aprendizagens básicas, mas muitos autores os consideram insuficientes para explicar o conhecimento humano (GELMAN; KALISH, 2006). Que tipo de experiência pode fazer com que desenvolvamos conceitos, ao mesmo tempo básicos e abstratos, como os de espaço, tempo, causalidade ou número? Como chegamos a estabelecer relações causa-efeito a partir da mera contiguidade de acontecimentos? De onde vem nosso conceito de número, se nada na natureza nem na experiência sensível o contém?

A perspectiva construtivista

As respostas que Piaget deu a estes tipos de perguntas foram muito diferentes das do behaviorismo (veja o Capítulo 1 deste livro). Piaget sustentava que a percepção por si própria não pode explicar a origem do conhecimento, já que a informação que os sentidos proporcionam costuma ser fragmentada e enganosa: se o mundo faz sentido para nós é porque interpretamos essa informação, porque nossa *mente* impõe uma ordem. Como o bebê chega a ter uma mente? Como outros autores da época, Piaget supunha que o bebê é uma criatura essencialmente perceptiva e motora, mas não conceitual. A princípio, seu mundo carece de ordem, não há objetos, pessoas, nem nenhuma entidade estável, por que dispõe de mecanismos gerais de origem biológica (assimilação, acomodação e equilibração) e de uma motivação intrínseca para a ação. É esta última, e não a mera percepção, que permite ao bebê encontrar regularidades, gerar expectativas sobre como é o mundo e dar sentido a suas experiências. Assim, se o bebê tenta, sem sucesso, mover um boneco pendurado no alto de seu berço sacudindo sua cabeça, terminará descartando essa ação. Se em um de seus movimentos fortuitos consegue sacudi-lo com a mão, tenderá a repetir essa conduta e outras análogas, e essas experiências o levarão a compreender a relação entre certas ações e certos resultados. Esse tipo de transformação não pode ser explicado somente por mecanismos de condicionamento, mesmo que tenha muito em comum com as condutas operantes, visto que a própria identificação e a aprendizagem de regularidades requerem alguma forma de organização subjacente. O conceito de esquema, crucial à teoria piagetiana, pode ser entendido como esse organizador interno da experiência.

Assim como para os behavioristas, os mecanismos de mudança propostos por Piaget são de domínio geral, mas, ao contrário deles, sustentam que o conhecimento evolui em etapas de complexidade crescente, cada uma das quais surge por reorganização das estruturas cognitivas prévias e representa formas de interação com a realidade qualitativamente diferentes. As noções básicas que dão sentido à nossa experiência, como as de espaço, tempo ou causalidade, surgem após uma trabalhosa construção que ocupa os primeiros 2 anos de vida (PIAGET, 1936, 1937, 1945), Não são inatas nem se adquirem por mera experiência perceptiva, mas exigem da atividade da criança e de sua intenção com os demais. A mente do bebê é, em suma, um produto do seu desenvolvimento, não um ponto de partida.

Entre as críticas que foram feitas à teoria de Piaget no final dos anos de 1970, duas foram especialmente influentes na mudança da perspectiva sobre o bebê. De um lado, se indicou que os mecanismos gerais de adaptação e de equilibração eram muito vagos para explicar como se produzem as mudanças no conhecimento que dão lugar às formas de pensamento qualitativamente diferentes (veja o Capítulo 1 deste livro). E, por outro lado, os avanços na pesquisa com bebês revelaram que Piaget e outros autores de sua época haviam subestimado as capacidades do recém-nascido.

Perspectivas modulares ou de domínio

Até o fim da década de 1980 haviam sido reunidas numerosas provas sobre as capacidades sensoriais, motoras e de aprendizagem do neonato, inclusive na vida intrauterina (JAMES, 2010). O terreno estava preparado para o surgimento de uma profunda transformação – relativa às teorias da primeira metade do século XX – na forma de conceber a origem do conhecimento: o bebê, em vez de estar submetido à impressões sensoriais caóticas, nasce equipado com uma *mente* rudimentar que lhe permite interpretar diferentes tipos de acontecimentos porque *contém* um repertório de representações sobre o mundo físico e social (CAREY; SPELKE, 1994). Um argumento central dessa linha de pensamento é que o entorno oferece pouca ajuda ao aprendiz, pois os estímulos são habitualmente pobres ou incompletos; portanto, se chegamos a conhecer o mundo do modo em que nós os humanos vivemos, é porque nascemos com capacidade para fazê-lo.

Além das diferenças que existem entre as diversas correntes das abordagens modulares e de domínio (Enesco; Delval, 2006; Wellman; Gelman, 1992) a ideia dominante é a de que a mente não é um mecanismo de propósito geral, mas um conjunto de repertórios ou módulos especializados para tratar diferentes conteúdos de conhecimento: linguagem, espaço, número, pessoas, objetos, rostos, etc. Graças ao fato de o bebê nascer com esses conhecimentos nucleares, pode interpretar a ruidosa experiência sensorial e *raciocinar* sobre cada domínio. Sob essa perspectiva, a aprendizagem essencialmente consiste em um enriquecimento ao redor de um núcleo de conhecimentos básicos para cada domínio (Carey; Spelke, 1994), cuja origem está na própria evolução filogenética[1].

A perspectiva conexionista

Nos últimos anos tem crescido a influência de abordagens que propõem uma explicação muito diferente das capacidades precoces do bebê e que regressam de certo modo a uma perspectiva construtivista do desenvolvimento (Cohen; Cashon, 2006). Por um lado, assumindo que existem restrições sensório-perceptivas que dependem de nosso sistema nervoso, tentam mostrar que podemos aprender coisas muito complexas mediante mecanismos relativamente simples, de domínio geral. Além disso, essas abordagens sustentam que o entorno tem algumas regularidades notáveis maiores do que supõem os defensores da "pobreza de estímulo" (Elman et al., 1996). Essa estrutura latente do entorno, junto com a inigualável capacidade humana de aprender, faria possíveis interações muito complexas entre o bebê e seu mundo físico e social. Em suma, o bebê não sabe nada do mundo antes de ter experiências (como sustentam behavioristas e piagetianos) e aprende por meio de relações entre estímulos ou unidades perceptivas simples que vão sendo integradas hierarquicamente, a partir de um substrato que tem limitações. Esse substrato ou arquitetura (redes neuronais) não é uma *tábula rasa*, mas possui suas próprias restrições para processar os estímulos, os tipos de conexões que se estabelecem, a velocidade com que são produzidas, etc. Outro mecanismo importante de transformação é conhecido como *apren-*

dizagem estatística e que parece funcionar desde muito cedo. Refere-se à capacidade de detectar regularidades no entorno ("A costuma estar acompanhado de B"), o que permite ao bebê prever a probabilidade de que dois ou mais acontecimentos aconteçam em uma sequência. Uma importante semelhança com o construtivismo piagetiano – e com os sistemas dinâmicos que descreveremos a seguir – é que o bebê aprende, e que essa aprendizagem afeta o modo como se processam os novos estímulos e que o próprio sistema pode se reorganizar, dando lugar a propriedades novas ou *emergentes* que não estavam lá de antemão.

A perspectiva dinâmica

A abordagem mais recente na psicologia surge da aplicação dos modelos de sistemas dinâmicos ao desenvolvimento (THELEN; SMITH, 2006) e compartilha pressupostos importantes com o construtivismo piagetiano e o conexionismo atual, em especial aqueles que têm a ver com a noção de *emergentismo*. A ideia central é de que o bebê não necessita de regras, princípios ou conhecimentos *a priori* para funcionar e adquirir conhecimento. O que promove então seu desenvolvimento? Fundamentalmente, a ação. Com a mesma firmeza que Piaget, sustentam que esse é o motor da mudança: o bebê nasce com uma motivação para agir, explorar e aprender (VON HOFSTEN, 2007), porém acrescentam outra motivação de igual importância, que é a de interagir com outras pessoas: observar aos outros, imitar suas condutas e atrair sua atenção são potentes motivos que o levam a aprender novas coisas. O conceito de sistema *complexo* e *dinâmico* implica duas propriedades principais: integração e auto-organização. A primeira, que remete ao conceito de cognição incorporada (*embodied cognition*), se refere a que todos os aspectos do sistema (percepção, memória, atenção, ação, interação social, conhecimento, etc.) funcionam de maneira conjunta, de forma que qualquer mudança em um deles repercute nos demais. A segunda coloca que o bebê se auto-organiza, interagindo com seu meio físico e social, e que o conhecimento *emerge* do seu próprio funcionamento, uma propriedade que não estava contida no entorno, nas instruções dos outros nem nas instruções explícitas do organismo. Para as abordagens dinâmicas, a única constante do desenvolvimento é a transformação: não há períodos longos de estabilidade nem patamares ou etapas, mas em todo momento a ação e o conhecimento se modificam em resposta à situação presente e à experiência prévia. Neste sentido, se diferenciam do construtivismo piagetiano tanto como das abordagens do conhecimento nuclear, já que não postulam que haja etapas estáveis *a la* Piaget, regras, conhecimentos nem teorias estáveis. Outros conceitos cruciais para explicar a transformação são os de variação, seleção e novidade: a variação está na diversidade de condutas que podem ser realizadas para alcançar um mesmo objetivo, e a seleção funciona sobre aquelas que têm sido as mais eficientes. Entretanto, se não houvesse uma atração pela novidade, não seriam experimentadas condutas ainda pouco eficientes e seriam mantidas somente as que já são dominadas. Por exemplo, quando o bebê começa a andar cambaleando, frequentemente prefere exercitar essa nova conduta para alcançar um objetivo que empregue outra que já domina, como engatinhar, e que o permitiria alcançar mais rápido seu objetivo. Sem essa atração pela novidade e por praticar novas ações, ele dificilmente deixaria a fase de engatinhar.

AS PRIMEIRAS CATEGORIAS DO BEBÊ: O MUNDO ANIMADO E INANIMADO

Quando o bebê começa a diferenciar pessoas e objetos, e em que ele se baseia para fazê-lo? Sabemos que para os adultos humanos – e outros animais – o tipo de movimento se torna uma chave essencial para diferenciar o animado do inerte, e parece que também os bebês detectam rapidamente esses indícios (Rakison, 2003; Rakison; Poulin-Dubois, 2001). Vários estudos mostraram que entre os 3 e os 6 meses de vida se desenvolve uma fina sensibilidade ao movimento de humanos e animais como sendo diferente do movimento de objetos (carrinhos lançados sobre uma superfície, por exemplo). Certas chaves parecem cruciais na hora de interpretar que *algo* é um ser animado: começar a mover-se sem causa aparente, seguir uma trajetória imprevisível e o padrão dinâmico do próprio movimento. Em um conhecido estudo, Berthental (1993) encontrou que aos 6 meses os bebês são sensíveis ao movimento humano, inclusive na escuridão, ou seja, percebendo somente pontos de luz ajustados em diferentes partes do corpo de uma pessoa que se move. Em tal estudo, os bebês demonstraram uma clara preferência por olhar pontos de luz que mostram um movimento humano coordenado a olhar pontos de luz que se movem aleatoriamente. Estudos posteriores (Arterberry; Bornstein, 2001) comprovaram que bebês de apenas 3 meses, também em condições de escuridão, categorizam o movimento de animais como diferente do movimento de veículos. Ou seja, parecem captar apenas a biomecânica ou o movimento de um ser vivo.

Um aspecto muito interessante do movimento das pessoas é que em sua própria dinâmica é possível detectar se ele é ou não intencional. Um ato intencional, como querer alcançar algo, é realizado dirigindo nossa vista e corpo em direção a esse objeto, e então estender o braço e a mão para, finalmente, agarrá-lo. Um ato não intencionado começa pelo final: nossa mão tropeça *sem querer* com o objeto e somente então vemos do que se trata (BALDWIN; BAIRD, 2001). Segundo alguns autores, a sensibilidade dos bebês para diferenciar ações intencionais das não intencionais se origina em sua capacidade de detectar essas sutis diferenças na dinâmica da ação.

As pessoas: uma categoria especial

Dentro do mundo animado, as pessoas diferenciam-se apenas como um conjunto especial e diferente de qualquer outro tipo de objetos. Desde os primeiros minutos de vida, os bebês não só *preferem olhar para algo do que para nada* (FANTZ, 1961), como preferem olhar coisas tridimensionais que se movem e fazem barulho a olhar para coisas estáticas e silenciosas e, no entorno do bebê, não há estímulo mais completo nesse sentido do que as pessoas: elas se deslocam, aparecem e desaparecem, se aproximam do bebê, o tomam em seus braços e gesticulam enquanto falam com ele, têm odor e um tato especial. Suas ações, além disso, costumam acompanhar às do bebê.

Durante anos se discutiu se a preferência que os pequenos mostram pelos rostos humanos se deve ao fato de que nascemos com um módulo especializado para processá-las, um módulo que teria sido selecionado ao longo da evolução por seu valor adaptativo (COHEN; CASHON, 2006; JOHNSON; MORTON, 1991). No entanto, estudos recentes parecem indicar que essa preferência poderia ser devida a uma tendência de atenção muito primitiva: uma orientação preferencial por objetos de simetria *em cima-embaixo* mais do que *embaixo-em cima* (*top-down versus bottom-up*). Pensemos nos três pontos de um triângulo em posição convencional (um ponto em cima e dois embaixo) ou invertido (dois pontos em cima e um embaixo). Pesquisas com estímulos tão simples como estes demonstraram que os bebês preferem olhar o triângulo invertido. Em geral, uma configuração que contenha mais elementos na parte superior do que na inferior, como ocorre com a face e outros objetos de simetria *em cima-embaixo* chama mais atenção do bebê do que uma configuração com seus elementos invertidos, independentemente de que se trate de uma face ou outro estímulo. Como ressaltam Macchi Cassia, Turati e Simion (2004), esta tendência de atenção é tudo que o neonato necessita para dedicar muito mais tempo a olhar faces do que olhar outros objetos e para que, após poucos meses e com sua crescente experiência de interação com pessoas, consiga construir uma categoria do protótipo da face humana[2].

Outro aspecto fundamental na categorização de pessoas é o corpo humano. Os bebês normalmente têm mais experiência perceptiva com as faces, bustos e mãos das pessoas do que com seus corpos completos. Antes de poder se deslocar de maneira autônoma, é difícil que desde o berço percebam os corpos em suas totalidades. Quando *sabem* que suas diferentes partes estão relacionadas e compreendem, por exemplo, que as mãos estão conectadas a um corpo? Alguns estudos indicam que, antes dos 6 meses, não parecem ter tal conhecimento. Não se surpreendem ao ver mãos nas extremidades de uma tela e, ao retirá-la, veem somente as mãos e não uma pessoa completa. Entre os 6 e os 9 meses desenvolvem a expectativa de que as mãos estão conectadas em uma pessoa (SLAUGHTER; HERON-DELANEY, 2011) e até os 9 meses compreendem que as diferentes partes do corpo formam uma totalidade. Os autores sugerem que essa compreensão tem implicações diretas na atribuição de objetivos a ações realizadas com a mão, como as de alcançar-agarrar (SOBEL; SOMMERVILLE, 2009). De fato, é entre os 7 e 10 meses quando os bebês atribuem uma *agência causal* para mover elementos às mãos, mas não aos objetos inanimados. E se trata-se de um robô? Segundo estudos recentes, a partir dos 9 meses os bebês interpretam o movimento de um robô como se estivesse dirigido a um objetivo *somente se* antes tenham visto uma pessoa o colocar em funcionamento (dar corda, por exemplo), o que sugere que atribuem a causa última às pessoas.

Em suma, pelo menos desde os 6 meses os bebês já são sensíveis às diferenças básicas entre seres animados e inanimados. Portanto, mesmo que essa distinção seja o fundamento da compreensão da causalidade e da intencionalidade, levará ainda um bom tempo até que compreendam relações entre acontecimentos e cadeias causais complexas (COHEN; CASHON, 2006) e até que entendam o propósito das ações alheias. Antes dos 6 meses, parece não haver compreensão de intenções, mas, a partir dessa idade, os bebês começam a entender condutas propositivas simples e visíveis, como dirigir a mão até um objeto para alcançá-lo, e por volta dos 12 meses atribuem objetivos aos seres animados e distinguem uma ação intencional de uma acidental. Eles imitam condutas significativas, por exemplo, quando dão de beber a um bichinho de pelúcia, mas não generalizam essas ações com um veículo ou com uma pedra, apesar de serem todos objetos inertes. Usam a expressão emocional do adulto para decidirem se aproximar ou não de um brinquedo novo ou de uma pessoa estranha (Saarni et al., 2006) e, por volta dos 15 meses, começam a entender que as pessoas diferem quanto às suas preferências: uma pode gostar de um brinquedo e a outra não, ou uma prefere biscoitos enquanto a outra prefere verdura. Compreender que essas preferências são a motivação da conduta e as guiam em uma direção determinada é um passo posterior que, com a aquisição da linguagem, dará lugar a uma compreensão do mundo social muito mais ampla e integrada. Os rudimentos da distinção animado/inanimado são também a base para que o bebê desenvolva outras noções essenciais, como as que trataremos na seção a seguir.

O CONHECIMENTO DO OBJETO

De todos os aspectos do desenvolvimento sensório-motor que Piaget (1936, 1937) estudou, a noção de objeto é a que mais interesse despertou e continua sendo um tema-chave na discussão da formação do conhecimento. Dado que sua teoria é suficientemente conhecida e existem numerosas revisões e sinopses do período sensório-motor (Delval, 1994; Enesco; Lago; Rodríguez, 2003; Flavell; Miller; Miller, 1993; García Madruga; Delval, 2010), remetemos o leitor a esses trabalhos.

Por que tanto interesse pela noção de objeto? Talvez porque parece pouco intuitivo que algo tão básico demore mais de 18 meses para terminar de ser construído, como sustentava Piaget, e, por isso, inúmeros autores têm apresentado alternativas à sua interpretação: não seria possível que os bebês sabem, desde cedo, que os objetos existem mesmo não os vendo e que o problema seja que não sabem como buscá-los? Se assim fosse, a dificuldade do bebê não seria conceitual (*fora da vista, fora da mente*), mas de conduta motora, e isto poderia ser comprovado apresentando ao bebê situações que não requeiram uma ação manual[3]. Segundo alguns autores, substituindo a busca manual pela conduta visual do bebê, prescindiríamos dessa limitação sem desvirtuar a natureza do problema.

Essa conjectura tem guiado uma enorme quantidade de pesquisas para pôr em prova duas hipóteses gerais: 1) os bebês pequenos têm uma representação do objeto como uma entidade *permanente no espaço e no tempo* e 2) conhecem algumas das propriedades físicas que definem sua *individualidade* (aquelas características que nos permitem delimitar um objeto de outro e estimar quantos estamos vendo) e conhecem sua identidade (o que nos permite reconhecer um objeto particular e distingui-lo de outro). Esses objetos geram perguntas que talvez o leitor nunca tenha se feito por mais simples que sejam: Como o bebê sabe que um objeto que se move de A para B é *o mesmo* em todo o seu percurso? Ou então: Se um objeto se mantém sempre visível, ele o percebe como uma entidade tridimensional que se move como um todo e que é diferente de outros objetos circundantes? Surpreende-os que uma coisa em movimento mude de tamanho, forma ou cor? (COHEN; CASHON, 2006). Nós, os adultos, compreendemos a identidade e a individualidade dos objetos porque temos princípios básicos como, por exemplo, o de que *dois objetos* não podem ocupar ao mesmo tempo *o mesmo lugar no espaço, um objeto não pode estar ao mesmo tempo em dois lugares diferentes e os objetos se deslocam seguindo trajetórias conectadas no tempo e no espaço*, ou seja, não se transpõem de um lugar ao outro sem haver passado por pontos intermédios (XU, 2003). Será que os bebês têm esses princípios?

Identidade e individualidade dos objetos

Os estudos de Bower (1979)[4] foram os primeiros dirigidos a provar que o bebê tem um conhecimento de mundo dos objetos muito maior do que afirma Piaget. Bower observou que a conduta visual dos bebês perante diferentes tipos de acontecimentos: objetos que se escondem atrás de telas ou dentro de recipientes e que desaparecem ou são substituídos por outros; objetos que se deslocam e mudam de velocidade ou de trajetória, que se cruzam ou são colocados um em cima do outro, etc. Analisando a duração do olhar dos bebês perante esse tipo de eventos, Bower observou diferenças importantes entre os com menos e os com mais de 5 meses. Segundo Bower, por volta dessa idade é produzida uma mudança tão substancial na compreensão do objeto que pode falar-se de uma *fronteira cognitiva* quanto aos princípios que guiam essa compreensão. Quanto à permanência, Bower constatou que, desde os 3 meses, os bebês esperam que um objeto que acaba de desaparecer *continue existindo* (olham mais tempo quando não reaparece do que quando aparece) e a única limitação que têm é de memória: se o intervalo de tempo que permanece oculto excede certo limite, o bebê se esquece dele. No entanto, quanto à individualidade e à identidade dos objetos, descobriu que os bebês pequenos parecem aplicar princípios muito diferentes aos dos adultos. Por exemplo, não estranham quando um objeto se transforma em outro ao passar por trás de uma tela (veja a Figura 6.1, esquerda) e, ao contrário, agem como se um objeto perdesse sua identidade quando sobreposto a outro (uma caixa colocada em cima de uma plataforma deixaria de ser uma caixa) ou quando modifica sua trajetória ou sua velocidade (um trem de brinquedo que começa a se mover seriam dois objetos diferentes: o trem em repouso e o trem em movimento).

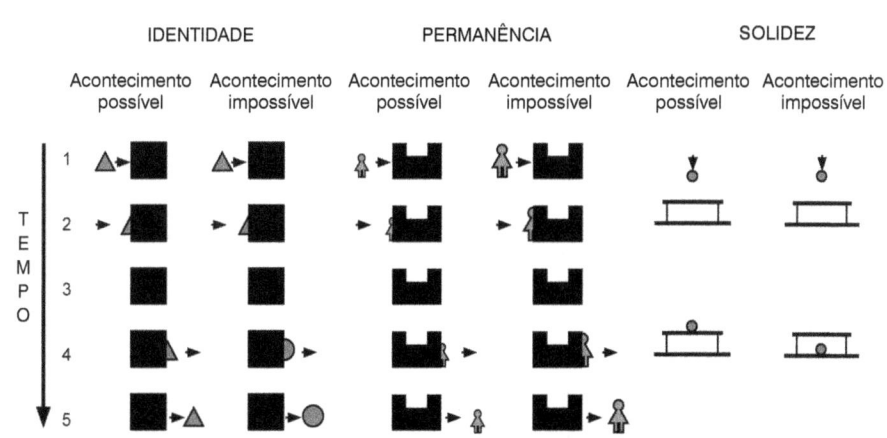

Figura 6.1 Ilustração esquemática de tarefas de identidade, permanência e solidez dos objetos, no paradigma de violação de expectativas.
Fonte: Adaptada de Baillargeon e De Vos (1991) e Spelke et al. (1992).

Por mais surpreendentes que pareçam essas descobertas, pesquisas posteriores confirmaram que a compreensão da identidade do objeto segue um curso evolutivo lento e gradual. Tem-se visto que bebês de até 12 meses de idade observam como se não os surpreendessem que uma bola se transforma em um pato de brinquedo ao passar por trás de uma tela (Xu; Carey, 1996), e a partir desta idade se surpreendem ou sorriem perante um acontecimento tão curioso. Esses descobrimentos têm levado a pensar que os bebês começam formando um esquema não particularizado de objeto, algo assim como *há um objeto* antes de considerar sua identidade, ou seja, de qual objeto se trata exatamente. Outros estudos (SIMON; HESPOS; ROCHAT, 1995) confirmaram que os bebês não se surpreendem quando muda a identidade de um boneco (p. ex., esconde-se um "Mickey" e reaparece uma "Minnie"), mas se surpreendem se aparecem dois "Mickeys" no lugar de um (para uma revisão do conhecimento numérico em bebês, veja RODRÍGUEZ; LAGO; JIMÉNEZ, 2003).

A permanência do objeto e as propriedades do mundo físico

A partir da década de 1980, são incorporadas em massa as técnicas de habituação e o paradigma experimental de *violação de expectativas* ao estudo do conhecimento do bebê. De forma geral, esse procedimento consiste em apresentar ao bebê situações manipuladas que transgridem alguma lei física, a fim de ver sua reação. Supõe-se que, se o bebê tem alguns princípios sobre o mundo, se surpreenderá frente a qualquer acontecimento que viole algum deles e expressará seu estranhamento olhando mais tempo para um evento fisicamente impossível do que para um possível.

Em uma série de engenhosos experimentos, Baillargeon e seus colegas estudaram a permanência e outros aspectos do conhecimento físico do bebê. Em um deles (BAILLARGEON; DE VOS, 1991), mostraram para bebês de 3 e 6 meses diferentes acontecimentos nos quais um boneco se move atrás de uma tela com uma abertura em sua parte superior e sai pelo outro extremo, mas sem que se veja sua cabeça ao passar atrás da abertura (veja a Figura 6.1, centro). Os bebês olharam mais tempo esse acontecimento impossível do que um parecido, porém possível (um boneco de estatura baixa cuja cabeça não seria vista ao passar atrás da abertura) e interpretaram essas descobertas como prova de que os bebês: a) sabem que os bonecos continuam existindo mesmo que não os vejam; b) sabem, além disso, que cada boneco conserva suas dimensões; e c) podem inferir sua trajetória atrás da tela. Em outro conhecido estudo, Baillargeon, Spelke e Wasserman (1985) apresentaram para bebês de 5 meses uma tela que girava como uma ponte levadiça e um objeto sólido situado visivelmente na trajetória da tela. Em uma condição os bebês viam a tela girar 112° (um acontecimento possível, porque o objeto impede que a tela continue girando); na outra, viam a tela girar 180° (acontecimento impossível). Os bebês olharam mais essa última rotação, confirmando, segundo as autoras, que têm o conceito de permanência do objeto (a caixa continua existindo mesmo que deixem de vê-la) e que entendem certas propriedades físicas, como a resistência que oferecem os objetos ou o princípio de que dois sólidos não podem ocupar ao mesmo tempo o mesmo lugar no espaço. Outros autores (SPELKE et al., 1992) também fizeram estudos sobre a impenetrabilidade dos sólidos para provar que os bebês não necessitam aprender esses princípios básicos. Em um de seus experimentos, no qual apresentavam para bebês de 4 meses uma bola que caía sobre uma mesa ou que a atravessava visivelmente, viram que os bebês prestaram muito mais atenção a este último acontecimento (veja a Figura 6.1, direita).

Esses resultados parecem levar à conclusão de que os bebês de 4 meses têm um vasto conhecimento do mundo dos objetos: sabem que existem mesmo que não os vejam, sabem que conservam suas propriedades (tamanho, dureza, etc.) e sabem que suas trajetórias obedecem a princípios de continuidade e de não obstrução (CAREY; SPELKE, 1994). No entanto, novas pesquisas sobre esses aspectos revelaram algo diferente. Assim, Rivera, Wakeley e Langer (1999) realizaram um estudo semelhante ao da "ponte levadiça" de Baillargeon, fazendo um controle metodológico mais fino e incluindo novas condições experimentais, e descobriram que, ainda que os bebês de 5 e 6 meses olhassem mais a rotação de 180° do que a de 112°, o faziam tanto quando se colocava um objeto na trajetória da tela como quando não havia nenhum objeto impedindo a passagem. Segundo os autores, essa conduta se deve a uma tendência perceptiva comum nos bebês – focar sua atenção a movimentos amplos – e não à interpretação conceitual baseada na permanência do objeto. Em uma linha interpretativa semelhante, Borgartz, Shinskey e Speaker (1997) analisaram os resultados dos estudos de Baillargeon e de De Vos (o boneco que se torna "invisível" ao passar atrás da abertura) e propõem outra explicação. Duas tendências perceptivas comuns são: 1) olhar preferencialmente o extremo superior das figuras; e 2) olhar as zonas de maior contraste visual. Em consequência, os bebês começam olhando a cabeça de cada boneco e, à medida que este se desloca até se esconder atrás da tela, mantém seu acompanhamento visual a esta altura (continuidade da trajetória visual). Por isso é mais provável que seus olhos cheguem à zona da abertura quando estão olhando o boneco alto do que quando estão olhando o boneco baixo. Se for assim, o olhar se manterá mais quando se trata de uma zona de maior contraste visual do que na parte inferior da tela. Quanto ao experimento de Spelke (1992) (a bola que *atravessa* a mesa), se observarmos a Figura 6.1 vemos que na situação impossível a bola está rodeada de quatro lados que formam um contorno, enquanto na situação possível só há um contorno: a mesa sobre a qual se apoia. Visto que os bebês olham preferencialmente estímulos com certas propriedades de contraste, luz, contorno e forma, não deve ser descartado que a maior atenção a um determinado evento se deva simplesmente e a essas tendências. Estas e outras descobertas, como as que comentaremos a seguir, obrigaram a reconsiderar o significado do olhar do bebê como medida de sua atividade mental: cada vez mais autores questionam se manter o olhar por mais tempo significa necessariamente um processo mental complexo (HAITH; BENSON, 1998).

Por que os bebês parecem mais competentes olhando do que procurando manualmente?

Como vimos, vários autores sustentam que os bebês de pelo menos 4 meses já têm a ideia de permanência dos objetos. Mas, se for assim, por que até os 7 ou 8 meses eles são incapazes de procurar um objeto que acabam de ver ser escondido embaixo de seu lençol conduta própria do estádio III, segundo Piaget (1936)? Sem dúvida não se deve à incapacidade manual, já que a coordenação olho-mão se desenvolve até níveis bastante eficientes entre os 4 e os 7 meses. Como é possível, então, que eles levem vários meses para aplicar essas habilidades para buscar um objeto escondido? Os autores que defendem a tese do conhecimento nuclear pensam que o problema dos bebês destas idades poderia ser do tipo: *Qual é a conduta adequada para essa situação?* Ou seja, sabem que o objeto continua existindo, mas não sabem como o recuperar, pois a conduta requerida implica uma coordenação meios-fins – separar a tela para alcançar o objeto – que ainda não está ao alcance do bebê menor de 7 ou 8 meses. Munakata et al., (1997) realizaram um interessante experimento para esclarecer alguns aspectos dessa questão. Treinaram bebês de 7 meses para que pegassem um brinquedo afastado de cima de uma toalha; depois, uma tela opaca ou uma transparente baixava até se interpor entre o bebê e o extremo da toalha onde se encontrava o brinquedo. Os bebês recuperaram sem dificuldade o brinquedo com a tela transparente, mas não com a opaca. Ou seja, enquanto o brinquedo é visível, o bebê é capaz de coordenar os meios necessários para consegui-lo, mas, quando desaparece por completo, o objeto parece sumir de sua mente, o que sugere que seu problema não é de ineficiência motora, mas claramente conceitual.

O enigmático erro A não B

Nos 8 meses, os bebês já desenvolveram uma forma elementar de permanência, mas vão cometer uma série de erros peculiares em sua busca manual por objetos escondidos. Lembremos que, segundo Piaget (1936), no estádio IV o bebê já é capaz de procurar um objeto que acabamos de esconder em (A), mas, se depois o escondemos em outro lugar (B), volta a procurá-lo em (A). Piaget explicava esse curioso comportamento como resultado de um conceito de objeto *ligado-a-um-lugar-determinado*, como se estar nesse lugar concreto fosse parte ou propriedade do objeto. Mas não poderia ser, na realidade, a memória de curto prazo do bebê a responsável por seu erro? Em vários estudos foi visto que, aos 8 meses, três segundos de espera são suficientes para que aconteça o erro, e se a espera chega aos 10 segundos, a procura do bebê se torna aleatória. No entanto, há dados de que os bebês de 8 meses lembram informações complexas depois de períodos mais longos do que o da situação do erro A não B (ROVEE-COLLIER; HAYNE, 2000), motivo pelo qual não parece que a memória explique tudo.

Os trabalhos de Diamond (1991) lançaram outra perspectiva sobre o assunto. Segundo a autora, a resolução desse tipo de tarefa depende, em boa parte, do amadurecimento do córtex pré-frontal dorsolateral (DLPC, sigla para *dorsolateral prefrontal cortéx*), uma zona do cérebro diretamente envolvida na informação sequencial (como se organizam os acontecimentos no tempo) e na inibição de condutas motoras que se tornam dominantes depois de terem sido executadas e reforçadas. Diamond supõe que a imaturidade do DLPC em bebês com menos de 12 meses é responsável pelo que ocorre no erro A não B. Sustentando sua tese, destaca condutas do bebê aparentemente surpreendentes, mas que poderiam ser explicadas pela falta de inibição de ações dominantes: assim, na situação canônica de ocultar em (A) e depois em (B), os bebês às vezes conduzem sua mão para (A) inclusive quando o objeto em (B) é perfeitamente visível; outras vezes conduzem sua mão para (A), mas olham para

(B), como se soubessem que o objeto está aí, mas não pudessem inibir sua resposta motora de procurar em (A). Em suma, Diamond também considera que o bebê sabe mais do mundo dos objetos do que pode demonstrar. Não obstante, a hipótese do amadurecimento do DLPC não consegue explicar outros resultados, como os de Munakata et al. (1997) descritos antes. Em todo caso, a relação entre o amadurecimento do córtex, a experiência e a conduta é muito complexa e, ainda que se desconheçam os mecanismos específicos envolvidos, se pressupõe que cérebro e conduta se modificam mútua e dinamicamente (NELSON; DE HAAN; THOMAS, 2006).

A explicação mais recente sobre esse enigmático erro vem da abordagem dinâmica de Clearfield et al. (2006). Segundo esses autores, a variabilidade de resultados nesta tarefa é tamanha que não se pode atribuir a um único problema, seja conceitual, memória, atenção ou execução motora, mas que todos esses sistemas influem: é possível que o bebê tenha adquirido o *hábito* ou conduta dominante de procurar em (A), mas a persistência desse hábito depende também do tempo de espera entre ocultá-lo em (B) e deixar que o bebê o procure: se é menor do que três segundos, o erro diminui. Por outro lado, se sua atenção se conduz a um terceiro lugar (p. ex., outro recipiente sobre o qual o pesquisador batuca chamando sua atenção) o bebê procura aí e não em (A) nem em (B). Por último, e esta é umas das descobertas mais notáveis, se é posto uma corda com um peso no *pulso* do bebê depois que este recuperou o objeto em (A), mas antes de escondê-lo em (B), seu sucesso aumenta. Possivelmente, explicam os autores, ao ter de ajustar a força muscular do seu antebraço e de sua mão, o bebê consegue inibir o hábito de ir para (A) e reorganizar sua conduta de acordo com a nova situação. Portanto, são muitas as variáveis que podem afetar a execução desta tarefa pelo bebê, assim como muitas outras que aparecem em sua vida cotidiana.

Outros aspectos do conhecimento físico

Conhecer o mundo físico não se limita a compreender a permanência do objeto e sua identidade. Inclui outros aspectos fundamentais, por exemplo, os relativos à queda dos corpos e às relações de apoio entre objetos: os sólidos que lançamos ao ar terminam caindo, uma caixa de sapatos não se mantém sobre uma caixa de fósforos, etc. Os estudos com bebês indicam que suas expectativas sobre esses fenômenos surgem de forma muito gradual. Aos 3 meses olham mais um objeto suspenso no ar do que um que cai no chão, mas até meses depois (entre os 8 e os 13 meses) não acham estranhas outras violações da gravidade, como objetos que *sobem* suspensos ou que se mantêm sobre bases que não podem suportá-los (Kim; Spelke, 1992). Essa progressão gradual indica que a experiência possui um papel essencial na aquisição do conhecimento físico. Desde os 5 ou 6 meses, os bebês têm uma crescente motivação para explorar visual e manualmente objetos do entorno e, até os 12 meses, não apenas já tiveram múltiplas experiências com a queda dos corpos, mas eles mesmos se envolveram em pequenos experimentos de agarrar e atirar objetos variados e observarem os efeitos de sua ação, como já indicava Piaget (1936) em sua descrição do estádio V sensório-motor.

Se considerarmos os diferentes aspectos do conhecimento do bebê tratados até agora, temos de reconhecer que o panorama é um pouco confuso, essencialmente porque os bebês podem parecer ao mesmo tempo surpreendentemente espertos e precoces ou surpreendentemente bobos, dependendo da tarefa e da conduta que analisarmos (Keen, 2003). Quando olham, parecem saber que um objeto escondido continua ali, mas, ao mesmo tempo, são incapazes de procurá-lo manualmente ou se mostram indiferentes ao fato de que tenham mudado seu aspecto; podem prever que um objeto vai cair no chão se o soltarmos, mas lhes parece perfeitamente normal uma bola subir por uma rampa. Portanto, sempre existe o risco de superestimar suas capacidades ou suas deficiências, dependendo do que nos fixarmos, algo que costuma estar determinado por nossas próprias expectativas teóricas. Em todo caso, parece evidente que *olhar e fazer* são processos diferentes, assunto que trataremos a seguir.

AÇÃO, PERCEPÇÃO E CONHECIMENTO

Teóricos de diferentes abordagens concordam ao afirmar que é impossível analisar com seriedade a percepção e o conhecimento do bebê sem levar em conta como se relacionam com sua ação no mundo. No entanto, a prática mais comum nas pesquisas dos últimos 30 anos tem sido estudar a ação por um lado e a percepção e o conhecimento por outro (Rakison; Woodward, 2008). Pensemos em conquistas colossais para o bebê, como se sentar e manipular objetos, se mover engatinhando ou se manter de pé segurando na grade do berço... até que consegue caminhar. Ao ser ampliado seu campo perceptivo, é ampliada também a atenção a objetos novos sobre os quais atuar, e, por sua vez, a ação mais autônoma conduz a interações sociais mais ricas e a uma atenção maior com as pessoas. Os estudos de Campos et al. (2000) ilustram muito bem as íntimas relações entre todos esses aspectos. Estes autores pesquisaram as respostas emocionais e motoras dos bebês quando colocados sobre o aparato do abismo visual (Gibson; Walk, 1960) e observaram notáveis diferenças nas reações dos que sabiam engatinhar e nas dos que ainda não haviam começado a engatinhar, mesmo que tivessem a mesma idade. Os bebês que engatinhavam mostravam medo e se negavam a atravessar o abismo visual, enquanto os que ainda não engatinhavam o olhavam com atenção, mas sem medo quando eram transportados por ele. Parece, então, que os sucessos motores influem na maneira como o bebê reorganiza e interpreta sua experiência visual e, por consequência, afetam sua autopercepção e sua emoção.

A ação influi na compreensão dos outros

Como dizem Campos et al. (2000) ao falar do papel da ação e da locomoção no bebê, "viajar amplia a mente" e o faz em muitos sentidos. A prática de uma ação pode interferir em como são percebidas e são compreendidas as ações dos outros? Em um estudo foram treinados bebês de 3 meses que ainda não tinham a coordenação visuomotora para que *pegassem* brinquedos forrados de velcro com luvas que tinham uma lâmina de velcro na palma, o que permitia às crianças pegar o brinquedo apenas apoiando a luva sobre o brinquedo. Os bebês não somente exploraram com muita atenção os brinquedos que pegavam, mas, quando não tinham as luvas e lhes mostraram novos objetos, a atenção e a exploração desses brinquedos foram superiores às dos bebês que não tinham sido treinados. Mas talvez o mais interessante seja que o tipo de experiência influiu também na capacidade do bebê de compreender os objetivos de conduta de outra pessoa (Woodward et al., 2009). Em outro experimento com bebês de 10 meses, Sommerville, Hildebrand e Crane (2008) descobriram algo semelhante em suas condutas meios-fins. Um grupo de bebês foi treinado para brincar lançando um pau e outro grupo observou uma pessoa realizando essa conduta. Somente os bebês que praticaram a conduta foram capazes de discernir as ações propositivas de outra pessoa em condições semelhantes.

Esses descobrimentos indicam que a própria experiência promove uma compreensão única das intenções que estão por trás da conduta alheia. Se nos fixamos no desenvolvimento normal do bebê, ou seja, sem que seja empregado nenhum tipo de treinamento, vemos que seus processos motores costumam estar associados a avanços em seu conhecimento social. Assim, quando o bebê começa a vencer obstáculos para conseguir algo, ele compreende o sentido destas condutas em outros; quando ele aprende a apontar (*pointing*) pode também interpretar essa ação em outras pessoas e se envolver em relações triádicas que envolvem seguir a direção do olhar ou o *pointing* de uma pessoa até o objeto desse olhar (Woodward et al., 2009; veja também o Capítulo 7 deste livro). Tal compreensão das ações alheias não ocorre em bebês da mesma idade que ainda não adquiriram essas habilidades.

O uso de ferramentas e a compreensão da causalidade são os marcos mais significativos do desenvolvimento da inteligência prática que, na descrição piagetiana, correspondem aos processos do estádio V do período sensório-motor. Como já foi ressaltado, a compreensão da causalidade é um dos assuntos sobre o qual continua havendo um inflamado debate entre os que sustentam que a compreensão da causalidade é um conhecimento nuclear não aprendido e os que pensam – como Piaget – que é resultado de um processo gradual de desenvolvimento no qual a ação está diretamente envolvida (Cohen; Cashon, 2006).

Os estudos de Schlesinger e Langer (1999) ilustram muito bem as diferenças evolutivas entre a percepção e a ação causais no uso de ferramentas. Até os 12 meses, os bebês já podem distinguir um acontecimento causal de um não causal quando eles mesmos estão envolvidos na ação (p. ex., puxam um cobertor para chegar a um brinquedo colocado *sobre* ele, mas não o fazem quando o brinquedo está *ao lado*), mas eles não diferenciam esses acontecimentos quando são meros observadores. Isso significa que a observação não é uma fonte importante de aprendizagem? Não. Na verdade, parece que, à medida que são maiores, as crianças se beneficiam mais em observar o que fazem os outros, possivelmente graças a uma conjunção de mudanças evolutivas em sua atenção, memória, destreza motora, experiência e conhecimento prévio e, sem dúvida, capacidade de imitação. E a aquisição da linguagem não só promove em grande medida seu desenvolvimento conceitual, mas torna possível uma nova fonte de aprendizagem: o testemunho dos outros.

Evidentemente, há muito a descobrir: mediante quais mecanismos se traduz a informação que provém da ação à percepção, e vice-versa? Alguns sugerem que talvez não seja necessária uma tradução, visto que a ação e a percepção compartilham sistemas neurocognitivos comuns, como parecem indicar as descobertas sobre os neurônios-espelho (veja o Capítulo 4 deste livro). Mas, no momento, não sabemos como se desenvolvem esses sistemas durante os primeiros meses de vida e que influência a própria experiência tem sobre eles (Bertenthal; Longo, 2007).

AS NECESSIDADES DO BEBÊ, O ENTORNO E A EDUCAÇÃO

Além das controvérsias teóricas provocadas pelos temas tratados neste capítulo, quando refletimos sobre as implicações dos estudos com bebês há um amplo consenso a respeito dos objetivos práticos. Por um lado, a pesquisa deve servir para determinar quais são as necessidades físicas do bebê em diferentes fases de seu desenvolvimento e promover as condições que lhes garantissem seu bem-estar (Dunn, 1979) e, por outro lado, a pesquisa deve identificar quais fatores do entorno ou do próprio bebê implicam risco para seu desenvolvimento, com a finalidade de elaborar pautas de ação e intervir a tempo para minimizar seus efeitos adversos.

Talvez a contribuição mais importante da pesquisa ao longo do século XX tenha sido compreender que a necessidade do bebê de se vincular afetivamente a outras pessoas é tão primária como as necessidades substanciais de alimentação e de descanso. Hoje se sabe que condições severas de privação social durante os primeiros anos podem degradar não só o estado físico e emocional do bebê, mas, também, sua motivação para explorar e aprender e, em consequência, podem chegar a afetar seu desenvolvimento intelectual. Os bebês de orfanatos romenos são um exemplo dramático dessas condições, e os estudos do acompanhamento dessas crianças, adotadas por famílias britânicas em diferentes momentos de suas vidas, mostram que os efeitos adversos em seu desenvolvimento físico, intelectual e social se mantêm no longo prazo em uma elevada porcentagem nas crianças que permaneceram institucionalizadas durante os primeiros anos de vida (Rutter; O'Connor; English and Romanian Adoptees Study Team, 2004). No entanto, essa realidade desencorajante não deve diminuir a importância ao fato de que a institucionalização não afetou por igual as crianças, mesmo que tenham passado o mesmo tempo nos orfanatos. Alguns, ao chegarem à pré-adolescência, alcançaram os níveis adequados para sua idade em inteligência e em sensibilidade socioafetiva, o qual nos remete a um conceito um pouco difuso, mas de valor heurístico, o de *resiliência* ou capacidade de adaptação positiva perante circunstâncias muito adversas (MASTEN, 2007). Ainda que a resiliência costume estar associada a características individuais de flexibilidade adaptativa, ela não é independente de variáveis do entorno. Assim, a probabilidade de que uma criança *resiliente* se recupere da adversidade e retome um caminho adequado de desenvolvimento é maior quando os fatores adversos são atenuados ou se veem compensados por um entorno que proporciona ao menos algum estímulo positivo (uma pessoa com quem se vincular afetivamente, mesmo que não seja da família; um ambiente escolar que compense em parte as graves carências familiares, etc.).

Em relação a isso, a pesquisa sobre as diferenças individuais no desenvolvimento constitui uma fonte muito valiosa de reflexão sobre as necessidades do bebê. Os estudos longitudinais e comparativos evidenciam a complexa relação que existe entre as características do bebê e a conduta do adulto. Desde o início da vida, os bebês diferem em inúmeros aspectos de sua conduta, como a intensidade de seu choro e a capacidade de se controlar, suas reações frente à fome, o temor dos estranhos, seu interesse por explorar o entorno e, inclusive, suas preferências por objetos ou pessoas. Além disso, o ritmo e as trajetórias do seu desenvolvimento sensóriomotor não seguem um padrão fixo que seja igual para todos os bebês (THELEN; SMITH, 2006). Alguns nunca engatinham, outros têm precocidade locomotriz; alguns demoram a começar a agarrar objetos, mas passam muito tempo observando e brincando com suas mãos, outros se interessam cedo pelos objetos e movem vigorosamente seus braços para alcançá-los. Possivelmente cada bebê desenvolva estilos diferentes para explorar os objetos – sem que nenhum seja necessariamente *melhor* do que o outro – dependendo de seus padrões fisiológicos e musculares particulares, mas também de sua motivação, do entorno familiar e físico e de sua história de experiências prévias. Por trás de todas essas diferenças individuais estão necessidades sutilmente distintas e, neste sentido, podemos dizer que não há *uma forma correta* de agir frente a cada necessidade, não existem receitas universalmente válidas. A pesquisa mostrou que, nessa complexa relação de influência recíproca, o relevante para o bom desenvolvimento da criança não são as singularidades das práticas de sua criação, mas um tipo de conduta parental, descrito como estilo *sensível e coerente*, que consiste precisamente em identificar as necessidades dinâmicas do bebê, interpretar suas condutas e responder a elas de forma contingente e coerente (Saarni et al., 2006). Essas características parentais são associadas ao progresso do bebê em algo crucial para seu desenvolvimento sociocognitivo: a autorregulação de sua conduta e de sua atenção. A crescente capacidade de se autorregular influi de uma maneira positiva no estado emocional do bebê, em suas possibilidades de voltar e manter a atenção ao entorno e, sem dúvida, na exploração do meio e nas oportunidades de aprendizagem.

Outros aspectos da criação do bebê parecem ter uma influência de outro tipo em seu desenvolvimento. O estudo transcultural de Cole e Packer (2011) destaca que as sociedades diferem de modo substancial em práticas como imobilizar o bebê durante seu 1º ano de vida ou dar-lhe liberdade de movimento; mantê-lo em constante contato com a mãe ou com períodos de separação; na quantidade, entonação e tipo de fala que lhe é dirigido, ou nos estilos de relação bebê-adulto-ambiente. Tais particularidades configuram formas de interação próprias de cada grupo ou cultura, mas não parecem afetar o desenvolvimento motor, afetivo ou intelectual do bebê.

Os resultados da pesquisa evolutiva também ajudaram a elaborar programas de intervenção eficazes para bebês que sofrem algum problema ou transtorno do desenvolvimento, ou para aqueles que vivem em situações sociais de alto risco. Os primeiros programas foram elaborados para tratar bebês com paralisia cerebral e outras moléstias de diferentes gravidades, com resultados muito efetivos, e depois foram adaptados para bebês com deficiências funcionais leves ou leve retardo mental. Assim, Heathcock, Lobo e Galloway (2008) empregaram uma técnica semelhante a das luvas de velcro com bebês prematuros que apresentavam retardos motores em sua coordenação manual. Após oito semanas de prática, os bebês melhoraram sua coordenação visuomotora, não só em comparação com os bebês prematuros da mesma idade sem treinamento, mas também em relação aos nascidos no tempo certo. No entanto, sem tirar a importância desses resultados e de seu potencial para futuras pesquisas, não devemos esquecer que a maioria das crianças prematuras termina superando de forma natural seu retardo motor, enquanto as crianças que sofrem de transtornos do sistema nervoso central *necessitam* dessas intervenções para conseguir progressos motores e cognitivos que estão fora de seu alcance.

Foi exatamente o sucesso da intervenção desde cedo em bebês com paralisia cerebral que levou a difundir a ideia de que, mediante programas adequados aplicados a bebês *sem problemas*, podemos conseguir acelerar seu desenvolvimento físico-motor, melhorar sua inteligência, estimular seu cérebro e promover suas habilidades sociais. Na atualidade existe um sem-fim de publicações e produtos comerciais dirigidos a pais (*Baby Einstein* é só um entre os muitos exemplos), que alimentam uma falsa ilusão de controle com afirmações do tipo: "A estimulação e as experiências que proporcionarem a seu filho em seus 3 primeiros anos de vida terão mais impacto em seu cérebro do que qualquer outra experiência posterior". Muitos especialistas denunciam esse determinismo ingênuo, tão carente de fundamentos científicos como o determinismo genético, que provém em parte de uma difusão irresponsável e ignorante dos avanços na neurociência evolutiva. Como ressalta Bruer (1999), os que proclamam a eficácia no longo prazo dos programas *bebê gênio* omitem o fato de que não há estudos propriamente experimentais nem longitudinais que confirmem seus ótimos prognósticos. Além disso, consideram como certo que a neurociência atual possa responder de maneira afirmativa à pergunta: Como podemos influenciar no desenvolvimento cerebral durante as primeiras fases de proliferação sináptica? No entanto, como ressalta este autor, a neurociência está longe de poder responder a isto, mas ela nos diz que o cérebro humano tem uma enorme plasticidade que lhe confere a capacidade de se adaptar às demandas de seu entorno e de seguir aprendendo durante toda a vida. Neste sentido, a ideia que deveria ser difundida entre os pais é que cada bebê é único e que o *melhor programa* de ação para seu bebê é identificar suas características e suas necessidades pessoais, buscando as formas mais eficazes de reconfortá-lo por suas frustrações e promover suas emoções positivas, descobrindo as situações de interação nas quais o bebê se interessa ativamente pelo mundo e lhe proporcionando a estrutura psicológica sobre a qual irá construir seu conhecimento de realidade.

NOTAS

1 Veja a proposta alternativa de Karmiloff-Smith (1992), que tenta conciliar alguns aspectos da modularidade com as teses construtivas de Piaget.
2 A discriminação de detalhes da face melhora substancialmente entre os 6 e os 9 meses de idade, época em que se perde a capacidade de diferenciar faces humanas das de

outras espécies animais, como de macacos (PASCALIS; DE HAAN; NELSON, 2002).Vários autores sugerem que esse fenômeno é similar ao que ocorre com a perda progressiva da capacidade de discriminar os sons da fala (*perceptual narrowing*).

3   Piaget estudou o olhar e a exploração visual de objetos nos primeiros meses de vida, e a conduta de busca manual a partir dos 4 ou 5 meses de idade, quando surgem os rudimentos da coordenação olho-mão.

4   Uma exposição mais detalhada destes e de outros estudos pode ser encontrada em Enesco e Callejas (2003). Quanto à pesquisa sobre a noção de objeto até os anos de 1980, veja a exaustiva revisão de Harris (1983).

REFERÊNCIAS

ARTERBERRY, M. E.; BORNSTEIN, M. H. 'Three-month-old infants' categorization of animals and vehicles based on static and dynamic attributes. *Journal of Experimental Child Psychology*, v. 80, p. 333-346, 2001.

BAILLARGEON, R., SPELKE, E.; WASSERMAN, S. Object permanence in five- months-old infants. *Cognition*, v. 20, p. 191-208, 1985.

BAILLARGEON, R.; DE VOS, J. Object Permanence in 3,5 and 4,5 Months Old Infants: Further Evidence. *Child Development*, v. 62, p. 1227-1246, 1991.

BALDWIN, D. A.; BAIRD, J. A. Discerning intentions in dynamic human action. *Trends in Cognitive Science*, v. 5, p. 171-178, 2001.

BERTENTHAL, B. I. Infants' perception of biomechanical motions: intrinsic images and knowledge based constraints. In: GRANRUD, C. (Ed.). *Visual perception and cognition in infancy*. Hillsdale: Erlbaum, 1993. p. 175-214.

BERTENTHAL, B. I.; LONGO, M. R. Is there evidence of a mirror system from birth? *Developmental Science*, v. 10, p. 526-529, 2007.

BOGARTZ, R. S.; SHINSKEY, J. L.; SPEAKER, C. J. Interpreting Infant Looking: The Event Set x Event Set Design. *Developmental Psychology*, v. 33, p. 408-422, 1997.

BOWER, T. G. *Human development*. San Francisco: Freeman, 1979.

BRUER, J. *The myth of the three first years*: a new understanding of early brain development and lifelong learning. Nova York: Free, 1999.

CAMPOS, J. J. et al. Travel broadens the mind. *Infancy*, v. 1, p. 149-219, 2000.

CAREY, S.; SPELKE, E. Domain specific knowledge and conceptual change. In: HIRSCHFELD, L. A; GELMAN, S. A. (Ed.). *Mapping the mind*: domain specificity in cognition and culture. Cambridge: Cambridge University, 1994. p. 169-200.

CLEARFIELD, M. W. et al. Young infants reach correctly on the a-not-b task: on the development of stability and perseveration. *Infant Behavior and Development*, v. 29, p. 435-444, 2006.

COHEN, L.; CASHON, C. Infant Cognition. In: DAMON, W. (Ed.). *Handbook of child psychology:* cognition, perception, and learning. 6th ed. Nova York: John Wiley & Sons, 2006. v. 2. p. 58-108.

COLE, M.; PACKER, M. Culture in development. In: BORNSTEIN, M.; LAMB, M. (Ed.). *Developmental science*. Nova York: Psychology, 2011. p. 51-108.

DELVAL, J. *El desarrollo humano*. Madri: Siglo XXI, 1994.

DIAMOND, A. Neuropsychological Insights into the Meaning of Object Concept Development. In: CAREY, S.; GELMAN, R. (Ed.). *The epigenesis of mind*: essays on biology and cognition. Hillsdale: Erlbaum, 1991. p. 67-110.

DUNN, J. *Distress and comfort*. Cambridge: Harvard University, 1979.

ELMAN, J. et al. *Rethinking innateness*: a connectionist perspective on development. Cambridge: MIT, 1996.

ENESCO, I.; CALLEJAS, C. El mundo de los objetos. In: ENESCO, I. (Org.). *El desarrollo del bebé*. Madri: Alianza, 2003. p. 119-145.

ENESCO, I.; DELVAL, J. Módulos, dominios y otros artefactos. Las explicaciones sobre el origen del conocimiento em la psicología actual. *Infancia y Aprendizaje*, v. 29, n. 3, p. 249-267, 2006.

ENESCO, I.; LAGO, O.; RODRÍGUEZ, P. El legado de Piaget. In: ENESCO, I. (Org.). *El desarrollo del bebé*. Madri: Alianza, 2003. p. 21-51.

FANTZ, R. L. The origin of form perception. *Scientific American*, v. 204, p. 66-72, 1961.

FLAVELL, J.; MILLER, P.; MILLER, S. *Cognitive development*. Englewood Cliffs: Prentice Hall, 1993.

GARCÍA MADRUGA, J.; DELVAL, J. El conocimiento inicial del mundo físico: la percepción y la inteligência. In: GARCÍA MADRUGA, J.; DELVAL, J. (Org.). *Psicología del desarrollo*. Madri: UNED, 2010. v. 1. p. 75-112.

GELMAN, S. A.; KALISH, C. W. Conceptual development. In: DAMON, W. (Ed.). *Handbook of child psychology*: cognition, perception and language. 6th ed. Nova York: John Wiley & Sons, 2006. v. 2. p. 687-733.

GIBSON, E. J.; WALK, R. D. The Visual cliff. *Scientific American*, v. 202, p. 64-71, 1960.

HAITH, M.; BENSON, J. Infant cognition. In: DAMON, W. (Ed.). *Handbook of child psychology*: cognition, perception and language. 5th ed. Nova York: John Wiley & Sons, 1998. v. 2. p. 199-254.

HARRIS, P. Infant cognition. In: MUSSEN, P. (Ed.). *Handbook of child psychology*: infancy and developmental psychobiology. 4th ed. Nova York: John Wiley & Sons, 1983. v. 2, p. 689-782.

HEATHCOCK, J. C.; LOBO, M.; GALLOWAY, J. C. Movement training advances the emergence of infants' reaching born at less than 33 weeks of gestational age: a randomized clinical trial. *Physical Therapy*, v. 88, p. 1-13, 2008.

JAMES, D. K. Fetal learning: a critical review. *Infant and Child Development*, v. 19, n. 1, p. 45-54, 2010.

JOHNSON, M. H.; MORTON, J. *Biology and cognitive development*: the case of face recognition. Oxford: Blackwell, 1991.

KARMILOFF-SMITH, A. *Beyond modularity*: a developmental perspective on cognitive science. Cambridge: MIT, 1992.

KEEN, R. Representation of objects and events: why do infants look so smart and toddlers look so dumb? *Current Directions in Psychological Science*, v. 12, p. 79-83, 2003.

KIM, K.; SPELKE, E. 'Infants' sensibility to effects of gravity on visible object motion. *Journal of Experimental Psychology: Human Perception and Performance*, v. 18, p. 385-393, 1992.

MACCHI CASSIA, V.; TURATI, C.; SIMION, F. Can a nonspecific bias toward top-heavy patterns explain newborns' face preferences? *Psychological Science*, v. 15, n. 6, p. 379-383, 2004.

MASTEN, A. S. Resilience in developing systems: progress and promises as the fourth wave rises. *Development and Psychopathology*, v. 19, p. 921-930, 2007.

MUNAKATA, Y. et al. Rethinking infant knowledge: toward an adaptive process account of successes and failures in object permanence tasks. *Psychological Review*, v. 104, n. 4, p. 686-713, 1997.

NELSON, C. A.; DE HAAN, M.; THOMAS, K. *Neuroscience of cognitive development*: the role of experience and the developing mind. Hoboky: John Wiley & Sons, 2006.

PASCALIS, O.; DE HAAN, M.; NELSON, C. Is face processing species-specific during the first year of life? *Science*, v. 296, p. 1321-1323, 2002.

PIAGET, J. *La construction du réel chez l'enfant*. Neuchâtel: Delachaux et Niestlé, 1937.

PIAGET, J. *La formation du symbole chez l'enfant*. Neuchâtel: Delachaux et Niestlé, 1945.

PIAGET, J. *La naissance de l'intelligence chez l'enfant*. Neuchâtel: Delachaux et Niestlé, 1936.

RAKISON, D. H. Parts, motion and the development of the animate-inanimate distinction in infancy. In: RAKISON, D. H.; OAKES, L. M. (Ed.). *Early categorization and concept development*. Nova York: Oxford University, 2003. p. 159-192.

RAKISON, D. H.; POULIN-DUBOIS, D. developmental origins of the animate-inanimate distinction. *Psychological Bulletin*, v. 127, p. 209-228, 2001.

RAKISON, D. H.; WOODWARD, A. New perspectives on the effects of action on perceptual and cognitive development. *Developmental Psychology*, v. 44, n. 5, p. 1209-1213, 2008.

RIVERA, S.; WAKELEY, A.; LANGER, J. The drawbridge phenomenon: representational reasoning or perceptual preference? *Developmental Psychology*, v. 35, p. 427-435, 1999.

RODRÍGUEZ, P.; LAGO, O.; JIMÉNEZ, L. El bebé y los números. In: ENESCO, I. (Org.). *El desarrollo del bebé*. Madrid: Alianza, 2003. p. 147-170.

ROVEE-COLLIER, C.; HAYNE, H. Memory in infancy and early childhood. In: TULVING, E.; CRAIK, F. I. M. (Ed.). *The Oxford handbook of memory*. Nova York: Oxford University, 2000. p. 267-282.

RUTTER, M., O'CONNOR, T. G.; THE ENGLISH AND ROMANIAN ADOPTEES (ERA) STUDY TEAM. Are there Biological Programming Effects for Psychological Development? Findings from a study of Romanian adoptees. *Developmental Psychology*, v. 40, n. 1, p. 81-94, 2004.

SAARNI, C. et al. Emotional development. action, communication and understanding. In: EISENBERG, N. (Ed.). *Handbook of child psychology*. 6th ed. Nova York: John Wiley & Sons, 2006. v. 3. p. 226-299.

SCHLESINGER, M.; LANGER, J. Infant's developing expectations of possible and impossible tool-use events between ages 8 and 12 months. *Developmental Science*, v. 2, n. 2, p. 195-205, 1999.

SIMON, T. J.; HESPOS, S. J.; ROCHAT, P. Do infants understand simple arithmetic? A replication of wynn (1992). *Cognitive Development*, v. 10, p. 253-269, 1995.

SLAUGHTER, V.; HERON-DELANEY, M. When do infants expect hands to be connected to a person? *Journal of Experimental Child Psychology*, v. 108, p. 220-227, 2011.

SOBEL, D. M.; SOMMERVILLE, J. A. Rationales and children's causal learning from others' actions. *Cognitive Development*, v. 24, n. 1, p. 70-79, 2009.

SOMMERVILLE, J. A.; HILDEBRAND, E. A.; CRANE, C. C. Experience matters: the impact of doing versus watching on infants' subsequent perception of tool use events. *Developmental Psychology*, v. 44, p. 1249-1256, 2008.

SPELKE, E. et al. Origins of knowledge. *Psychological Review*, v. 99, n. 4, p. 605-632, 1992.

THELEN, E.; SMITH, L. Dynamic systems theories. In: DAMON, W. (Ed.). *Handbook of child psychology:* theoretical models of human development. 6th ed. Nova York: John Wiley & Sons, 2006. v. 1. p. 258-312.

VON HOFSTEN, C. Action in development. *Developmental Science*, v. 10, p. 54-60, 2007.

WELLMAN, H. M.; GELMAN, S. A. Cognitive development: foundational theories of core domains. *Annual Review of Psychology*, v. 43, p. 337-375, 1992.

WOODWARD, A. et al. The emergence of intention attribution in infancy. *Psychology of Learning and Motivation*, v. 51, p. 187-122, 2009.

XU, F. The development of object individuation in infancy. In: HAYNE, H.; FAGEN, J. W. (Ed.). *Progress in infant research*. Mahwah: Erlbaum, 2003. v. 3, p. 159-192.

XU, F.; CAREY, S. Infants' metaphysics: the case of numerical identity. *Cognitive Psychology*, v. 30, p. 111-153, 1996.

Leitura recomendada

MELTZOFF, A. N.; MOORE, M. K. Object representation, identity and the paradox of early permanence: steps toward a new framework. *Infant Behavior and Development*, v. 17, n. 1, p. 83-99, 1998.

7
Desenvolvimento da comunicação

Daniel Valdez

AFETIVIDADE E PROCESSOS COMUNICATIVOS

Em um de seus trabalhos, Valsiner (2005) sustenta que a intersubjetividade é um campo afetivo no qual ocorre a comunicação interpessoal e onde os signos são criados, usados, abstraídos e generalizados. É a relação afetiva com o mundo, ele afirma, a que está por trás de todos os processos mentais. Nesse sentido, assinala que, em vez de postular que o afeto tem um efeito sobre os processos mentais, é mais apropriado sustentar que os processos mentais são gerados por meio de uma diferenciação progressiva dos sentimentos. Portanto, o afeto se encontra no coração dos processos mentais e não é um agente externo que impacta sobre eles.

Essa ideia, fundamental para a psicologia do desenvolvimento dos processos comunicativos, encontra cada vez mais fundamentos nos estudos com bebês os quais questionam os padrões de interação iniciais, os chamados programas de harmonização e a sintonia emocional entre o bebê e seus cuidadores como fontes e precursores da comunicação interpessoal pré-linguística (Kaye, 1982; Stern, 1985; Trevarthen, 1995).

Neste capítulo nos propomos a revisar essa trajetória, que vai dos primeiros gestos pré-intencionais dos bebês aos gestos comunicativos, que se aproximam das fronteiras das produções linguísticas. Muito se tem avançado nas últimas décadas em dispositivos de pesquisa com bebês, que mostram um leque de capacidades independentes por parte de crianças de poucos meses de vida em relação com o universo circundante. Grande parte desses trabalhos se vincula a uma nova abordagem sobre as transformações do desenvolvimento em relação com suas alterações ou trajetórias atípicas: os distúrbios de aspecto autista, os distúrbios de linguagem ou o estudo evolutivo de síndromes específicas (Karmiloff-Smith, 2007, 2009). Esses estudos procuram investigar os marcos mais iniciais, que mostram os processos prototípicos de constituição subjetiva. Desse modo, a ausência de certos indicadores (que surgem entre os 9 e os 18 meses em desenvolvimento típico), como os gestos protodeclarativos, a abordagem de referência conjunta e o jogo funcional, serve como sinais de alerta que advertem que o curso típico do desenvolvimento está sofrendo alterações e que se pode suspeitar da presença de problemas na construção de um mundo de significados compartilhados, ou que as dimensões do desenvolvimento envolvidas com os processos que nos tornam humanos estão sendo ameaçadas (Camaioni et al., 2004; Chawarska; Klin; Volkmar, 2008; Dawson et al., 2004; Paul; Wilson, 2009; Trevarthen et al., 1998; Wetherby et al., 2008).

A constituição dos processos de comunicação humana é sintetizada por Tomasello (2006, 2008) e Tomasello et al. (2005) em algumas teses centrais que conjugam os resultados de suas pesquisas e sua reflexão teórica sobre o tema:

- O caminho à comunicação cooperativa humana começa com a comunicação intencional nos grandes símios, manifestada especialmente em gestos. Mas, assim como nos primatas não humanos parece prevalecer a competência, nos seres humanos, a base do desenvolvimento sociocognitivo é a cooperação. Os humanos criam complexas tecnologias, instituições culturais e sistemas de símbolos por meio da cooperação social. Moll e Tomasello (2007) desenvolvem essa ideia mediante o que chamam de *hipótese vygotskiana da inteligência.*
- A comunicação humana é mais complexa do que a comunicação intencional dos símios porque sua infraestrutura sociocognitiva subjacente abrange não só habilidades para compreender a intencionalidade individual, mas também habilidades e motivações para a intencionalidade compartilhada.
- A onteogênese dos gestos comunicativos dos bebês, e em especial a do gesto de apontar (*pointing*), evidencia que existe uma

infraestrutura cooperativa e um vínculo com a intencionalidade compartilhada, anteriormente à aquisição da linguagem.

– A comunicação cooperativa humana surge filogeneticamente como parte de uma adaptação mais ampla para a atividade colaborativa e a vida cultural (TOMASELLO, 2008).

ATOS COMUNICATIVOS INTENCIONAIS

Ao estudar as origens da comunicação humana, um dos problemas que surge no campo da pesquisa com bebês é como definir as unidades de análise. Tal questão é colocada com extrema clareza por Sarriá (1991) quando propõe, seguindo os estudos pioneiros de Susan Sugarman, considerar o *ato comunicativo intencional* como unidade básica para o estudo da comunicação pré-verbal. Essas autoras consideram a comunicação intencional como a coordenação, por parte da criança, das ações dirigidas a um objeto externo e a uma pessoa: "Essa coordenação de padrões pessoa-objeto (considerada como índice de comunicação intencional) implica, em sua análise com base nas construções piagetianas, uma coordenação instrumental." (SARRIÁ, 1991, p. 361)

Já Lock (1999) assinala três transições-chave no desenvolvimento comunicativo durante o 1º ano de vida. A primeira se dá por volta dos 2 meses de idade, quando os bebês se vinculam comunicativamente com seus cuidadores. A segunda, na última etapa do quinto mês, quando o interesse pelas interações parece diminuir e os bebês começam a se interessar cada vez mais pelos objetos que podem manipular. A última aparece por volta dos 9 meses e supõe uma progressiva coordenação do interesse por objetos e pelas pessoas. Em geral, os trabalhos na área costumam inserir nesta terceira fase os atos comunicativos. Visto dessa maneira, os primeiros atos comunicativos intencionais dos bebês apareceriam por volta do nono mês de vida.

Entretanto, caberia refletir sobre essas suposições, já que a comunicação não depende só do bebê. Nos processos de interação interpessoais, os adultos atribuem intencionalidade aos atos dos bebês (e, de fato, haveria consequências catastróficas para a sua constituição subjetiva se não fosse assim); portanto, colocar a intencionalidade só da parte do bebê restringe notavelmente a visão sobre a primeira comunicação, uma vez que coloca seu começo somente por volta dos 9 meses de vida.

Em que consiste a comunicação pré-intencional? Ou, em outras palavras, é possível a comunicação antes da intencionalidade?

O debate sobre a intencionalidade mostra facetas complexas e se divide nas áreas da psicologia, da semiótica e da filosofia, que apresentam definições e abrangências diversas (REDDY, 2008).

Três são os conceitos centrais da intencionalidade, segundo Bloom (2000): 1) a intencionalidade, em um sentido amplo, sobre os conteúdos da mente, o *aboutness* ou o ser sobre algo; 2) a intencionalidade, em sentido restrito, como conduta do indivíduo dirigida a uma meta; e 3) as teorias intuitivas, vinculadas à psicologia natural, aos estados mentais intencionais e à teoria da mente.

Já Riba (2002, p. 296) afirma que:

> O termo intencionalidade é opressivamente polissêmico e a rede de teorias que, em torno dele, tem conspi-rado contra a epistemologia, a filosofia da linguagem e – sem dúvida – a psicologia não nos deixa outra coisa que uma colcha de retalhos, às vezes desconcertante.

A própria terminologia de Trevarthen tem mudado das *intenções* dos bebês que guiam suas primeiras trocas emocionais no contexto da intersubjetividade primária, que propunha em seus trabalhos dos anos de 1970, para os *motivos*, fugindo, desse modo, da ideia de responsabilidade que parece implicar a noção de intencionalidade (MORGADE, 2001).

Ryan (apud RIVIÈRE, 2003) inclui quatro fases em seu conceito de intenção: 1) um componente inicial de excitação ou "tensão de meta", pelo qual o sujeito percebe uma situação e se torna "consciente" de que tem uma meta; 2) a formação de um plano para alcançá-la; 3) uma atitude de necessidade, que leva à formação de planos alternativos, em caso de necessidade; e 4) a persistência na tentativa de atingir a meta.

Uma proposta interessante na tentativa de compreender as transformações da intencionalidade na comunicação intersubjetiva é feita por Riba (1990) em sua abordagem zoosemiótica: ele propõe pensar a intencionalidade mais como uma questão de graduação do que como uma noção "tudo ou nada". Deste modo, não a restringe nem ao polo do receptor nem ao do emissor, mas tanto os aspectos vinculados à intenção do emissor como as possibilidades de interpretação dos receptores são levados em conta em uma espécie de *continuum* que inclui ambos.

Clark (1978) descreve como os gestos do bebê se tornam intencionais. A partir dessas ideias, Español (2004; veja também o Capítulo 8 deste livro) afirma que seria preciso diferenciar entre ação e ação intencionalmente comunicativa. Por outro lado, as ações diretas costumam se ligar às ações intencionadas, o que levaria a distinguir três termos: a ação (conduta ou simples esquema sensório-motor), a ação intencionada e a ação intencionada por signos ou intencionalmente comunicativa. Assinala também que esses três tipos de ações surgem em diferentes etapas do desenvolvimento.

Poder-se-ia dizer que o bebê "respira signos" desde seu nascimento: a atmosfera humana supõe uma rede onde a narrativa, os significados e a construção destes são centrais, como nos lembra Bruner (1990). O contexto humano se converte em uma semiosfera (Lotman, 1996; Valsiner, 1998). Essa noção, colocada no contexto da semiótica da cultura por Lotman, implica o reconhecimento da natureza semiótica de todo o entorno humano. Uma espécie de "epidemia" de signos, parafraseando Valsiner (1998), o qual sustenta que a semiosfera é um produto da semiogênese, uma totalidade de versões, construídas e reconstruídas, de dispositivos semióticos que representam uma experiência vivida e apresentam as experiências representadas a outros e a si mesmo, face à experiência do futuro, sempre indeterminada. Para Valsiner, a semiogênese implica um processo de construção de signos, mais do que de apropriação e uso de signos já existentes.

No entanto, o mero fato de habitar essa semiosfera não explica como os bebês aprendem a se comunicar, ou seja, não indica se mostram uma motivação inata para se comunicar com formas expressivas e rítmicas de interesse pelo outro, se existe uma "pré-estrutura" que possibilita a sintonia emocional com outros ou se essas condições são necessárias, mas requerem um processo de construção interpessoal que excede os limites da explicação biológica, considerações estas que fazem parte de um debate vigente, ao qual voltaremos na próxima seção.

Como coloca Rodríguez (2006, p. 40):

> As expressões comunicativas dos recém-nascidos têm dois atributos fundamentais. A partir dos trabalhos de Werner de 1957, a melhor maneira de descrever o primeiro deles é como uma matriz de estados de ativação global e difusa.

Ele enumera os estados de ativação – e suas diversas transições: o sono profundo, o sono REM, a sonolência, o alerta tranquilo e o pranto. E acrescenta que, desde o nascimento, a criança é capaz de se comunicar com os outros por meio de uma gama de estados emocionais. O segundo atributo fundamental:

[...] são atos basicamente compartilhados e funcionam porque os adultos dão significados a estes atos; são signos para os outros que, além disso, não podem escapar de sua influência. De fato, provavelmente aí se encontre a chave que explique por que as meninas e os meninos nascem sabendo chorar, mas não nascem sabendo rir; o pranto desencadeia uma reação imediata nos outros porque pode indicar perigo, enquanto o riso, não. Na realidade, a alegria se aprende depois. (Rodríguez, 2006, p. 40)

Rivière, em um de seus provocativos convites à reflexão, disse que a psicologia do desenvolvimento procurava explicar, de uma perspectiva vygotskiana, como um "punhado de reflexos" se convertem em Shakespeare. Marcando os primeiros anos de vida, continua sendo assombroso – e não tão simples de compreender – como "um punhado de reflexos" aprende a sinalizar para compartilhar experiências com outro sujeito.

INTERAÇÃO PRECOCE, INTERSUBJETIVIDADE E VOCAÇÃO COMUNICATIVA

Dado que a investigação atual nos mostra que a comunicação intencional surge antes dos 9 meses de idade, com os gestos de apontar e mostrar, cabe se perguntar qual é a origem do que poderia ser denominado *ato de comunicação intencional*. Ou seja, determinar não só quais são esses gestos e em que consistem, mas a história de seu desenvolvimento. Um dos autores que nos convida a realizar esse percurso de construção dos primeiros gestos comunicativos é Tomasello. Seus trabalhos, em colaboração com a equipe do Max Planck Institute for Evolutionary Anthropology, de Leipzig, põem ênfase nas origens culturais da comunicação, na importância dos processos de atenção conjunta e intencionalidade compartilhada e nos motivos da cooperação humana (Carpenter, 2009; Liebal; Carpenter; Tomasello, 2010; Liebal et al., 2009; Moll; Tomasello, 2010; Tomasello; Moll, 2010; Warneken; Tomasello, 2009a, 2009b). Esses autores sustentam que as condutas de choro são precursoras dos protoimperativos, enquanto as protoconversas face a face do bebê com um adulto são formas de comunicação prévias aos protodeclarativos (veja o Capítulo 9 deste livro).

Segundo Tomasello (2008), as primeiras formas comportamentais de *pointing* surgem aos 3 meses, no contexto da atividade psicomotora, mesmo que, nesse momento, os bebês não usem a forma da mão com função social ou comunicativa. Para esse autor, os bebês de poucos meses de vida conseguem que os adultos façam o que querem, por exemplo, por meio da ritualização do choro, para obter alimento e conforto. Essas queixas ou choros incipientes parecem ser os antecedentes mais precoces dos pedidos gestuais das crianças. Ele também acredita que as protoconversas – as trocas didáticas nos quais os bebês compartilham emoções e se vinculam socialmente com os pais ou cuidadores – são a raiz dos gestos declarativos (protodeclarativos), ainda que o bebê obviamente não compreenda a intencionalidade desses gestos. As emoções que prevalecem nessa troca – excitação, surpresa – são as que mais adiante, a partir dos 9 meses, expressarão em seus protodeclarativos por meio do olhar de referência conjunta.

O autor sustenta que, em contraste com os motivos humanos para compartilhar e pedir, o motivo informativo não tem suas raízes na primeira infância, mas surge da intenção de ajudar os outros, dando-lhes a informação de que poderiam necessitar ou desejar. Um pré-requisito para fazer isso é entender o outro como agente intencional que pode ajudar ou necessitar de ajuda, coisa que só compreendem entre os 12 e 14 meses. Em alguns desenhos experimentais originais nos quais se põe em jogo a resolução de problemas cooperativos, Warneken e Tomasello (2007) mostram como as crianças de 14 meses são propensas ao altruísmo e ajudam o adulto a alcançar seus objetivos, inclusive quando estes são alheios aos da criança.

Tomasello (2008, p. 138) se pergunta por que os bebês de 3 meses não sinalizam com função comunicativa se já são capazes de configurar apropriadamente a mão para sinalizar e têm ao menos dois motivos (compartilhar e pedir) para fazê-lo:

> A resposta é que, para começar a dirigir a atenção de outros às coisas por alguma razão, os bebês devem ter algo relativo à infraestrutura completa sociocognitiva e socioemocional característica da comunicação humana madura, e os bebês tão pequenos não possuem ainda as habilidades necessárias da intencionalidade individual ou compartilhada.

A partir da evidência empírica disponível, Tomasello (2008) assinala que a "revolução" no processo de comunicação humana ocorre por volta dos 9 meses, quando começam a participar dos vínculos triádicos de atenção conjunta (CARPENTER, 2009), que constituem a base comum necessária para a comunicação cooperativa.

Já Trevarthen (2011), um dos pesquisadores que tem contribuído de maneira significativa para a compreensão do desenvolvimento inicial, critica o auge que tiveram as investigações de laboratório com bebês na década de 1970 em detrimento do estudo das situações naturais, interpessoais, que centram seu interesse na relação do bebê com seus pais. Questiona também o reducionismo "cognitivo" dessas investigações, que subestimam, segundo ele, a "motivação inata pela ação e a consciência" dos bebês. Assim, em um escrito realizado junto com Aitken, afirma que: "A teoria da intersubjetividade inata afirma que o bebê nasce com uma consciência receptiva aos estados subjetivos de outras pessoas e busca interagir com eles." (Trevarthen; Aitken, 2003, p. 312). Ele assinala que os estudos com filmagens de interações face a face adulto-bebê mostram que essa sociabilidade natural das crianças compromete o interesse, as intenções e os sentimentos dos pais, e apela para uma relação afetiva ou *consciência cooperativa*, que leva os bebês a tomar consciência de si e do outro, a realizar atos significativos e, eventualmente, à aquisição da linguagem (Trevarthen; Hubley, 1978).

Em uma publicação recente (Trevarthen, 2011, p. 21), enumera características inerentes à subjetividade, tal como ele a define:

> A criança é motivada desde o nascimento a atuar e perceber o mundo e a se envolver nas ações rítmicas e na consciência de outras pessoas, e assim tormar parte dos propósitos elaborados e a entender-se com elas. A descrição do ritmo expressivo e a organização desses acontecimentos lúdicos em forma de "narrativas de expressão" destacáveis têm mostrado que as condutas complexas se adaptam para sincronizar estados mentais subjetivos autorregulatórios, de forma que se compartilhem intersubjetivamente propósitos, interesses e sentimentos. A teoria da intersubjetividade infantil é uma teoria dos motivos rítmicos inatos para a regulação ativa e consciente do companheirismo em diferentes níveis de intimidade.

Não se pode negar que os bebês contam com um considerável equipamento inato para estabelecer relações, como sustenta Rivière (2003), ao ponderar a presença de programas de sintonização e harmonização da conduta do bebê na relação com os outros. O autor enumera as pesquisas clássicas na área, ressaltando que o bebê prefere os parâmetros de estímulo que se relacionam com as características físicas que definem perceptivelmente as pessoas: ou seja, os estímulos visuais de contornos curvilíneos e com características que remetem à face humana, os sons similares às características físicas da voz humana e, além disso, mostra pautas de sincronia interativa, harmonização de ritmos mútuos e condutas de protoimitação.

A tentativa de definir a subjetividade primária entre cuidador e bebê por volta dos 2 ou 3 meses de vida provocou alguns questionadores que se perguntaram onde estavam os sujeitos participantes dessa interação. De fato, há autores que afirmam que se pode falar sobre uma verdadeira intersubjetividade apenas por volta dos 9 meses, que é quando Trevarthen situa a intersubjetividade secundária. Os argumentos podem ser sintetizados em torno de dois eixos. Por um lado, porque o bebê, do ponto de vista psicológico, é um sujeito em formação. Por outro, tal como observa Rivière (2003) a partir do ponto de vista construtivista, porque para os próprios bebês as pessoas como agentes sociais são construções genéticas muito posteriores. Nessa linha, enfatiza que:

> [...] esses dados de orientação primária até os parâmetros de estímulo que definem as pessoas não deveriam ser interpretados como favoráveis à hipótese de um impulso primário até as pessoas como tais. [...] Pouco seriam úteis todos estes complexos e delicados mecanismos inatos se o bebê não estivesse rodeado, desde o princípio, de pessoas que atribuíssem uma significação humana a suas condutas, e que estão, por sua vez, preparadas para a criança, do mesmo modo que está o recém-nascido para se desenvolver por meio da relação. (RIVIÈRE, 2003, p. 113).

Critica, então, as posições inatistas e maduracionistas, como a de Trevarthen, ressaltando, por outro lado, que surgiram como reação à abordagem clássica, que considerava o bebê como uma *tábula rasa*, um ser sumamente incompetente em nível cognitivo e social. Assinala que estas perspectivas, além de serem reducionistas, deixam no campo da biologia e da filogênese aquilo que a psicologia e a ontogênese deveriam explicar.

O autor pondera o valor dos jogos circulares mais precoces no desenvolvimento da comunicação:

> [...] mediante a apresentação de estímulos repetidos e contingentes às respostas da criança (que ainda não são intencionais no sentido estrito), o adulto está estabelecendo as bases da preditabilidade e as possibilidades de antecipação, imprescindíveis para a comunicação intencional posterior. Devemos ter muito presente essa cadeia genética que leva da percepção de contingências (e as respostas sociais a elas) à antecipação de contingências (mais características do terceiro estádio de desenvolvimento sensório-motor), e dessa à comunicação intencional propriamente dita do estádio IV. A percepção de contingências é um requisito necessário de sua antecipação, como esta é de sua intenção comunicativa. (RIVIÈRE, 2003, p. 125-126).

Quanto ao desenvolvimento da comunicação interpessoal, Kaye (1982), seguindo Bates (1975), enuncia diferentes etapas ou períodos: uma fase pré-locutiva da comunicação pré-linguística, que corresponde aos atos ou expressões que podem ter um efeito no observador (p. ex., o sorriso e o pranto), uma fase ilocutiva, que são os atos que se realizam para afetar o observador (p. ex., o gesto de apontar para pedir), e uma fase locutiva, que tem lugar ao início da comunicação mediante a linguagem verbal. Em síntese, caracterizam-se:

1. O período de ritmos e regulações compartilhados – ciclos de sucção, atenção e ativação – se dá durante os primeiros 3 meses do bebê, quando os pais interagem com ele constituindo uma dualidade com a "aparência de um diálogo" (KAYE, 1982).
2. O segundo período, que se sobrepõe ao final do período anterior, se inicia em torno dos 2 meses de idade e é o das intenções compartilhadas. Neste ponto, apresenta Kaye, os adultos procuram adivinhar a intencionalidade do bebê. No entanto, esse processo começa com uma responsabilidade unilateral e, por isso, a intersubjetividade (primária) está só na imaginação dos pais (e na de Trevarthen, ironiza Kaye), os quais lhe atribuem capacidades de comunicação intencionais e níveis de compreensão superiores aos quais eles na realidade possuem. No entanto, Kaye exorta a manter segredo profissional sobre o tema, já que esta atuação das figuras do pré-escolar alguns passos adiante das capacidades atuais da criança é fonte e criação de aprendizagens para o bebê. Sem dúvida, os pais criam de maneira contínua uma zona social (de desenvolvimento próximo) com o bebê e interagem nela (o exemplo vygotskiano de construção do gesto para pedir é um exemplo de criação de compreensões compartilhadas, que abordaremos mais adiante).
3. O terceiro período, por volta dos 8 meses de idade, se caracteriza pelo começo da intencionalidade compartilhada. Dentro dessa etapa, em torno dos 9 meses, Trevarthen situa a intersubjetividade secundária, caracterizada pelas relações triádicas adulto-bebê-objeto. Aqui começam a surgir os primeiros gestos comunicativos que Bates denomina protoimperativos e protodeclarativos, aos quais nos referiremos na próxima seção.
4. Finalmente, o quarto período, a fase locutiva da comunicação, supõe o início da linguagem verbal compartilhada, por volta dos 18-20 meses de vida da criança.

GESTOS E DESENVOLVIMENTO DA COMUNICAÇÃO

Guidetti e Nicoladis (2008) se perguntam por que se insiste tanto nos movimentos significativos das mãos e sugerem algumas hipóteses que contribuem para a discussão: em primeiro lugar, as crianças começam a fazer gestos, como apontar, cumprimentar e pedir, antes de falar. Em segundo lugar, esses gestos continuam depois da aquisição da linguagem e inclusive estão presentes nos adultos, uma vez que a comunicação é um *fenômeno multimodal*. Em terceiro lugar, as investigações atuais mostram que, efetivamente, o uso de gestos comunicativos e sua aprendizagem por *ritualização ontogenética* (TOMASELLO, 2008) ou por imitação formam a base para a emergência da linguagem verbal (veja o Capítulo 9 deste livro). A "revolução" no desenvolvimento da comunicação, como assinalamos anteriormente, não ocorre com o surgimento das primeiras palavras, mas com o nascimento da intenção comunicativa no contexto da intersubjetividade humana.

Existem diferentes classificações dos sistemas gestuais infantis, e a terminologia utilizada para descrevê-los varia de acordo com as abordagens teóricas dos pesquisadores. Em geral, a literatura sobre o tema (GUIDETTI; NICOLADIS, 2008) costuma diferenciar dois grandes grupos: 1) os gestos dêicticos; e 2) os gestos *referenciais* (CASELLI, 1990), *representacionais* (IVERSON; CAPIRCI; CASELLI, 1994), *simbólicos* (ACREDOLO; GOODWYN, 1988) ou *icônicos* (NAMY; CAMPBELL; TOMASELLO, 2004).

Para Tomasello (2008), estes últimos dependem de habilidades de imitação, simulação e simbolização: o emissor realiza alguma ação com suas mãos e/ou seu corpo e induz o receptor a imaginar algum referente ausente. (Por isso também os chama "pantomima".) Esses gestos procuram direcionar a imaginação do interlocutor a algo que não está no contexto perceptivo imediato, enquanto os gestos dêicticos procuram direcioná-la para algo que esteja no contexto perceptivo imediato.

Os gestos dêicticos, tais como apontar, mostrar e dar, são triádicos, ou seja, procuram voltar a atenção de outra pessoa a um objeto externo e são acompanhados de contato visual com o receptor ou de olhares que alternadamente se dirigem ao receptor ou ao objeto externo (CAMAIONI, 1997). Segundo Bates, Camaioni e Volterra (1975), esses gestos protodeclarativos e protoimperativos aparecem entre os 10 e 13 meses, durante o quinto estádio do período sensório-motor. Os autores descrevem três formas de utilização das ferramentas: o uso de um objeto para obter ou operar sobre outro objeto (objeto-objeto), o uso dos adultos como meio para conseguir um objeto desejado (pessoa-objeto) e o uso de objetos para chamar a atenção do adulto (objeto-pessoa). Os últimos dois casos supõem o uso de ferramentas sociais e correspondem às formas protoimperativa e protodeclarativa de comunicação.

Camaioni (1997) sustenta que, assim como o protointerativo supõe uma expectativa sobre o funcionamento das pessoas como agentes causais, o protodeclarativo implica uma intenção comunicativa que acarreta a capacidade para representar e influenciar o estado de atenção da outra pessoa e, ao mesmo tempo, representá-la como capaz de compreender e compartilhar a experiência. Em outros termos, as crianças tratam aos outros como sujeitos que possuem *estados psicológicos independentes*. A hipótese de que esses gestos triádicos embasam diferentes competências sociocognitivas tem sido sustentada por pesquisas que comparam o desenvolvimento típico com alterações do desenvolvimento. Tem-se assinalado que os gestos protodeclarativos são precursores iniciais da teoria da mente no desenvolvimento típico, isto é, na compreensão de desejos, intenções, crenças, emoções e outros estados mentais próprios e alheios (Baron-Cohen, 1995) veja também o Capítulo 10 deste livro. As crianças com autismo, cujas habilidades mentais se encontram alteradas, apresentam severas dificuldades no desenvolvimento dessas pautas declarativas, mas costumam preservar os gestos protoimperativos, inclusive apesar de serem adquiridos mais tarde (Baron-Cohen, 1995; Camaioni et al., 2004; Colombi et al., 2009; Rivière; Núñez, 1996; Valdez, 2007; Valdez; Huertas Martínez, 2005). Inclusive nas pessoas com autismo que utilizam linguagem verbal pode-se notar a presença massiva de formas imperativas e ausência ou limitação das declarativas, como correlato do desenvolvimento da comunicação pré-linguística (Valdez, 2007). Recordemos que a ausência de protodeclarativos aos 18 meses de idade constitui, junto com o déficit no jogo de ficção e os olhares de referência conjunta, critérios fundamentais para a definição inicial do autismo em instrumentos de *screening* como o CHAT ou o M-CHAT (Robins et al., 2001).

Em uma pesquisa recente, Liszkowski et al. (2006) encontraram que os bebês entre 12 e 18 meses apontam não só para pedir e mostrar, mas também para mostrar a outra pessoa onde está o objeto que procuram. Os autores observam, então, que, além de motivos imperativos e declarativos, os bebês realizam gestos para compartilhar informação, isto é, com motivos informativos. Esse *pointing* implica duas características importantes: a habilidade da criança para detectar qual informação é relevante para o adulto e a motivação para transmitir informação a outros em um contexto comunicativo. Para os autores, essa conduta supõe uma habilidade pró-social que está por trás do comportamento de ajudar os outros. Eles compartilham com a perspectiva sociocognitiva a ideia de que os gestos podem ser compreendidos no contexto de outras habilidades, como a ação conjunta, a intenção conjunta e a atenção conjunta (CARPENTER, 2009). Por outro lado, criticam o reducionismo cognitivo e enfatizam que o modelo de cooperação humana está na base destas aquisições.

Nessa linha, distinguem-se três tipos de gestos associados a três tipos de intenções sociais ou motivos (WARNEKEN; TOMASELLO, 2007):

- Os gestos declarativos expressivos, que são os empregados para compartilhar emoções e atitudes sobre coisas: os bebês desejam que os outros sintam coisas.
- Os gestos declarativos informativos, com os quais ajudam os outros, dando-lhes a informação que querem ou necessitam: os bebês desejam que os outros saibam coisas.
- Os gestos imperativos ou pedidos, que utilizam para solicitar ajuda aos outros a fim de alcançar um objeto: os bebês desejam que os outros façam coisas. Tomasello (2008) afirma que estes devem ser compreendidos como um contínuo que vai da ordem à sugestão: desde gestos imperativos baseados em motivos individuais (apontar para um brinquedo para pedi-lo ao adulto) até pedidos mais indiretos, relativos aos motivos cooperativos, solicitando a ajuda de um adulto.

DESENVOLVIMENTO COMUNICATIVO E CONSTRUÇÃO SUBJETIVA

A importância do desenvolvimento destes gestos comunicativos se deve a serem competências centrais para a construção do sujeito. Estamos na presença do desenvolvimento de *funções críticas de humanização*. Nas palavras de Rivière (1993, p. 13): "[...] na perspectiva interacionista, comunicar não é já estabelecer relações de consciências essencialmente solidárias [...], mas muito mais do que isso: construir consciências, criar pessoas [...]".

Nesse sentido, da perspectiva do desenvolvimento ontogenético, não se pode conversar consigo próprio (produzir um monólogo interior ou *vozes da mente*) sem ter participado das protoconversas e conversas com outros representantes do sistema simbólico da cultura.

A concepção dialógica da consciência que Vygotsky coloca é condizente com seu modelo de desenvolvimento, já que se a consciência humana tem uma origem social – se constitui seguindo uma direção predominantemente exógena, ou de fora para dentro – essa origem remete às relações intersubjetivas de natureza semiótica. Quando o autor, de maneira metafórica, afirma que a consciência é o contato social consigo mesmo, está destacando estas notas essenciais da construção subjetiva: sua origem, seu caráter dialógico e sua natureza semiótica (BAJTÍN, 1983).

Em seu clássico trabalho sobre a fala da criança, Bruner (1983) abre um caminho para explicar o desenvolvimento comunicativo superando a "impossível posição condutista" e a "milagrosa posição inatista" (veja o Capítulo 7 deste livro). Distingue os formatos comunicativos intersubjetivos como dispositivos de apoio (que abrangem desde as intenções mais precoces até a construção da linguagem das crianças), e os caracteriza como "festas móveis", pautas de interação com papéis que se tornam reversíveis (pense, por exemplo, na brincadeira de esconde-esconde), que supõem a alternância e a constituição de contextos socioemocionais compartilhados. Os formatos, iguais à estrutura, são definitivamente *instrumentos para transmitir a cultura* (BRUNER, 1983).

É justamente no contexto das relações intersubjetivas com os maiores que a criança tem acesso à cultura. O conceito de internalização (ou interiorização) implica a construção de um espaço intrapsicológico, cuja origem é a atividade interpsicológica, a princípio com os membros mais próximos da família ou as figuras de criação. Como propõe Rivière (1985, p. 43):

> Sem os outros, a conduta instrumental não chegaria a se converter em mediação significativa, em signo. Sem a conduta instrumental não haveria materiais para essa conversão. Sem os signos externos não seriam possíveis a internalização e a construção das funções superiores.

Vygotsky (1988) utiliza como exemplo paradigmático o desenvolvimento do gesto de apontar, mencionado anteriormente. Nessa cena inaugural, o bebê aparece em suas primeiras tentativas de alcançar um objeto por seus próprios meios. Suas mãos permanecem estendidas em direção ao objeto, suspensas no ar, na tentativa infrutífera de pegá-lo. A situação "muda radicalmente" quando aparece em cena sua mãe, que estabelece outro significado: o bebê está "pedindo" o objeto. "O movimento de segurar se transforma no ato de apontar [...]" (VYGOTSKY, 1988, p. 93) e o significado deste gesto é estabelecido pelos demais neste plano intersubjetivo. Mais tarde, a própria criança começará a interpretar seu movimento como gesto de apontar. Para Vygotsky, "passamos a ser nós mesmos por meio dos outros", nisso consiste o processo de formação de personalidade. Nas palavras de Eco (1984): "Sem signos não há sujeito [...]". O desenvolvimento da comunicação constitui, então, um processo de progressiva subjetivação.

ALGUMAS IMPLICAÇÕES PSICOEDUCATIVAS

Os estudos sobre o núcleo intencional da comunicação humana e seu desenvolvimento precoce são de fundamental importância para compreender o processo de subjetivação e explicar a diversidade de maneiras pelas quais pode ocorrer o desenvolvimento evolutivo.

De fato, as pesquisas sobre o desenvolvimento comunicativo na última década, como já mencionamos, os processos de atenção conjunta e a intencionalidade compartilhada têm sido peças-chave para construir ferramentas de detecção dos transtornos do espectro autista e para criar dispositivos de intervenção desde cedo para o desenvolvimento de pautas intersubjetivas, habilidades de referência conjunta e desenvolvimento de competências comunicativas (PAUL, 2008; PAUL; WILSON, 2009; ROWLAND, 2009). Essas ações, como se sabe bem, melhoram o prognóstico na maioria dos casos (HERNÁNDEZ et al., 2005).

Uma questão central para avaliar e para determinar estratégias de intervenção desde cedo é a diferenciação entre comunicação, linguagem e fala. Nesta fase é primordial focar as habilidades de comunicação e a intencionalidade comunicativa e abandonar a perspectiva que reduz a comunicação à fala e à linguagem. O "fundamentalismo" da linguagem falada tem agravado o isolamento das pessoas com alterações na comunicação, por ter evitado a diversidade de formatos semióticos alternativos ou complementares à fala.

As formas de comunicação, os signos utilizados para a expressão e a compreensão do mundo interpessoal, podem ser muito diversos. De fato, dentro da perspectiva da chamada filosofia da comunicação total, busca-se adotar todo tipo de signo que torne possível a comunicação, já que não necessariamente sempre a ferramenta privilegiada para a comunicação humana – a fala – é a mais apropriada para todos os sujeitos (Schaeffer, 2011), especialmente na interação com crianças pequenas. É preciso levar em conta, além disso, que além da idade cronológica é importante focar as fases de desenvolvimento descritas anteriormente. Podemos encontrar crianças de 4 ou 5 anos que não desenvolveram as pautas intersubjetivas secundárias e que não realizam gestos de apontar para pedir ou mostrar. Conhecer esses padrões ou fases de desenvolvimento pode ser crucial para elaborar estratégias de intervenção apropriadas para cada sujeito. Também existem crianças que apresentam linguagem verbal, mas sem função comunicativa (diferentes formas de ecolalia).

As novas formas de intervenção educativa por meio de diversos instrumentos semióticos têm dado lugar à criação de novos programas comunicativos e sistemas de signos com diferentes suportes, desde gestos naturais e sinais até objetos em miniatura, fotos, desenhos e pictogramas, inseridos nos sistemas alternativos e/ou aumentativos de comunicação (SAAC) (Mirenda; Iacono, 2009).

Alguns dos programas de ensino de pautas comunicativas, como os de Klinger e Dawson (1992), Newson (2001) e o de Rogers e Dawson (2010), se baseiam nas pesquisas atuais sobre o desenvolvimento comunicativo infantil e em noções como as de estruturação e avaliação dinâmica.

Esse tipo de intervenção no contexto das relações intersubjetivas põe especial ênfase nas práticas de criação, no apoio e na colaboração com os pais e no desenvolvimento da comunicação não verbal. Os dispositivos de estruturação constituem apoio para aprender (Benassi; Valdez, 2011; Valdez, 2011) e, por isso, podem se converter em valiosas ferramentas no contexto da intervenção psicoeducativa em crianças com transtorno do espectro autista ou com transtornos de comunicação. A ação da criança se insere no contexto de atuação global e a ajuda do adulto se retira gradualmente à medida que aumentam a compreensão e a autonomia da criança. Um exemplo muito elucidativo das situações de estruturação é o jogo de esconde-esconde com o bebê. A princípio, o adulto realiza praticamente toda a tarefa, estabelecendo os ritmos que vão configurando a alternância de papéis, até que a criança começa a utilizar de maneira ativa seus turnos no jogo e, inclusive, depois descobre o adulto escondido atrás das mãos. Posteriormente, a criança inicia a sequência do jogo, trocando papéis e se escondendo – ingenuamente, de maneira incompleta – e esperando que o adulto continue com a emissão das palavras do jogo. Bruner (1983) disse que neste jogo se encontra a estrutura completa dos futuros diálogos: intenções compartilhadas, troca de papéis, alternância e compreensão do formato por parte de ambos os interlocutores. A estrutura some gradualmente à medida que deixa de ser necessário, quer dizer, quando a capacidade de compreensão da atividade aumenta por parte da criança.

Cazden (1991) destaca que, no dispositivo de estruturação, o principiante participa desde o início no núcleo da tarefa. A situação de aprendizagem se converte em um aparente paradoxo, em que o aprendiz deve participar da execução da tarefa antes de ser competente para isso. Esses processos se destinam a construir "compreensões compartilhadas" e, nesse sentido, para Valsiner (1996), os sujeitos tendem a participar em contextos separados, mas tratando-os como se fossem compartilhados. Essa forma particular de participação guiada por um adulto (ROGOFF, 1991) em uma atividade socialmente organizada no seio da cultura é uma condição de possibilidade para que tal compreensão se produza.

Rogers e Dawson (2010) ponderam especialmente as funções pragmáticas da comunicação entre bebês e adultos, que consistem em compartilhar emoções e interesses e interagir pelo prazer de fazê-lo, brincando de cachorrinho, mediante jogos com o corpo, por meio de gestos, cantando, enfatizando as expressões faciais e usando o olhar, os movimentos corporais, as condutas de imitação e contraimitação e as pautas de ação e atenção conjuntas.

Ainda que não seja fácil planificar as sequências de intervenção – já que são formas de vínculo e relação naturais entre bebês e adultos no seio da cultura – esses programas colocam formatos de interação com crescentes graus de complexidade e sugestões de intervenção do adulto para elicitar diversas atividades sociais e comunicativas nas crianças. Por exemplo, Klinger e Dawson (1992) propõem objetivos de intervenção para promover uma resposta social desde cedo, que inclui comunicação verbal e não verbal, contingenciada, observação social, alternância de turnos, imitação e atenção conjunta. Essas estratégias são modeladas a partir de comportamentos de interação social desde cedo, que ocorrem de forma natural e estão baseadas no conhecimento das sequências de um desenvolvimento típico, que vai desde formas muito simples de interação até habilidades de interação social cada vez mais complexas, apoiadas pelos cuidadores. Os apoios não devem constituir uma prescrição uniforme, mas que têm de variar em quantidade, modo e qualidade, segundo as interações interpessoais envolvidas.

Sem dúvida, há muito caminho a percorrer, e os transtornos do espectro autista nos lançam esses desafios. Os avanços nas pesquisas sobre o desenvolvimento comunicativo nos bebês nos permitirão compreender mais profundamente as fases evolutivas no processo de construção subjetiva e também nos proporcionarão mais ferramentas para compreender os diversos caminhos que podem ser percorridos nos transtornos do desenvolvimento e as possíveis modalidades de intervenção para construir significados compartilhados e permitir a comunicação.

REFERÊNCIAS

ACREDOLO, L. P.; GOODWYN, S. Symbolic gesturing in normal infants. *Child Development*, v. 59, p. 4450-4466, 1998.
BAJTÍN, M. M. *The dialogic imagination*: four essays. Austin: University of Texas, 1983.
BARON-COHEN, S. *Mindblindness*: an essay on autism and theory of mind. Cambridge: MIT, 1995.
BATES, E.; CAMAIONI, L.; VOLTERRA, V. The acquisition of performatives prior to speech. *Merrill-Palmer Quarterly*, v. 21, p. 205-224, 1975.
BENASSI, J.; VALDEZ, D. Ayudas para construir significados compartidos: uso de materiales visuales en la intervención psicoeducativa en niños con trastornos del espectro autista. In: VALDEZ, D.; RUGGIERI, V. (Org.). *Autismo*: del diagnóstico al tratamiento. Buenos Aires: Paidós, 2011.
BLOOM, L. Intentionality and theories of intentionality in development. *Human Development*, v. 43, p. 178-185, 2000.
BRUNER, J. *Acts of meaning*. Cambridge: Harvard University, 1990.
BRUNER, J. *Child's talk*. Oxford: Oxford University, 1983.
CAMAIONI, L. et al. The role of declarative pointing in developing a theory of mind. *Infancy*, v. 5, n. 3, p. 291-308, 2004.
CAMAIONI, L. The emergence of intentional communication in ontogeny, phylogeny and pathology. *European Psychologist*, v. 2, n. 2, p. 16-225, 1997.
CARPENTER, M. Just how joint is joint action in infancy? *Topics in Cognitive Science*, v. 1, p. 380-392, 2009.
CASELLI, M. C. Communicative Gestures and First Words. In: VOLTERRA, V.; Erting, C. J. (Ed.). *From gesture to language in hearing and deaf children*. Berlín: Springer-Verlag, 1990. p. 56-67.
CAZDEN, C. *El discurso en el aula*: el lenguaje de la enseñanza y del aprendizaje. Barcelona: Paidós, 1991.
CHAWARSKA, K.; KLIN, A.; VOLKMAR, F. *Autism spectrum disorders in infants and toddlers*: diagnosis, assessment and treatment. Nova York: Guilford, 2008.
CLARK, R. A. The transition from action to gesture. In: LOCK, A. J. (Ed.). *Action, gesture, and symbol*: the emergence of language. Londres: Academic, 1978. p. 231-257.
COLOMBI, C. et al. Examining correlates of cooperation in autism: imitation, joint attention, and understanding intentions. *Autism*, v. 13, p. 143-163, 2009.

DAWSON, G. et al. Early social attention impairments in autism: social orienting, joint attention, and attention to distress. *Developmental Psychology*, v. 40, p. 271-283, 2004.

ECO, U. *Semiótica y filosofía del lenguaje*. Barcelona: Lumen, 1984.

ESPAÑOL, S. *Cómo hacer cosas sin palavras*: gesto y ficción em la infancia temprana. Madri: Antonio Machado, 2004.

GUIDETTI, M.; NICOLADIS, E. Introduction to special issue: gestures and communicative development. *First Language*, v. 28, n. 2, p. 107-115, 2008.

HERNÁNDEZ, J. et al. Guía de buena práctica para la detección temprana de los trastornos del espectro autista. *Revista de Neurología*, v. 41, p. 237-245, 2005.

IVERSON, J. M.; CAPIRCI, O.; CASELLI, M. C. From communication to language in two modalities. *Cognitive Development*, v. 9, p. 23-43, 1994.

KARMILOFF-SMITH, A. Atypical epigenesist. *Developmental Science*, v. 10, n. 1, p. 84-88, 2007.

KARMILOFF-SMITH, A. Nativism versus neuroconstructivism: rethinking the study of developmental disorders. *Developmental Psychology*, v. 45, n. 1, p. 56-63, 2009.

KAYE, K. *The mental and social life of babies*. Chicago: University of Chicago, 1982.

KLINGER, L.; DAWSON, G. Facilitating early social and communicative development in children with autism. In: WARREN, S.; REICHLE, J. (Ed.). *Causes and effects in communication and language intervention*. Baltimore: Brookes, 1992. p. 157-186.

LIEBAL, K.; CARPENTER, M.; TOMASELLO, M. Infants' use of shared experience in declarative pointing. *Infancy*, v. 15, n. 5, p. 545-556, 2010.

LISZKOWSKI, U. et al. Twelve- and 18- month-olds point to provide information for others. *Journal of Cognition and Development*, v. 7, p. 173-187, 2006.

LOCK, A. Preverbal communication. In: BREMNER, J. G.; FOGEL, A. (Ed.). Handbook of infancy research. Oxford: Blackwell, 1999. p. 380-403.

LOTMAN, I. M. La semiosfera I: semiótica de la cultura y el texto.Madri: Cátedra, 1996.

MIRENDA, P.; IACONO, T. (Org.). Autism spectrum disorders and AAC. Baltimore: Paul Brooks, 2009.

MOLL, H.; TOMASELLO, M. Co-operation and human cognition: the Vygotskian intelligence hypothesis. *Philosophical Transactions of the Royal Society*, v. 362, p. 639-648, 2007.

MOLL, H.; TOMASELLO, M. Infant cognition. *Current Biology*, v. 20, p. 872–875, 2010.

MORGADE, M. Intencionalidad y sentido en la actividad: algunos apuntes desde la historia. In: ROSAS, R. (Org.). *La mente reconsiderada*. Santiago de Chile: Psykhe, 2001. p. 249-288.

NAMY, L. L.; CAMPBELL, A. L.; TOMASELLO, M. The changing role of iconicity in non-verbal symbol learning: a u-shaped trajectory in the acquisition of arbitrary gestures. *Journal of Cognition and Development*, v. 5, p. 37-57, 2004.

NEWSON, E. La pragmática del linguaje. In: RIVIÈRE, A.; MARTOS, J. (Ed.). *El niño pequeño con autismo*. Madri: APNA, 2001. p.71-86.

PAUL, R. Communication development and assessment. In: CHAWARSKA, K.; KLIN, A.; VOLKMAR, F. (Ed.). Autism disorders in infants and toddlers. Nova York: Guilford, 2008. p. 76-103.

PAUL, R.; WILSON, K. Assessing speech, language and communication in autism spectrum disorders. In: GOLDSTEIN, S.; NAGLIERI, J.; OZONOFF, S. (Ed.). *Assessment of autism spectrum disorders*. Nova York: Guilford, 2009. p. 171-208.

REDDY, V. *How Infants know minds*. Cambridge: Harvard University, 2008.
RIBA, C. *La comunicación animal*: un enfoque zoosemiótico. Barcelona: Anthropos, 1990.
RIBA, C. La explicación intencional: acciones, metas, representaciones. *Estudios de Psicología*, v. 23, n. 3, p. 295-322, 2002.
RIVIÈRE, A. Interacción precoz: una perspectiva Vigotskiana a partir de los esquemas de Piaget. In: RIVIÈRE, A. *Obras escogidas*. Madri: Panamericana, 2003. v. 2. p. 109-142.
RIVIÈRE, A. *La psicología de Vigotsky*. Madri: Visor, 1985.
RIVIÈRE, A. Prólogo. In: SOTILLO, M. *Sistemas alternativos de comunicación*. Madri: Trotta, 1993. p. 9-13.
RIVIÈRE, A.; NÚÑEZ, M. *La mirada mental*. Buenos Aires: Aique, 1996.
ROBINS, D. et al. The modified-checklist for autism in toddlers (M-CHAT): an initial investigation in the early detection of autism and pervasive developmental disorders. *Journal of Autism and Developmental Disorders*, v. 31, n. 2, p. 131-144, 2001.
RODRÍGUEZ, C. *Del ritmo al símbolo*: los signos en el nacimiento de la inteligência. Barcelona: Cuadernos de Educación, 2006.
ROGERS, S.; DAWSON, G. *Early start denver model for young children with autism*: promoting language, learning, and engagement. Nova York: Guilford, 2010.
ROGOFF, B. *Apprenticeship in thinking*: cognitive development in social context. Oxford: Oxford University, 1991.
ROWLAND, C. Presymbolic communication with autism spectrum disorders. In: MIRENDA, P.; IACONO, T. (Org.). *Autism spectrum disorders and AAC*. Baltimore: Paul Brooks, 2009. p. 51-82.
SARRIÁ, E. Observación de la comunicación intencional preverbal: un sistema de codificación basado en el concepto de categoría natural. *Psicothema*, v. 3, n. 2, p. 359-380, 1991.
SCHAEFFER, B. Habla signada para niños no verbales con autismo. In: VALDEZ, D.; RUGGIERI, V. (Org.). *Autismo*: del diagnóstico al tratamiento. Buenos Aires: Paidós, 2011. p. 273-298.
STERN, D. N. *The interpersonal world of the infant*: a view from psychoanalysis and development psychology. Nova York: Basic Books, 1985.
TOMASELLO, M. Why don't apes point? In: ENFIELD, N.; LEVINSON, S. (Ed.). *Roots of human sociality*. Oxford: Wenner-Grenn, 2006. p. 506-524.
TOMASELLO, M. et al. Understanding and sharing intentions: the origins of cultural cognition. *Behavioral and Brain Sciences*, v. 28, p. 675-691, 2005.
TOMASELLO, M. *Origins of human communication*. Cambridge: MIT, 2008.
TOMASELLO, M.; MOLL, H. The gap is social: human shared intentionality and culture. In: KAPPELER, P.; SILK, J. (Ed.). *Mind the gap*: tracing the origins of human universals. Berlín: Springer-Verlag, 2010. p. 331-349.
TREVARTHEN, C. Cómo y cuándo comunican los niños. In: MONFORT, M. (Ed.). *Enseñar a hablar*. Madri: CEPE, 1995. p. 17-42.
TREVARTHEN, C. et al. *Children with autism*. London: Jessica Kingsley, 1998.
TREVARTHEN, C. La psicobiología intersubjetiva del significado humano: el aprendizaje de la cultura depende del interés en el trabajo práctico cooperativo y del cariño por el gozoso arte de la buena compañía. *Clínica e Investigación Relacional*, v. 5, n. 1, p. 17-33, 2011.

TREVARTHEN, C.; AITKEN, K. J. Intersubjectivité chez le nourrisson: recherche, théorie et application Clinique. *Devenir*, v. 15, n. 4, p. 309-428, 2003.

TREVARTHEN, C.; HUBLEY, P. Secondary intersubjectivity: confidence, confiding and acts of meaning in the first year. In: LOCK, A. (Ed.). *Action, gesture and symbol*: the emergence of language. London: Academic, 1978. p. 183-230.

VALDEZ, D. *Necesidades educativas especiales en trastornos del desarrollo*. Buenos Aires: Aique, 2007.

VALDEZ, D. Teoría de la mente, inteligencia emocional y espectro autista. In: VALDEZ, D.; RUGGIERI, V. (Org.). *Autismo*: del diagnóstico al tratamiento. Buenos Aires: Paidós, 2011. p. 299-336.

VALDEZ, D.; HUERTAS MARTÍNEZ, J. A. *Evaluación de indicadores sutiles de inferencias mentalistas y competências comunicativas sutiles en personas con Síndrome de Asperger*. Madrid: Universidad Autónoma de Madrid, 2005.

VALSINER, J. Soziale und emotionale Entwicklungsaufgaben im kulturellen Kontext. In: ASENDORPF, J.; RAUH, H. (Ed.). *Enzyklpädie der psychologie*: soziale, emotionale und persönlichkeitsentwicklung. Göttingen: Hogrefe, 2005. v. 3.

VALSINER, J. *The guided mind*: a sociogenetic approach to personality. Cambridge: Harvard University, 1998.

VIGOTSKY, L. S. *El desarrollo de los procesos psicológicos superiores*. México: Crítica, 1988.

WARNEKEN, F.; TOMASELLO, M. Helping and cooperation at 14 months of age. *Infancy*, v. 11, p. 271-294, 2007.

WARNEKEN, F.; TOMASELLO, M. Roots of human altruism. *British Journal of Psychology*, v. 100, p. 455-471, 2009b.

WARNEKEN, F.; TOMASELLO, M. Varieties of Altruism in children and chimpanzees. *Trends in Cognitive Science*, v. 13, n. 9, p. 397-402, 2009a.

WETHERBY, A. et al. Validation of the infant toddler checklist as a broadband screener for autism spectrum disorders from 9 to 24 months of age. *Autism*, v. 12, n. 5, p. 487, 2008.

Leituras recomendadas

BATES, E. *Language and context: the acquisition of pragmatics*. Nova York: Academic, 1976.

LIEBAL, K. et al. Infants use shared experience to interpret pointing gestures. *Developmental Science*, v. 12, p. 264-271, 2009.

ON-COHEN, S. et al. Psychological markers in the detection of autism in infancy in a large population. *British Journal of Psychiatry*, v. 168, p. 158-163, 1996.

VALSINER, J. Co-constructivismo y desarrollo: una tradición sociohistórica. *Anuario de Psicología*, v. 69, p. 63-82, 1996.

VIGOTSKY, L. S. Historia del desarrollo de las funciones psíquicas superiores. In: VIGOTSKY, L. S. *Obras escogidas*. Madri: Visor, 1995. v. 3, p. 11-340.

8
Semiose e desenvolvimento humano[1]

Silvia Español

AS TRANSFORMAÇÕES NAS CIÊNCIAS HUMANAS E AS FIGURAS DO DESENVOLVIMENTO SEMIÓTICO

A *transformação linguística* que ocorreu nas ciências humanas no século XX levou ao fato de que a linguagem, antes vista como mera ferramenta de caráter designativo para a expressão do pensamento, passasse a estar envolvida em quase todas as questões humanas: na construção da realidade e da subjetividade, em nossos critérios de verdade e em nossas relações interpessoais. A transformação linguística, que foi detalhada, por sua vez, como uma transformação pragmática e hermenêutica, enfatizou a intersubjetividade e descobriu, entre outras coisas, o vínculo entre a linguagem e a ação. Ela adotou formas e teorias muito diversas, às vezes pouco compatíveis entre si, em todas as ciências humanas e foi certamente o berço conceitual de estudos cruciais sobre a aquisição da linguagem e a comunicação pré-verbal.

Enquanto no princípio da década de 1960 Austin (1962) afirmou que em todo *ato da fala* três atos são realizados simultaneamente: um ato *pré-locutivo* (o efeito no receptor), um *alocutivo* (a intenção do emissor) e um *locutivo* (a emissão linguística propriamente dita), na década seguinte, Bates (1976) desenvolveu a ideia de que os componentes pré-locutivos, alocutivos e locutivos – simultaneamente, nos atos de fala dos adultos – podiam se apresentar de forma sequencial no desenvolvimento ontogenético. Percebeu-se, então, que por trás dos gestos e das vocalizações anteriores à fala se encontrava a intenção da criança de se comunicar com os demais, frequentemente com fins declarativos (veja o Capítulo 7 deste livro). Essa ideia, hoje banal para nós, foi uma das grandes mudanças que a transformação linguística produziu na psicologia do desenvolvimento.

Entre as teorias que a transformação linguística ajudou a gerar se encontra a *teoria da semiótica por suspensão*, de Ángel Rivière, uma figura única que relaciona os marcos do desenvolvimento com a "vocação para palavra". Os três primeiros níveis da teoria – os *gestos dêicticos*, os *símbolos inativos* e a *brincadeira de faz de conta* – estão estruturados pela independência da ação em relação à linguagem, e o quarto nível é a *linguagem metafórica*. A linguagem, com a metáfora como seu ponto culminante, se assemelha ao *ethos* do desenvolvimento semiótico. Não é em vão que Rivièrie costumava descrever a ontogênese como um processo formidável que converte alguns mamíferos em poetas.

Em 1990, na obra *The roots of thinking*, a bailarina, coreógrafa e filósofa Sheets-Johnstone cunhou outra expressão análoga: a *transformação corporal*. No século XX, argumenta, as humanidades foram um campo marcado por duas transformações conceituais que ocorreram uma depois da outra: primeiro, a transformação linguística, e, depois, a corporal. Em cada uma delas, se voltou a atenção a questões amplamente ignoradas e foram corrigidas diversas distorções. A transformação linguística implicou que deixássemos de considerar a linguagem como uma mera ferramenta estática de expressão do pensamento. Já a transformação corporal propôs o abandono da ideia de que não há pensamento fora de um sistema de símbolos de alguma classe (matemáticos, linguísticos, logísticos) que tenha a capacidade de medir a referência a alguma outra coisa. Ele também implicou a mudança da visão de nosso corpo, como um aspecto necessário, mas, em última análise, acessório em relação à cognição, à inteligência e, inclusive, à afetividade, e o transformou em um corpo ressonante disposto a experiências dinâmicas. Assim, deu lugar ao reconhecimento de um pensamento não necessariamente referencial. A dança, a experiência paradigmática do pensar em movimento, não é "sobre algo", a menos que este algo seja o próprio movimento. Na dança e especialmente na dança improvisada, não figurativa, que não segue uma coreografia prévia, como é o caso do *contact*, o movimento não é um veículo por meio do qual nos referimos a outra coisa qualquer, nem transcreve o pensamento, mas é o próprio pensamento. Não se trata de corpos fazendo símbolos mediante movimentos, mediando uma referência, mas de corpos ressonantes que criam um mundo dinâmico e particular, sem intermediários. Pensar em movimento é uma forma de ser no mundo, de tomá-lo momento a momento e vivê-lo de maneira direta no movimento. Os movimentos da dança improvisada possibilitam que "algo seja" uma coisa que nunca foi antes e que nunca voltará a ser, e que, portanto, não tem como ser repetida.

Na dança improvisada, os *qualia* do movimento, assim como o pensar em movimento, são ampliados. Porém, as formas de pensar em movimento podem diferir consideravelmente. Esse tipo de pensamento tem fins exploratório-organizacionais na infância, e estéticos, na dança. A experiência de um bebê em movimento é diferente da de um adulto dançando, ainda que as duas sejam modos de pensar em movimento que emergem de corpos ressonantes que criam um mundo dinâmico e sem intermediários. Ambas indicam que, para ter um sentido, não é necessário fazer uma referência nem ter um nível verbal: o pensar em movimento, como a dança e a música, é opaco em relação à linguagem.

De acordo com Sheets-Johnstone (2009), a primeira transformação do pensamento no século XIX, a transformação linguística, produziu reorganizações conceituais extraordinárias; já a segunda, a transformação corporal, está gerando-as agora, por meio da união de três perspectivas: a fenomenológica, a ontogenética e a filogenética. Um campo no qual a perspectiva ontogenética, relacionada com as outras duas, tem sido extremamente prolífica é o da troca mais primária entre o adulto e o bebê, aquela que ocorre antes do nascimento da comunicação referencial e que conduz a estados de comunhão e intimidade. Nelas, com frequência, se apela à dança como imagem para descobrir o que acontece na interação e, na mesma medida, ou ainda mais, se recorre à música. Em essência, presta-se atenção ao modo como o movimento cria, entre outras coisas, um sentido de si próprio como unidade separada e ao mesmo tempo vinculada aos outros e a como o fluir contínuo dos movimentos, em um mundo cinético de possibilidades sempre novas, conduz sentimentos dinâmicos que, ao serem compartilhados, criam o modo primordial de estar ou ser "entre nós", desde o início da vida e ao longo dela.

Da transformação corporal surgiu mais uma figura clara, como a teoria da semiótica por suspensão, que permite vislumbrar o extenso percurso do desenvolvimento semiótico. Há, na verdade, um termo um tanto equivocado, a *musicalidade comunicativa*, que, ao menos por ora, parece ter sido decantado como o nome que reúne aqueles trabalhos que nos permitem esboçar outra possível figura do desenvolvimento semiótico. O termo foi empregado pela primeira vez por Malloch (1999) para denominar nossa habilidade para sugerir por meio do ritmo o contexto do gesto motor e sonoro do outro, uma capacidade essencial para a comunicação humana. Dez anos depois, Malloch e Trevarthen (2009) publicaram o livro *Communicative Musicality*, que não só reúne as descobertas no estudo das primeiras trocas entre o adulto e o bebê na psicologia do desenvolvimento, como também textos sobre estética evolucionista, psicologia da música e *performances* artísticas relacionadas com esses assuntos.

Nas próximas seções, focaremos alguns aspectos da teoria da semiótica por suspensão e da musicalidade comunicativa. Nosso propósito é mostrar, por um lado, o percurso do desenvolvimento semiótico que configura a ação como motor e a linguagem como *ethos* e, de outro, o que acontece quando o motor é o movimento e a dança, o *ethos*.

A TRANSFORMAÇÃO LINGUÍSTICA E A TEORIA DA SEMIÓTICA POR SUSPENSÃO

O lugar da ação e da intenção comunicativa na teoria de Rivière mostra sua inegável inserção na transformação linguística. A teoria não se ocupa, no entanto, da aquisição da linguagem, mas da metáfora como fenômeno de dupla semiótica. Em um trabalho anterior (ESPAÑOL, 2003), arrolamos os textos nos quais Rivière desenvolveu essas ideias e fizemos uma síntese e uma continuação do tema. Aqui, de modo intencional, apenas focaremos alguns poucos aspectos.

A *suspensão* é um mecanismo de criação semiótica que consiste em deixar algo sem efeito para atribuir significação no espaço vazio daquilo que não é efetuado. Significa possibilitar que uma ação, uma representação do mundo ou uma estrutura simbólica deixem de ter os efeitos normais que teriam sobre o mundo real ou mental. Nas palavras de Rivière: "Em um espaço etéreo, sombreado pela marca das ações que não são efetivamente realizadas [...] se desvela o mecanismo semiótico [...]" (RIVIÈRE; ESPAÑOL, 2003, p. 3).

O mecanismo da suspensão semiótica é elaborado e se torna extraordinariamente complexo ao longo da ontogênese humana. Na teoria se propõe, além disso, um nível zero de suspensão, o das expressões emocionais, que são produto da suspensão no âmbito da filogênese em certos movimentos, inúteis em termos contextuais, mas que podem aparecer em virtude do hábito. As expressões emocionais são uma herança filogenética e não supõem qualquer intenção comunicativa. Por outro lado, os demais níveis são produto do desenvolvimento ontogenético e mostram o progresso desde o surgimento da comunicação intencional até a capacidade de se comunicar sobre algo não presente e, daí, até a possibilidade de se separar do empírico e gerar uma realidade mental constituída naquilo contrário aos fatos, do mundo possível da ficção, para culminar na capacidade de compreender fenômenos de dupla semiótica, como a metáfora.

Os primeiros três níveis da teoria envolvem formas não verbais que têm vocação para palavra, no sentido de que são referenciais, de que remetem a alguma coisa. O quarto nível é uma forma verbal, a metáfora, que surge por suspensão de outra forma verbal, um enunciado literal. Este último nível ficará fora de nossa explanação. Focaremos os três primeiros níveis, ressaltando o lugar que a *ação* e a *referência* têm neles.

O primeiro nível de suspensão: a transição da ação ao gesto

Durante a segunda metade do 1º ano de vida, ou mesmo antes, as crianças fazem de modo reiterado ações diretas, como agarrar ou tocar. Por volta do final do 1º ano, o mecanismo da suspensão opera sobre elas e dá lugar aos gestos dêicticos. A natureza contínua da ação direta determina o "modo" de suspensão, que, neste nível, consiste em iniciar a ação e deixar o resto suspenso. Assim, ao realizar somente o início da ação de agarrar (e redirecioná-la ao companheiro de interação), esta se transforma no gesto de agarrar e, se o mesmo ocorre com a ação de tocar, se converte no gesto de apontar. Em todos os seus trabalhos, Rivière sustenta que, durante os primeiros meses de vida, o bebê interage com os outros e regula sua conduta, mas não tem a intenção de lhes comunicar algo. Os gestos dêicticos, produtos do primeiro nível de suspensão, são a primeira demonstração clara de uma intenção comunicativa da criança e evidenciam seu uso final com fins declarativos e imperativos (veja o Capítulo 7 deste livro).

Tanto o tópico da comunicação intencional como a ideia de sua emergência tardia concordam com a linha de pesquisa iniciada por Bates (1976). No entanto, se por um momento deixarmos de lado a intenção, podemos pensar que o objetivo crucial dos gestos dêicticos é outro: a referência, o poder de conseguir nomear (se referir) de uma maneira não verbal algum evento do mundo a outra pessoa. A ideia é fácil de entender se lembrarmos que o gesto de apontar foi considerado como o primeiro nome ou a referência motora por excelência, como afirmam Werner e Kaplan (1963), que complementam dizendo que a atitude contemplativa é a matriz da qual surge esse gesto. Eles sugerem que, por volta do término do primeiro semestre de vida, aparece no bebê uma atitude contemplativa perante os objetos e uma relação geralmente humana que consiste em "compartilhar" experiências. Ao compartilhar objetos, tocá-los ou observá-los com o outro, finalmente surge um instrumento gestual, o apontar, mediante o qual se convida o outro a observar o objeto que ele contempla. Ou seja, o processo por meio do qual os objetos podem adquirir o *status* de referentes deve ser entendido a partir de sua origem na conduta contemplativa.

Esse gesto de apontar leva, então, a algo distinto: o objeto de referência. Gestos como esses têm vocação para palavra porque, como estas, se referem a algo. E, assim como as palavras dêiticas se encontram ancoradas a seu objeto de referência, os gestos dêicticos exigem a presença dos objetos aos quais se referem.

O segundo nível de suspensão: a transição da dêixis ao símbolo mediado pela ação instrumental

Neste nível, a suspensão recai sobre ações mais complexas, as ações instrumentais, que, por volta dos 9 meses de idade, passam a fazer parte do repertório de conduta da criança. Essas ações, ao contrário das diretas, que são contínuas, são compostas de partes que adquirem sentido em relação a outras. Sua natureza discreta permite um novo modo de suspensão: a seleção de uma parte para evocar o resto. O "sopro semiótico" de seu filho Pablo, descrito por Rivière em mais de uma ocasião (RIVIÈRE, 1984, 1990; RIVIÈRE; ESPAÑOL, 2003), é, sem dúvida, o melhor exemplo que podemos oferecer: quando Plabo tem 18 meses, se aproxima de seu pai com um isqueiro na mão. Chama sua atenção e, então, brandindo o isqueiro, o mostra e realiza várias vezes a ação de soprar. Como seu pai não lhe dá bola, insiste. O pai então acende o isqueiro, e o menino sorri satisfeito. A ação da criança, afirma Rivière (1984, 1990), tem um núcleo simbólico interessante: a ação de soprar. Comparando o esquema simbólico de soprar com outro conjunto de esquemas, a criança consegue representar algo ausente, algo que queria que acontecesse, mas que ainda não havia ocorrido, um desejo que poderia ser parafraseado como "Papai, quero brincar de acender e apagar este objeto!".

Os *símbolos inativos* são um meio de se referir àquilo que não está presente. Eles supõem a capacidade de evocar algo que não está perceptivamente presente e de construir signos intencionalmente comunicativos que se refiram a esses objetos. São, além disso, formas semióticas originais, idiossincráticas, que sempre apresentam certa distorção em função da suspensão; são um modo não copiado de referência que a criança cria porque precisa se comunicar e ainda não conta com um desenvolvimento léxico-gramatical adequado. Por este motivo, Rivière (1984, 1990) os caracteriza como símbolos com "vocação para metáfora" (expressão que nos inspirou para cunhar o termo "signos com vocação para palavra"). O crescente domínio da capacidade de referência e o desenvolvimento da ação estão, sem dúvida, envolvidos nestes símbolos, que formam um modo de referência inovador a algo que não está presente, mediante a realização de parte de uma ação instrumental.

Com os gestos dêicticos, a criança se comunica propositalmente pela primeira vez; os símbolos inativos, por outro lado, são o resultado da necessidade imperiosa da criança, que já sabe se comunicar, se referir a coisas que não estão presentes no entorno imediato. No entanto, a comunicação não se restringe à descrição desses fenômenos semióticos. Para Rivière, ambos os gestos – dêicticos e simbólicos – são possíveis graças às experiências de intersubjetividade que os precedem e sustentam. Ele insiste, desde seus primeiros escritos até os últimos, que todas as pautas de comunicação da criança supõem um alto grau de desenvolvimento de capacidades intersubjetivas iniciadas nos primeiros meses de vida.

De acordo com a teoria da semiótica por suspensão, as expressões emocionais (o nível zero de suspensão), juntas com a capacidade de imitação, compõem a fonte principal das experiências de intersubjetividade. Ao imitar uma expressão emocional do adulto, o bebê experimenta esse estado emocional, não por que o sentisse antes, mas por adotar a expressão (algo do tipo "Estou feliz porque sorrio") e tem, então, sem saber, uma experiência intersubjetiva primária (RIVIÈRE, 1990).

O terceiro nível de suspensão: a referência livre do significado inscrito na ação instrumental

Este nível pressupõe a passagem a uma fonte de suspensão distinta: a representação. Durante o primeiro semestre do 2º ano de vida, as representações sobre o que não está presente no contexto imediato se estabilizam (o desenvolvimento da noção de objeto permanente é uma clara demonstração disso; veja o Capítulo 6 deste livro) e, poucos meses depois, surge a capacidade de deixar suspensas as próprias representações. A criança começa habitando um mundo simulado, onde as coisas são semelhantes, mas não iguais ao mundo real ou convencional (o chamado jogo funcional) e chega, por volta do final do 2º ano de vida, a fazer a brincadeira de faz de conta: pode deixar suspensas as representações primárias ou *affordances* próprias dos objetos e possibilitar que o significado, o mundo mental, domine sobre o mundo canônico-real, sem que estes se confundam. Na brincadeira de faz de conta, a criança mantém sua consciência dos níveis de representação: um literal (o das representações primárias) e outro, que os situa em um plano novo, que implica o uso de representações nas quais ficam suspensas as relações ordinárias de referência que existem entre as representações primárias e as coisas ou os eventos do mundo (RIVIÈRE, 1997).

As representações primárias – pensamos assim, e supomos que Rivière concordaria conosco – são a base dos modos de ação direta sobre os objetos e dos modos de uso dos instrumentos aprendidos com as outras pessoas. Os adultos transmitem às crianças como os instrumentos são utilizados e, ao fazê-lo, os inserem no conhecimento da gramática da ação que esta compreensão supõe. Agente, receptor, instrumento, objeto e meta da ação são instâncias ou "casos" inerentes à ação instrumental. E é manipulando esses casos que a criança inicia o caminho até a ficção. Ampliando os receptores da ação, alternando os atores na sua qualidade de agentes ou receptores e combinando o uso descontextualizado de vários instrumentos (levando uma colher até a boca da boneca e à da mãe, passando o pente no seu cabelo e no da boneca), entra no jogo funcional e começa a construir pequenas narrações em ação. Quando esse conhecimento é estabilizado, é possível deixar em suspenso o significado pragmático do que se percebe (que o pente é utilizado para pentear) e substituí-lo por outro (o pente é utilizado como se fosse um talher, para comer). Assim começa a brincadeira de faz de conta. A princípio, as *affordances* dos objetos envolvidos são similares (um pente e um talher não são tão diferentes em forma e tamanho nem nos movimentos que estimulam). Contudo, no seio das pequenas narrações em ação que a criança costuma repetir com pequenas variações, vai sendo desenvolvida uma tendência a ignorar as *affordances* dos objetos envolvidos e podem ser observadas ações como ninar um martelo. A distância agora é enorme: o martelo e o objeto que evoca (um nenê) têm pouca coisa em comum. Por volta do final do 3º ano de vida, as narrações em ação são estendidas e passam a incorporar as primeiras situações simultâneas de dois ou mais casos (uma criança nina uma pinça enquanto lhe dá para comer uma ficha de plástico – substituição simultânea do receptor e do objeto). Ao longo deste processo, frequentemente aparecem menções verbais, ainda que a ficção recaia principalmente nos casos de substituição da ação, e não na palavra. Por outro lado, quando a criança consegue adotar papéis sociais e passa para a brincadeira protagonizada (quando faz de conta que é uma professora ou um jardineiro), a linguagem passa a ser constitutiva da ficção (ESPAÑOL, 2004). O caminho em direção à abstração, ao pensamento simbólico e à linguagem sem dúvida se separou.

Como podemos observar, a suspensão, em todas suas formas, desde as mais básicas até as mais elaboradas no processo ontogenético, sempre cria signos que não são o que significam, mas que estão no lugar de outra coisa. Como disse com clareza Rivière, a epifania por meio da negação é uma evidência clara do funcionamento do mecanismo da suspensão (RIVIÈRE; ESPAÑOL, 2003). A epifania por meio da negação gera signos nos quais pulsa a referência, signos com vocação para palavra, nos quais algo se refere a algo que não é.

Nos três níveis da teoria descritos, a referência é conseguida mediante signos que decorrem, de uma maneira ou outra, da ação. Uma vez que as narrações podem ser entendidas como as *vicissitudes da ação humana*, a teoria se relaciona com o *pensamento narrativo*. Bruner (1990) contrapõe o pensamento narrativo ao lógico e chama a atenção para a facilidade ou pré-disposição da criança para organizar a experiência de forma narrativa. Ele sustenta que a estrutura narrativa se encontra presente na interação social antes de a criança adquirir sua expressão linguística e que provêm de certa predisposição pré-linguística para o significado. No pensamento narrativo, os casos da ação (agente, receptor, objeto, etc.) servem para organizar nossa experiência sobre a atividade humana. A agência e a sequência são dois dos quatro constituintes gramaticais fundamentais das narrações. Na brincadeira de faz de conta ambos são jogados plasticamente, de modo insistente e variado: nele há sempre um agente da ação, que pode ir mudando, e uma série de ações que são organizadas de maneira sequencial e que tendem a se repetir respeitando a ordem estabelecida. A brincadeira de faz de conta, vista dessa maneira, é uma prova clara do *pensamento narrativo em ação*, ainda que sem palavras, mas em via de tê-las. O pensamento narrativo, mesmo que difira do lógico, compartilha com ele o desejo de referência. No pensamento narrativo, o corpo não é um aspecto separável da cognição, mas exatamente o contrário: assim como em várias teorias do desenvolvimento, ele é considerado um elemento formador. Mas se trata de ação, não de movimento. Não se vislumbra um corpo ressonante disposto a experiências dinâmicas, mas um corpo que cria símbolos. Ainda que o pensamento narrativo não seja equiparável ao pensar em movimento, por trás do pensamento narrativo, é possível encontrar o pensar em movimento.

ENTRE A TRANSFORMAÇÃO LINGUÍSTICA E A TRANSFORMAÇÃO CORPORAL: AS PRIMEIRAS INTERAÇÕES ENTRE O ADULTO E O BEBÊ

Como ressaltamos anteriormente, de acordo com a teoria da semiótica por suspensão, as pautas de comunicação pré-verbal somente são possíveis devido às *experiências de intersubjetividade* que as antecedem, e o mesmo sustenta o amplo conjunto de trabalhos em comunicação pré-verbal, de acordo com o pensamento narrativo. Somando-se a isso, as pesquisas sobre intersubjetividade provêm, sobretudo, de estudos das primeiras interações entre o adulto e o bebê. Trevarthen (1998) defendeu a ideia de que as primeiras interações entre o adulto e o bebê constituem o modo mais primitivo de conexão psicológica, o que chama de *intersubjetividade primária*, na qual cada subjetividade é orientada para a outra e na qual são compartilhados estados emocionais. Por volta dos 9 meses de idade, quando os objetos e o mundo externo são incorporados aos intercâmbios da dualidade, este modo de contato psicológico se transforma em *intersubjetividade secundária*, cuja primeira manifestação, o fenômeno de atenção conjunta no qual a criança e o adulto alternam o olhar para algum objeto de interesse, abre as portas para as pautas pré-verbais de comunicação.

O significado da transformação linguística na psicologia do desenvolvimento é percebido no que podemos chamar a fórmula "proto (...)" com a qual se faz menção a alguma manifestação pré-verbal (*proto*) de algo próprio da linguagem. Encontramos, assim, as *protonarrações*, as *protodeclarações*, os *protoimperativos* e, mais cedo em termos ontogenéticos, as *protoconversações*, que se estabelecem nas interações duais entre o adulto e o bebê. Trevarthen (1998) indica a adequação do termo, ao sustentar que as regulações mútuas da dualidade são conversações, no sentido de que combinam o interesse de duas pessoas em uma troca de signos na qual a alternância é criada por ambos. A habilidade na alternância, essencial para a fala, a conversação e o diálogo, tem sua primeira forma nestas regulações mútuas da dualidade adulto-bebê.

Outra prova clara da incidência da transformação linguística é o debate sobre o caráter intencional das interações duais. Como mencionamos anteriormente, Rivière afirmou de maneira enfática que a comunicação intencional surge com os gestos dêicticos e que nas trocas que a precedem não há por trás uma intenção de comunicação por parte do bebê. Contudo, nos anos de 1970, houve um acirrado debate sobre o caráter intencionalmente comunicativo das primeiras interações. Atualmente, Reddy (2008) retoma com lucidez essas críticas sobre a atribuição da intenção comunicativa somente aos atos que se referem a objetos externos e sustenta que podem ser encontradas condutas de ajuste dirigidas a objetivos no comportamento dos bebês que participam de protoconversações. Por mais corretos que sejam estes argumentos, o que nos interessa destacar é observar se as interações desde cedo trazem consigo características essenciais das pautas pré-verbais de comunicação, como, por exemplo, a intenção.

Ainda que a transformação linguística assinale o estudo das primeiras interações, esses trabalhos têm um espírito distinto daquele dos estudos sobre a comunicação pré-verbal. A diferença provavelmente seja que se presta muita atenção ao período de intersubjetividade primária na qual a dualidade se volta sobre si própria e ignora o mundo externo e, portanto, a referência a ele. Talvez esse também seja o motivo pelo qual a transformação corporal suscite observações e hipóteses originais no estudo das primeiras interações. As primeiras trocas duais entre adulto e bebê são entendidas como uma união perceptual de reciprocidade ativa, que, às vezes, assume a forma de uma dança interativa, na qual intervêm componentes da musicalidade comunicativa, como o uso de alguns contornos melódicos prototípicos com os quais os adultos regulam o estado de atenção e emocional do bebê, a geração de padrões temporais compartilhados ou o ajuste a um ritmo subjacente. Na seção a seguir abordaremos alguns desses temas, ainda que, com o objetivo de continuar nosso argumento, não daremos um panorama completo deles (você pode encontrar textos em DELIEGE; SLOBODA, 1996; ESPAÑOL, 2010a; TREVARTHEN, 1998). Agora nos interessa mostrar a incidência da transformação corporal em um tópico importante para a psicologia cognitiva do desenvolvimento: a imitação neonatal.

A capacidade de imitação neonatal, restrita a algumas poucas expressões faciais como a abertura da boca e a protusão da língua e lábios, é um fenômeno largamente documentado que recebeu explicações cognitivas clássicas (ESPAÑOL, 2010b). No entanto, em algumas abordagens do tema, pensar que o movimento está latente e incluso, às vezes, é muito evidente.

A hipótese de Rivière, apresentada na seção anterior, implica uma abordagem do pensar em movimento. Como você recorda, Rivière afirma que, quando o bebê imita uma expressão emocional do adulto, ele experimenta o mesmo estado emocional que aquele. A hipótese supõe o estado emocional como *qualia* da expressão. O pensar em movimento, como veremos adiante, expande a ideia: ela afirma que todo movimento não implica uma emoção, mas um sentimento dinâmico. Os sentimentos dinâmicos são *qualia* do movimento; portanto, quando nos movemos com outro, compartilhamos sentimentos dinâmicos.

Reddy (2008), no entanto, traduz o interesse desde a imitação neonatal, um fenômeno relativamente estático, à dinâmica fluída dos ciclos de imitação mútua. Assim, destaca que são os adultos que mais imitam os bebês, e que as imitações se tornam mais simétricas conforme avança o desenvolvimento. Já Rochat (2001) destaca que os adultos, quando imitam os bebês, exageram suas condutas. Os bebês recebem, então, uma retroalimentação ampliada das emoções que mostram e estão expostos a uma forma explícita e analisável do que sentem de maneira privada: veem coreografada sua expressão facial e a inseparável emoção que a acompanha, veem na face do outro a emoção que estão sentindo naquele momento. Quando um adulto o imita, o bebê percebe de modo exteroceptivo (E) o que sente de modo proprioceptivo (P), ou seja, ele experimenta uma combinação particular exteroceptivo-proprioceptiva (E/P).

A TRANSFORMAÇÃO CORPORAL E O ATO DE PENSAR EM MOVIMENTO

Com os fenômenos exteroceptivo-proprioceptivos, passamos totalmente para o ato de pensar em movimento. Eles refletem o que Sheets-Johnstone (2009) chama *o modo duplo de presença do movimento*. O movimento não é uma sensação como a dor ou a comichão, que se percebe de dentro. Percebemos nosso próprio movimento de dentro e de fora simultaneamente. A natureza bimodal do movimento autoproduzido – visual e proprioceptiva – tem implicações na organização corporal do bebê.

Os bebês desenvolvem um sentido de si próprios e uma profunda conexão com os outros, nos quais a percepção exteroceptivo-proprioceptiva é crucial. Usamos o termo exteropercepção (ou percepção) para nos referirmos à percepção do mundo exterior por meio dos sentidos (visão, paladar, olfato, tato e audição), e o termo propriocepção para a percepção consciente de nosso corpo. A propriocepção é a percepção baseada na informação trazida por receptores que estão em contato com os músculos e as articulações, que proporcionam um seguimento contínuo das variações das tensões e do momento da força. Além disso, especifica de forma exclusiva o próprio corpo. Entretanto, o contato com os outros implica algum tipo de combinação exteroceptivo-proprioceptiva: quando notamos que alguém nos dirige sua atenção, recebemos informações proprioceptivas de nossa reação. A experiência de ser observado por outra pessoa é talvez o caso mais evidente de informação proprioceptiva provocada pela percepção do outro (Reddy, 2008).

Contudo, o sentido da propriocepção/percepção simultânea nos encontros do bebê com os outros também é formado com o sentido da propriocepção/percepção simultânea que ocorre quando ele se movimenta sozinho. Quando um bebê junta suas mãos, recebe informação proprioceptiva que lhe permite organizar seus movimentos (ou seja, até onde ele pode mover uma mão para tocar a outra) e também recebe informação exteroceptiva (ele vê sua mão passar diante de seus olhos). E como ele sabe que é sua mão? Como pode diferenciar sua mão daquela de outra pessoa? A contingência perfeita é uma das chaves para estas respostas: somente o *movimento visto* de sua mão tem uma contingência perfeita com o *movimento sentido proprioceptivamente*. O bebê sente como sua mão se move e também vê como ela se move exatamente ao mesmo tempo e de modo proporcional. Em inúmeras ocasiões ele experimentará a contingência perfeita exteroceptivo-proprioceptiva, e esta se converterá em uma invariante de si próprio que durará toda a vida e que se contrapõe à experiência reiterada da não contingência entre a exteropercepção da mão do outro e a propriocepção de sua mão em movimento (ou a ausência de propriocepção, se ela não estiver se movendo) que identifica os outros (Rochat, 2001). Começa assim, com a experiência do movimento, a descoberta das invariantes de si mesmo e dos outros. Ambas são consequência do modo duplo de presença do movimento, combinado com a sensibilidade do bebê à contingência, também amplamente documentada (Español, 2010b).

O pensar em movimento que conduz à experiência do sentido de si próprio tem uma complexidade extrema ou uma simplicidade espantosa, isso depende de como o abordamos. Nele podemos ver o fervor da vida em movimento, com a sabedoria de um longo processo filogenético. De acordo com Rochat (2001), por volta dos 3 meses de idade, o bebê já está em condições de experimentar a *calibragem intermodal do eu*, ou seja, o sentido da perfeita contingência e a covariação constante entre as modalidades que especificam seu corpo como um ente dinâmico. Os bebês detectam informações comuns e invariantes por meio dos diferentes sentidos. Curiosamente, algumas das primeiras equivalências que podem ser estabelecidas são temporais (duração, sincronia, velocidade, ritmo). A capacidade de percepção transmodal, também amplamente documentada (MARTÍNEZ, 2008), lhe permite adquirir uma experiência temporal cada vez mais rica de seu movimento visualizado e de seu movimento sentido, de sua mão tocando a outra e dos balbucios que emite. As reações circulares primárias relacionadas com a autoexploração prazerosa do próprio corpo são a cuba na qual se macera a calibragem intermodal: lhe permitem detectar as regularidades da percepção intermodal de seu corpo, a propriocepção que guia os movimentos produzidos por ele próprio e a perfeita sincronização da percepção com a retroalimentação visual, tátil e auditiva.

O duplo modo de presença do movimento está presente também em outras experiências variadas de movimento, em contato com os outros e em sociedade, cujo contraste incentiva também o pensar em movimento: *se mover/ser movido/ver se mover* são experiências-chave do sentimento de *agencialidade*. O sentido de desejo acompanha os movimentos dos músculos voluntários que, ao contrário dos reflexos, são precedidos pela elaboração de um plano motor que depois é executado pelos grupos musculares. Os movimentos voluntários do bebê são guiados pela propriocepção e, inclusive quando não parece ter movimento algum, exceto o de se sustentar em uma postura qualquer para vencer a gravidade, há retroalimentação propioceptiva. No corpo em movimento do bebê, a volição e a propriocepção podem ser experimentadas de diferentes modos: em seus movimentos autoproduzidos, quando junta suas mãos diante do rosto e bate palmas, ele somente experimenta a propriocepção. Nos movimentos vistos, distantes dos outros, ele não percebe nenhuma das duas. Entre os 2 e os 6 meses de idade, já acumulou suficientes experiências com o movimento próprio e dos outros para poder sentir-se agente ou autor de seus próprios movimentos e não autor dos movimentos dos outros (STERN, 1985).

As ações diretas e instrumentais que depois realizará, inclusive as mais precoces, como levar o dedo à boca para chupá-lo, outorgam outras características à agencialidade, como o sentido de eficácia e objetivo (ROCHAT, 2001). No entanto, o sentido inicial de agencialidade provém de sua experiência com o movimento, uma experiência sensível que não exige uma boa direção para um objetivo, um sentido de eficácia nem um sentido de sucesso. Quando o bebê está, por exemplo, na posição supina, um movimento inicial e casual de seu braço para cima e para trás se volta para sua cabeça, convidando-a a girar, e esta induz o torso a girar na mesma direção e a girar em relação à pélvis, que, por sua vez, ao girar, convida as pernas a se voltarem para a mesma direção: de repente ele está de bruços, e a nova posição o convida a erguer a cabeça e a tentar uma nova sequência de movimentos ou a descansar. Assim como na dança improvisada, se produz um *fluir contínuo de movimentos com base em um mundo sempre dinâmico e cinético de possibilidades,* sem a necessidade de objetivos e sem que nada se obtenha ou se deixe de obter. Tal experiência do movimento inicial, fundadora, difere da agencialidade que deriva da ação e que é a fonte e origem do pensamento narrativo. O sentido de agencialidade primário, sugere Sheets-Johnstone (2009), apelando a estes mesmos argumentos, surge do pensar em movimento.

A organização da corporalidade dos bebês – assim como a estrutura intermodal do eu ou o sentido de agencialidade – é fruto do contraste dinâmico e fluído do movimento realizado e/ou percebido pelo bebê sozinho e em contato com outras pessoas. Contudo, ainda que sozinho ele experimente múltiplas possibilidades do movimento, o contato com os outros lhe confere experiências essenciais para pensar em movimento. O contato social inicial não é uma experiência frente a frente, como frequentemente se acredita, mas um contato de corpos por meio do qual o bebê experimenta possibilidades, qualidades do movimento e ajustes posturais que não podem ser percebidos quando ele está sozinho, como o fato de o bebê ser movimentado de modo fluído e leve, livre do peso da gravidade, quando um adulto o movimenta pelo ar (Español; Ospina, 2010).

O contato com os outros também permite experimentar sentimentos impossíveis quando o bebê está sozinho. A experiência multimodal do próprio corpo em movimento é inseparável dos sentimentos da própria vitalidade: no desenvolver do choro, no movimento de levar as mãos à frente, tentando as unir e separar, se percebe a transição da calma à excitação, as mudanças dinâmicas de tensões e relaxamentos que desaparecem ou surgem. São o *devenir dos* qualia *do movimento,* que Stern foi denominando de diversas maneiras: afetos da vitalidade, contornos temporais, contornos vitais, até adotar a expressão *formas dinâmicas da vitalidade* (Stern, 2010). A própria vitalidade e os próprios movimentos são fonte de uma experiência constante de formas da vitalidade.

Contudo, em contato com os outros, as formas dinâmicas da vitalidade são muito diversas fenomenologicamente – não somente porque o bebê percebe movimentos diferentes, mas porque os adultos fazem com eles coisas especiais: as brincadeiras de suspense que frequentemente iniciam, por exemplo, lhe geram uma experiência de excitação muito elevada a respeito de si próprio, cheia de tensão e regozijo. Esse estado de sentimento, com vários ciclos e *crescendos* repetidos, jamais poderia ser alcançado pelo bebê sozinho em seu caráter cíclico, em sua intensidade ou em suas qualidades singulares. Tais eventos dinâmicos são próprios da musicalidade comunicativa, que permite uma variedade infinita de sensações, entre a calma, a tensão e o relaxamento e também são os sentimentos que a música e a dança expressam com maestria (STERN, 1985, 2010).

A TRANSFORMAÇÃO CORPORAL E A MUSICALIDADE COMUNICATIVA

A musicalidade comunicativa se baseia em nossa habilidade de nos movermos acompanhando o outro; denota nossa habilidade para compreender o ritmo e o contexto dos gestos motores e sonoros dos outros (MALLOCH; TREVARTHEN, 2009). Trata-se de um fenômeno mais amplo e com menos variações culturais do que a música e a dança, as quais, no entanto, ela contém (SHIFRES, 2007). Assim como nas primeiras trocas (e na dança improvisada), os movimentos não se referem a outra coisa, mas criam mundos dinâmicos sem intermediários, os sons da musicalidade comunicativa significam apenas o som que produzem. A discussão sobre se a música se refere a algo diferente do que a ela própria está longe de acabar, pois abundam os argumentos tanto a favor de sua natureza referencial como a favor de sua falta de referencialidade. Aqui consideramos, seguindo Cross (2010), que os sons da musicalidade comunicativa significam sem mediação, são apenas "o que soam", e assim provêm os fundamentos para o sentido de afiliação mútua.

A musicalidade comunicativa nas trocas entre o adulto e o bebê

As brincadeiras de suspense ou os suaves sussurros e as palmadinhas com as quais calmamos os bebês, chamamos sua atenção ou os incentivamos evidenciam as habilidades dos adultos e do bebê para a musicalidade comunicativa. Por exemplo, Malloch e Trevarthen (2009) analisaram as trocas vocálicas entre uma bebê de 6 meses e sua mãe e encontraram uma reiterada e particular imitação vocálica da mãe: depois de cada emissão da bebê, as três medidas do timbre da mãe baixavam, ou seja, ela tornava sua voz mais parecida à de sua filha. Com apenas esse recurso, a mãe indicava que estava escutando-a, que estava ali, com ela, atenta e disposta a fazer trocas. Outras vezes, o intercâmbio de sinais se baseia na capacidade do adulto de separar movimento, fala e emissão sonora perante o bebê. Dissanayake (2000) propôs a concepção do ser adulto perante os bebês mediante uma *performance* multimodal. Ele ressaltou que no encontro didático entre adulto e bebê, especialmente entre os 2 e os 6 meses de idade, as condutas vocálicas e cinéticas do adulto são especiais, *estão elaboradas, moldadas dinâmica e ritmicamente entre diferentes modos e sob a forma repetição-variação.*

Nos encontros próprios da musicalidade comunicativa, os corpos ressoam conjuntamente, de maneira mais ou menos ajustada. Por isso, se tornam independentes sobretudo a partir da metade do 1º ano de vida do bebê, quando a organização deste atingiu determinado nível, isto é, quando está pronta sua estrutura intermodal do eu e ele sabe se mover, ser movido e se ver mover. Nessa idade, ele mostra um talento crescente na musicalidade comunicativa: as melodias rítmicas chamam sua atenção, eles respondem às mudanças de ritmo, intensidade, tom e timbre, aos sons e movimentos orquestrados que os pais realizam, incentivando a continuação dos intercâmbios. Esses tipos de encontros nos levam a pensar em movimento de uma maneira bem interessante. Como expõe Sheets-Johnstone (2009, p. 61):

> Os organismos em movimento criam melodias cinéticas – tomando emprestada a frase muito evocativa de Luria – [...] pelo simples fato de estarem vivos. Essas melodias são criadas por que os *qualia* são inerentes ao movimento, inerentes às formas animadas de corpos se movendo dinamicamente. São as unidades cinéticas fundamentais, as estruturas cardeais do movimento e do pensar em movimento.

Quando o bebê tem por volta de 6 meses, os movimentos do adulto costumam ser organizados em frases breves (entre 5 e 30 segundos de duração), mediante diferentes recursos. Um dos recursos mais frequentes é o desenvolvimento por motivos, no qual um movimento inicial, simples e casual se comporta como um motivo que se repete e varia. A frase é iniciada, desenvolvida e concluída em um movimento de ornamentação e posterior simplificação de um motivo inicial simples. A ornamentação do movimento, por meio de variações em suas formas e em sua dinâmica, se combina de modo orquestrado com os sons gerados pelo adulto (falas, pios, palmadas, assobios): movimentos conectados e ligeiros que são realizados junto a sons conectados e suaves de mesma duração ou se contrapõem a articulações *stacatto*; contextos de elevação da altura do som são acompanhados de gestos motores ascendentes de igual duração e velocidade. Uma frase termina e começa outra, na qual diversos elementos variam juntos, e, deste modo será continuada se nenhuma contingência a interromper e se o bebê seguir respondendo e participando (Español, 2008; Español; Shifres, 2009; Martínez; Español, 2009).

Ao oferecer aos bebês, uma após a outra, frases com sons e movimentos que podem se diferenciar entre si, os adultos favorecem a geração de unidades de sentido. Mediante a elaboração multimoldal de suas melodias cinéticas ou frases de movimento, os adultos iluminam as unidades cinéticas fundamentais. O bebê é exposto a unidades não proposicionais que chamam sua atenção por sua forma e organização. Ao se repetirem com certa variação, elas o atraem; como os sons e movimentos têm um sentido direto, ele as entende: desta maneira, as *performances* dos adultos favorecem a experiência multimodal de unidades holísticas de significado que embasam a experiência sobre as quais se apoiarão, a seguir, avançando no desenvolvimento, outras unidades cinético-sonoras, como as frases da fala, as frases musicais, as frases da dança coreografada e as linhas do verso poético (Stern, 2010).

A musicalidade comunicativa na brincadeira infantil

Os próprios encontros da musicalidade comunicativa não se restringem às interações entre o adulto e o bebê, mas estão na base das apresentações artísticas ou de *performances* e de muitas interações entre os adultos. As habilidades de se acomodar ao ritmo e ao âmbito dos gestos motores e sonoros dos outros se estende nas danças comunitárias e em duplas, no canto conjunto de uma apresentação no campo de futebol, na banda de rua ou na conversação e atinge sua expressão máxima nas *performances* de música e dança. Grande parte dos momentos de plenitude nos quais se cala a pergunta urgente do sentido da vida são encontros de musicalidade comunicativa.

Durante a infância, assim como todas as habilidades essenciais para o desenvolvimento sociocognitivo, as habilidades envolvidas na musicalidade comunicativa continuam se desenvolvendo e encontram na brincadeira um espaço privilegiado para experimentação sem risco. Durante o 3º ano de vida, as crianças brincam ativamente com os componentes da musicalidade comunicativa: criam contextos cinéticos e/ou melódicos, padrões rítmicos e/ou formas dinâmicas de movimentos recorrentes que são elaborados de acordo com a estrutura de repetição-variação e/ou se ajustam a um ritmo musical subjacente que constitui um foco de atenção em detrimento de qualquer conteúdo figurativo (Español et al., 2010). Nessas *brincadeiras musicais*, as características da musicalidade comunicativa inicial são mantidas, detalhadas e ampliadas: às vezes, os sons se tornam mais musicais e os movimentos mais coreografados. É frequente, por exemplo, encontrar ciclos de imitação mútua, com uma atividade equivalente na criança e no adulto que brinca com ela, com a qual se compartilha não somente a pauta temporal, mas também o que na música se denomina hierarquia métrica (Bordoni; Martínez, 2009). Chama a atenção o fato de que as crianças dedicam às *brincadeiras musicais* apenas um pouco menos de tempo do que às brincadeiras de faz de conta. Além disso, a brincadeira musical, ainda que majoritariamente se manifeste de maneira independente, com frequência é combinada com a brincadeira de faz de conta. Quando isso ocorre, a atividade musical retira por um momento o conteúdo temático da brincadeira e o substitui por movimentos e sons que deixam no bebê um "significado flutuante" (Cross, 2010) que enriquece depois de seu desenvolvimento temático. Desta maneira, a brincadeira musical incide na formação dos símbolos próprios da ficção, uma vez que mostram a relevância da musicalidade comunicativa para o desenvolvimento sociocognitivo.

O PENSAMENTO NARRATIVO E O PENSAR EM MOVIMENTO NA EDUCAÇÃO

Como assinalaram Rivière e Núñez (1996), a tendência a conceber a inteligência (o pensamento) como uma capacidade serena e solitária tem profundas raízes no pensamento ocidental e reflete o predomínio de uma das formas de inteligência, que os gregos denominavam *nôus* e *mêtis*, contrapondo uma à outra. *Nôus* pode ser entendida como uma inteligência de Parmênides, ou seja, relacionada à capacidade de organizar um mundo abstrato, estático e impessoal de relações invariantes. *Mêtis*, ao contrário, é uma inteligência de Heráclito, dinâmica e vinculada à sagacidade e às capacidades que são empregadas nas complexas e velozes interações interpessoais. O brilho e a influência do pensamento platônico, de inclinação estática e de Parmênides, é um dos fatores que poderia explicar a tendência do pensamento ocidental a depreciar as capacidades que servem de base às habilidades sociais e ao descuido, portanto, da *mêtis*: "A herança filosófica da psicologia científica e sua origem cultural ocidental explicam em parte o esquecimento de todo um âmbito de capacidades humanas: aquele que faz referência à inteligência prática e interpessoal [...]" (RIVIÈRE; NÚÑEZ, 1996, p. 8).

O modo de encarar o problema das variedades do pensamento de Rivière e Núñez é uma das reorganizações conceituais derivada da transformação linguística, que inverte facilmente a ordem estabelecida. Afinal, como indicam esses autores, para o homem, *mêtis* tem certa prioridade ontogenética sobre *nôus*, prioridade que os autores equivalem à preponderância do pensamento narrativo em relação ao lógico descrita por Bruner, a qual comentamos em seções anteriores. Além disso, sustentam que a escola não pode ficar alheia ao desenvolvimento da *mêtis*, ao modo narrativo, prioritário e embasador de organização de nossas experiências, em primeiro lugar por que ativa permanentemente as habilidades mentais da criança arraigadas na compreensão da ação, prototípicas do pensamento narrativo e, em segundo lugar por que, na medida em que possibilita que a criança deva enfrentar situações cada vez mais distanciadas da realidade perceptiva imediata, está apelando às capacidades de ficção, inerentes ao pensamento narrativo, e desenvolvendo-as. No entanto, além disso, por que *mêtis* e *nôus* costumam estar combinadas, as competências para construir modelos conceituais científicos com base na realidade e para construir sobre a irrealidade estão profundamente relacionadas. Assim, ainda que a escola de maneira implícita incentive o desenvolvimento do pensamento narrativo, Rivière e Núñez (1996) defendem sua inclusão explícita e sistematizada. Em suas palavras: "Shakespeare e Cervantes deveriam ser tão importantes na escola quanto Galileu e Newton [...]" (RIVIÈRE; NÚÑEZ, 1996, p. 14).

Nós, os psicólogos, aprendemos a prestar atenção às atividades lúdicas infantis por que sabemos que a criança brinca com aquilo que é essencial para seu desenvolvimento e com seus modos de organizar a experiência ou, em outras palavras, com seus modos de pensamento. A análise da brincadeira de faz de conta evidenciou a emergência desde cedo do pensamento narrativo que Rivière e Núñez equiparam à *métis*. No entanto, é possível que esta também inclua o pensamento em movimento, cujo modo de organizar a experiência é fundamental à vida humana, dado que configura o sentido de si próprio e de agencialidade iniciais e também é crucial para o desenvolvimento da musicalidade comunicativa em todas suas formas. Cremos que estes são bons motivos para convidar os educadores a pensar e a contrapor os benefícios de incorporar atividades relacionadas ao pensamento em movimento e com a musicalidade comunicativa, além de pensar como fazê-lo. Outro motivo igualmente profundo nos leva a sugerir a conveniência de incluí-las, abarcando o repertório o mais amplo possível de suas manifestações. Como ressaltamos em um item anterior, a brincadeira musical às vezes aparece combinada com a brincadeira de faz de conta. Além disso, as atividades relacionadas à musicalidade comunicativa também participam da formação de símbolos inativos semelhantes aos descritos por Rivière: por volta do 2º ano de vida, quando já foram expostas reiteradamente a modos de dança típicos de sua cultura, as crianças são capazes de extrair suas invariantes e de selecionar alguma delas – um modo sinuoso de movimento de braços ou uma batida rítmica de pernas – para evocar algum evento relacionado (Español, 2007). Isso indica que o pensamento em movimento e o pensamento narrativo não estão separados durante o desenvolvimento, como tampouco estão nas artes. A dança improvisada não figurativa não se refere a outra coisa além do próprio movimento (ainda que outras formas de dança representem certos temas) e às vezes consegue, por meio da dinâmica não representacional de seus movimentos, se constituir em símbolo de uma emoção complexa, como demonstra Sheets-Johnstone (2009) em sua análise de *Lamentation*, de Martha Graham.

Participar de atividades comprometidas com a musicalidade comunicativa e com as artes da *performance*, no amplo repertório de suas manifestações, pode oferecer experiências integradas de modos e combinações diversas do pensamento e favorecer o desenvolvimento sociocognitivo. Isso pode promover, paralelamente, reiteradas experiências de compaixão, de "se sentir com o outro", e de modos de agir na solidão que se afastam dos critérios do objetivo, da competência e da eficácia que tanto afetam nossas vidas. Os mundos vividos por meio de tais experiências podem se tornar, tomando emprestada a expressão cunhada por Bruner (1986), outras *realidades mentais e mundos possíveis* suscetíveis de serem expandidos e recriados. Por outro lado, as qualidades próprias do pensar em movimento, assim como o vínculo com o pensamento narrativo, podem se mostrar relevantes quando o desenvolvimento toma um rumo distinto do habitual. Alguns componentes da musicalidade comunicativa, por exemplo, parecem se manter em crianças com autismo (MARTÍNEZ; SHIFRES, 2010), de modo que prestar atenção a eles pode incentivar novos modos de intervenção clínica e educativa.

Cross (2010) sugere que o comprometimento com a musicalidade comunicativa deveria ser institucionalmente promovido:

> No pior dos casos, talvez possamos vir a ter músicas e danças demasiadas [...]; no melhor dos casos, talvez iniciemos uma pequena revolução, ao alcançar uma melhor compreensão e uma melhoria geral da capacidade humana de socialização[...] (CROSS, 2010, p. 18).

Com um espírito parecido, pensamos que a transformação linguística e a transformação corporal do século passado se encaixam na nossa transformação e formam novos modos de entender o pensamento, o desenvolvimento semiótico e, portanto, de compreender a nós próprios. Talvez não seja uma mera ilusão pensar que exista alguma possibilidade de formar, apesar das restrições conhecidas, condições favoráveis ao desenvolvimento humano.

NOTA

1 A redação deste capítulo foi realizada graças ao subsídio oferecido pelo projeto PICT2008-0927: "Intersecciones entre la experiencia musical y la infancia temprana en el marco de la cognición corporizada", da Agência Nacional de Promoção Científica e Tecnológica (Argentina), dirigido pela autora. Gostaria de agradecer aos membros da equipe Infancia, arte y desarrollo: Favio Shifres, Isabel Martínez, Mauricio Martínez, Mariana Bordoni, Vivian Ospina, Rosario Camarasa e Soledad Carretero, sem os quais as ideias expostas neste trabalho não teriam sido possíveis. Também sou grata a Mariano Pattin, por me apresentar o conceito de pensar em movimento, por meio de suas lições sobre o método Feldenkrais de educação somática, e a Ángel Rivière, como sempre.

REFERÊNCIAS

AUSTIN, J. L. *How to do things with words*. Oxford: Oxford University, 1962.
BATES, E. *Language and context*: the acquisition of pragmatics. Nova York: Academic, 1976.

BORDONI, M.; MARTÍNEZ, I. Imitación mutua en el juego musical. In: REUNIÓN ANUAL DE SACCOM, 8., 2009, Villa María. *Actas...* Villa María: SACCoM, 2009. p. 37-42.
BRUNER, J. *Acts of meaning.* Cambridge: Harvard University, 1990.
BRUNER, J. *Actual minds, possible worlds.* Cambridge: Harvard University, 1986.
CROSS, I. La música en la cultura y en la evolución. *Epistemus*, v. 1, p. 9-19, 2010.
DELIEGE, I.; SLOBODA, J. (Ed.). *Musical beginnings*: origins and development of musical competence. Oxford: Oxford University, 1996.
DISSANAYAKE, E. *Art and intimacy*: how the arts began. Seattle: University of Washington, 2000.
ESPAÑOL, S. et al. El trabajo interdisciplinario en psicología: el estudio del juego en la infância. In: CONGRESO INTERNACIONAL DE PSICOLOGÍA, 1., 2010, Rosario. *Actas...* Rosario: Universidad Nacional de Rosario, 2010.
ESPAÑOL, S. *Cómo hacer cosas sin palavras*: gesto y ficción en la infancia temprana, Madrid: Antonio Machado, 2004.
ESPAÑOL, S. De la emoción al espíritu metafórico: semiosis e intersubjetividad en el desarrollo humano. *Estudios de Psicología*, v. 24, n. 3, p. 277-311, 2003.
ESPAÑOL, S. La entrada al mundo a través de las artes temporales. *Estudios de Psicología*, v. 29, n. 1, p. 81-101, 2008.
ESPAÑOL, S. Los primeros pasos hacia los conceptos de yo y del otro: la experiencia solitaria y el contacto 'entre nosotros' durante el primer semestre de vida. In: PÉREZ, D. et al. (Org.). *Conceptos*: debates contemporáneos en filosofía y psicologia. Buenos Aires: Catálogos, 2010b. p. 308-334.
ESPAÑOL, S. Performances en la infancia: cuando el habla parece música, danza y poesia. *Epistemus*, v. 1, p. 59-95, 2010a.
ESPAÑOL, S. Time and Movement in Symbol Formation. In: VALSINER, J.; ROSA, A. (Ed.). *The Cambridge handbook of socio-cultural psychology.* Nova York: Cambridge University, 2007. p. 238-255.
ESPAÑOL, S.; OSPINA, V. La organización corporal del sí mismo y la genesis de la primera persona. In: CONGRESO NACIONAL DE FILOSOFÍA, 15., 2010, Buenos Aires. *Actas...* Buenos Aires: [s.n.], 2010.
ESPAÑOL, S.; SHIFRES, F. Intuitive parenting performance: the embodied encounter with art. In: TRIENNIAL ESCOM CONFERENCE, 7., 2009. *Proceedings...* Finland: University of Jyväskylä, 2009. p. 93-102.
MALLOCH, S. Mothers and infants and communicative musicality. *Musicæ Scientiæ*, spec. issue, p. 29-57, 1999.
MALLOCH, S.; TREVARTHEN, C. (Ed.). *Communicative musicality*: exploring the basis of human companionship. Oxford: Oxford University, 2009.
MARTÍNEZ, I. C.; ESPAÑOL, S. Image-schemas in intuitive parental performance. In: TRIENNIAL ESCOM CONFERENCE, 7., 2009. *Proceedings...* Finland: University of Jyväskylä, 2009. p. 297-305.
MARTÍNEZ, M. Temporalidad y percepción transmodal en la infância. In: REUNIÓN ANUAL DE SACCOM, 7., 2008. *Actas...* [S.l.: s.n.], 2008. p. 53-63.
MARTÍNEZ, M.; SHIFRES, F. Vestigios musicales de la intersubjetividad primaria en trastornos del espectro autista. In: REUNIÓN ANNUAL DE SACCOM, 9., 2010. *Actas...* [S.l.: s.n.], 2010. p. 172-182.
REDDY, V. *How infants know minds.* Cambridge: Harvard University, 2008.

RIVIÈRE, A. Acción e interacción en el origen del símbolo. In: PALACIOS, J.; MARCHESI, A.; CARRETERO, M. (Org.). *Psicología evolutiva*. Madrid: Alianza, 1984. v. 2, p. 145-174.

RIVIÈRE, A. Origen y desarrollo de la función simbólica en el niño. In: PALACIOS, J.; MARCHESI, A.; COLL, C. (Org.). *Desarrollo psicológico y educación*. Madrid: Alianza, 1990. p. 113-130.

RIVIÈRE, A. Teoría della mente e metarappresentazione. In: BRAGA ILLA, F. (Ed.). *Livelli di rappresentazione*. Urbino: Quattro Venti, 1997. p. 351-410.

RIVIÈRE, A.; ESPAÑOL, S. La suspensión como mecanismo de creación semiótica. *Estudios de Psicología*, v. 24, n. 3, p. 261-275, 2003.

RIVIÈRE, A.; NÚÑEZ, M. *La mirada mental*: el desarrollo de las capacidades cognitivas interpersonales. Buenos Aires: Aique, 1996.

ROCHAT, P. *Infant's world*. Harvard: Harvard University, 2001.

SHEETS-JOHNSTONE, M. *The corporeal turn*: an interdisciplinary reader. Exeter: Imprint Academic, 2009.

SHIFRES, F. La ejecución parental: los componentes performativos de las interacciones tempranas. In: REUNIÓN DE SACCOM, 6., 2007. *Actas...* [S.l.: s.n.], 2007. p. 13-24.

STERN, D. N. *Forms of vitality*: exploring dynamic experience in psychology, the arts, psychotherapy and development. Nova York: Oxford University, 2010.

STERN, D. N. *The interpersonal world of the infant*: a view from psychoanalysis and developmental psychology. Nova York: Basic Books, 1985.

TREVARTHEN, C. The Concept and Foundations of Infant Intersubjectivity. In: BRATEN, S. (Ed.). *Intersubjective communication and emotion in early ontogeny*. Cambridge: Cambridge University, 1998. p. 15-46.

WERNER, S.; KAPLAN, B. *Symbol formation*. Hillsdale: Erlbaum, 1963.

Leituras recomendadas

RIVIÈRE, A. Musicality and the intrinsic motive pulse: evidence from human psychobiology and infant communication. *Musicæ Scientiæ*, spec. issue, p. 155-215, 1999.

SHEETS-JOHNSTONE, M. *The roots of thinking*. Philadelphia: Temple University, 1990.

9

Aquisição da linguagem

Adriana Silvestri

A IMPORTÂNCIA DA LINGUAGEM HUMANA

Enfrentamos uma área de estudos na qual há uma grande quantidade de material descritivo, bases de dados e publicações periódicas dedicadas a ela. Trata-se de descrições: existem inúmeros pontos de vista e teorias que tentam explicar a maneira pela qual a criança passa a compreender e a produzir a linguagem oral, que frequentemente aparecem combinados. Neste campo, como em outros relativos ao ser humano, não é possível fazer experiências que levem a resultados conclusivos. Assim, todas as diferenças em termos de coleta de dados e sua interpretação pertencem à teoria sobre a aquisição da linguagem.

Por que se atribui tanta importância à linguagem humana? Mesmo antes da psicologia ou da linguística como ciências organizadas, a filosofia já havia proposto a linguagem como aquilo que definiria nossa espécie (o *homo loquens* de Herder), ou seja, o homem é capaz de adquirir um sistema comunicativo, algo que os outros animais não conseguem.

Contudo, que diferenças a linguagem humana tem, como sistema de comunicação, em relação aos complexos sistemas que os outros animais adotam? Ainda que haja muitas características diferenciadoras, assinaladas na obra pioneira de Hockett (1960), ainda hoje considerada uma referência, a maior parte dos analistas chegou a uma conclusão: o sistema de comunicação humano é formado primordialmente por símbolos, uma classe de signos que permite a representação de um objeto totalmente ausente da percepção (RIVIÈRE, 1990). A significação nos símbolos se dá graças a uma representação na mente dos interlocutores (PEIRCE, 1965) e, portanto, a aquisição desta forma de comunicação tem consequências intelectuais para a maneira de entender o mundo e de conhecer a si próprio.

Além dos elementos simbólicos que compõem esse sistema, muitos estudiosos atribuem importância à combinação regrada de unidades na oração, ou seja, à sintaxe, inexistente nos sistemas de comunicação inarticulados dos outros animais.

Isso resulta em uma linha de pesquisa que estuda as diferenças entre a linguagem humana e os sistemas de comunicação em outras espécies (IGOA, 2010). Esta tendência analisa a "linguagem" dos chimpanzés – que geneticamente estão muito próximos dos seres humanos – e de outros animais, em busca de continuidades e descontinuidades no processo de construção de formas comunicativas. Ao mesmo tempo, questiona como foi gerado esse sistema de comunicação na ainda desconhecida história da espécie, isto é, em sua filogênese.

Neste capítulo, contudo, trataremos de abordar as diferentes teorias que tentam explicar a aquisição da linguagem pelo indivíduo já imerso em uma sociedade que dispõe deste sistema de comunicação, ou seja, na ontogênese. Além disso, faremos uma breve descrição do processo.

AS TEORIAS SOBRE A AQUISIÇÃO DA LINGUAGEM

Nenhuma teoria séria da psicologia prescinde de dois fatores que intervêm em toda aquisição, incluída a da linguagem: o polo biológico e o polo social, ainda que lhes sejam atribuídas diferentes participações no processo e funções distintas. Trata-se de uma antiga polêmica, dentro da psicologia, para definir qualquer característica especificamente humana, enunciada pela primeira vez por Galton no início do século XIX, em termos de *natura* (natureza) e *nurtura* (criação). Ainda que originalmente a opção pela biologia (a herança genética) ou pela sociedade (a aprendizagem) seja percebida como uma escolha entre polos opostos, atualmente se considera que haja um *continuum*, uma graduação de elementos que intervêm.

A aquisição da linguagem é um tema que diz respeito à psicologia da linguagem, uma das ciências (que surgiu por volta da década de 1950) que em seus estudos combina as descobertas da linguística com as da psicologia.

Assim, uma das diferenças teóricas entre diversos modelos reside, sem dúvida, nas distintas concepções que existem sobre a linguagem, que surgem de discordâncias na linguística: a aquisição se baseia em sua estrutura morfossintática ou em seu uso, nas distintas funções comunicativas que ela adota? Ou será que ela se fundamenta na estrutura e no uso simultaneamente?

Do ponto de vista formal, a linguagem é formada de vários subsistemas, que são objeto de estudo tanto no adulto como durante a aquisição da linguagem: o fonológico, o morfológico, o léxico, o sintático e o semântico[1]. Até os 5 anos de idade, a criança geralmente já domina as estruturas linguísticas e o léxico básicos que lhe permitem se comunicar com desenvoltura.

No primeiro caso, adotado pelos modelos mais biologicistas, os estudos sobre a aquisição da linguagem encerram nessa idade, quando o núcleo duro sintático já está formado. Se o foco se encontra no uso da linguagem, são incluídas as aprendizagens tardias, em especial, os discursivos e semânticos e, portanto, os estudos se prologam além da adolescência (HALLIDAY, 1975).

Nas ciências da linguagem, nem todas as abordagens se ocupam do uso, embora o faça a pragmática, a análise do discurso e, dentro das propostas linguísticas, a linguística funcional na qual muitos psicólogos se baseiam (TOMASELLO, 2005).

Na área das ciências da linguagem, há bastante tempo (BAJTÍN, 1979) foi estabelecida a diferença entre os gêneros da fala, também denominados primários, e os da escrita, chamados secundários. Estes últimos não são obrigatórios: lembre-se de que, inclusive nos dias de hoje, a maior parte dos seres humanos não lê nem escreve, e que a invenção da escrita é um acontecimento relativamente recente no desenvolvimento de nossa espécie. Os processos psicológicos que fundamentam as formas primárias e secundárias são distintos, bem como seus modos de aquisição.

O tema do qual nos ocuparemos aqui – a aquisição da linguagem – envolve somente os gêneros primários (a conversação informal, frente a frente), já que a criança inicia com eles seu longo caminho até o domínio da linguagem. Trata-se de gêneros nos quais as significações estão extremamente baseadas no contexto imediato da fala.

Segundo a concepção inovadora de Vygotsky (1978), nós, os seres humanos, dispomos de funções psicológicas que não são exclusivas de nossa espécie, mas se desenvolveram segundo uma linha natural. Ao mesmo tempo, algumas funções psicológicas – especificamente humanas para esse autor – seguem uma linha distinta de desenvolvimento, segundo princípios de aprendizagem social. Essas funções, por sua vez, se dividem em duas classes: rudimentares e avançadas. Vygotsky escolheu como exemplo dessas funções a linguagem oral e a escrita, respectivamente, embora não sejam as únicas formas possíveis, devido à enorme importância que ele atribuía à linguagem na formação do psiquismo.

Assim, os seres humanos dispõem, de maneira simultânea, tanto de funções de origem natural, biológica, compartilhadas com outros animais, como de funções próprias do homem, que são geradas na vida social. Embora ambas se retroalimentem, é simplista, deste ponto de vista, tentar encontrar uma explicação exclusivamente biológica para a linguagem, que é um produto social.

A área da aquisição da linguagem é um terreno no qual a discussão entre o biológico e o social permanece viva e assume grande importância, uma vez que a maior parte dos psicólogos (inclusive de diferentes tendências) atribui à linguagem uma posição central, assim como o fazem muitos linguistas e representantes de outras ciências, como a antropologia (Cassirer, 1967). Portanto, a forma pela qual é gerada a capacidade de falar e compreender a linguagem se torna representativa para determinar como a cria do homem se converte progressivamente em um ser humano.

Em geral, as distintas posturas não aparecem de maneira exclusiva, mas combinadas. Quase todos os teóricos, para poder explicar um processo com tamanha complexidade, adotam, por exemplo, as descobertas recentes da psicologia cognitiva.

As teorias biologicistas

Hoje em dia algumas teorias continuam considerando que no sistema nervoso humano existem traços diferenciais que permitem explicar com exclusividade estas características, ou seja, que o biológico predomina em relação ao social.

As teorias biologicistas (também chamadas "nativistas" ou "inatistas") são muito conhecidas e continuam predominando no campo intelectual anglo-saxão. Chomsky (1968, 1986, 1995) é uma referência obrigatória para os estudiosos que seguem esta tendência, já que, ainda que haja discordâncias dentro do biologicismo, é ele que coloca de maneira mais radical a predeterminação genética da linguagem. Chomsky (1959) propôs sua teoria da aquisição da linguagem de modo claramente antagônico ao condutismo, uma forma de empirismo psicológico que busca explicar o psiquismo humano, que predominou até a década de 1950, aproximadamente.

Segundo sua proposta, na mente (ou no cérebro) existe uma *faculdade da linguagem* que não é ensinada nem aprendida. Sua aquisição depende de um mecanismo biologicamente determinado que é independente tanto do conhecimento do mundo como dos fatores sociais. O que é biologicamente determinado, ou seja, está inscrito nos genes, não são as gramáticas particulares das diversas línguas, mas uma *gramática universal* – que a linguística ainda tenta descobrir – comum a todas elas.

Para os nativistas, então, a evolução da linguagem (em diversas espécies) e seu desenvolvimento (dentro de uma espécie, a humana) é o resultado de processos determinados pelo código genético. Os programas de amadurecimento da linguagem são, portanto, um conjunto de genes com instruções de amadurecimento em um sentido obrigatório. A tarefa central da psicologia da linguagem é, então, o estudo do cérebro, e não o do contexto social.

A independência do conhecimento levou Chomsky a estabelecer uma polêmica com Piaget e seus discípulos, como a pouca importância atribuída ao fator social afastaram essa perspectiva dos modelos iniciais empiristas-condutistas e, mais tarde, dos modelos socioculturais interacionistas, inspirados em Vygotsky, que veremos na próxima seção.

Atualmente abundam as descrições que mostram, seguindo Piaget, que a aquisição da linguagem ocorre junto com o desenvolvimento de uma forma peculiar de inteligência, de modo que as etapas pelas quais tal aquisição se dá respeitam a sequência estabelecida no desenvolvimento da mente em geral.

Também são inúmeros os trabalhos interacionistas que assinalam a importância da atividade conjunta feita entre a criança e as outras pessoas. Quanto aos modelos empiristas-condutistas, eles não estão sendo empregados na atualidade para a descrição nem explicação do ser humano[2].

As teorias socioculturais

Entre as teorias que dão prioridade ao polo social, encontram-se as empiristas (às quais as biologicistas se contrapõem fundamentalmente), que consideram que em toda aprendizagem – inclusive no da linguagem – a criança funciona como um "recipiente vazio" que deve ser "preenchido" por estímulos sociais.

Já outras teorias concebem o aprendiz interagindo com uma sociedade que já dispõe de uma linguagem simbólica e organizando o estímulo (*input*) em um processo ativo de construção. Nesse caso, o desenvolvimento dos processos linguísticos se relaciona com práticas culturais e sociais complexas, de modo que o surgimento das funções mentais superiores (como a linguagem simbólica) não pode ser analisado sem o estudo das formas apropriadas da vida social que as possibilitam. Assim, a criança utiliza, em cooperação com vários membros de seu meio (indivíduos que dominam a linguagem), os modos de interação específicos de sua sociedade e cultura.

Para tais modelos, não existe uma rígida inscrição prévia nos genes, mas estruturas abertas e flexíveis. A *flexibilidade* é uma característica crucial, já que, quanto maior for a capacidade inata, menor será a flexibilidade.

O sistema de desenvolvimento é formado tanto pelo ambiente social e pela cultura como por um componente biológico, que está relacionado com os anteriores. Isso significa que é necessário um sistema nervoso especializado: podemos interagir o quanto quisermos com gatos, cães e vacas, mas jamais conseguiremos possibilitar que adquiram um sistema simbólico. Ou seja, o componente biológico é necessário, mas insuficiente para a geração de um ser humano.

Os seres humanos têm habilidades – únicas da espécie – de *intencionalidade compartilhada*, isto é, a motivação para compartilhar emoções, experiências e atividades com outras pessoas. Essas capacidades, que são desenvolvidas de maneira gradual, têm como resultado a construção progressiva de representações mentais de conhecimento que permitirão à criança participar da cognição humana e, a partir de determinado momento, modificá-la com flexibilidade (Tomasello, 2005).

As ciências da linguagem analisaram essa intencionalidade a partir da função dos enunciados que a criança consegue emitir. Os enunciados imperativos, com os quais começa a aquisição, não são exclusivos do ser humano e buscam a satisfação de demandas (alimento, por exemplo). Por outro lado, nos enunciados *declarativos*, exclusivos do ser humano, está a base dessa necessidade de compartilhar com outros o mundo exterior ou interior ("A xícara caiu" ou "Gostei do filme"). Esse mundo que é compartilhado não está "completo" desde o início, mas é gerado de maneira paulatina por meio das múltiplas interações que a criança tem com os membros de sua sociedade.

Quanto ao sistema formal da linguagem, nestes modelos se propõe que as crianças dispõem desde o começo de categorias linguísticas abstratas como as do adulto, como pressupõem aqueles que conferem maior importância ao componente biológico. Por outro lado, afirmam que a linguagem inicial do infante é organizada ao redor de elementos concretos que gradualmente derivam uma estrutura gramatical (Tomasello, 2005).

Quanto às aquisições posteriores, os modelos mais biologicistas, como já observamos, não as levam em consideração, devido ao fato de que elas não dependem da programação genética inicial.

AS AQUISIÇÕES TARDIAS

Considera-se aquisição tardia aquela que ocorre depois dos primeiros 5 anos de vida. É provável que os processos psicológicos que correspondem a essas aprendizagens sejam diferentes, já que acontecem em crianças que já dispõem da linguagem primária e podem empregá-la como instrumento para que sejam feitas outras aquisições. Embora sua aprendizagem não seja obrigatória e se relacione com ensinos formais ou informais, ele também pode se dar em idades mais avançadas ou não ser absolutamente adquirido.

Entre as aquisições tardias mais estudadas se encontra o domínio de *estruturas sintáticas complexas,* tais como, em espanhol ou português, as orações subordinadas com preposição ("a mulher *com* a qual falamos...") ou algumas subordinadas com "cujo" (*"ainda que* conheçamos...", *"se* soubéssemos disso...") ou as formas passivas ("o menino foi agredido pela menina").

Outro aspecto importante do desenvolvimento posterior aos 5 anos, há bastante tempo estudado (Luria, 1979), é a reorganização do sistema semântico, que continua se modificando até depois da adolescência. Assim, os significados e as referências iniciais da criança nem sempre coincidem com as do adulto, mesmo quando a comunicação cotidiana é bem-sucedida. Para mencionar somente um caso de pesquisa sobre o sistema semântico, a compreensão da criança transita, como se sabe, do concreto ao abstrato, de modo que suas significações primárias, tanto na compreensão como na fala, dependem de suas experiências primárias e não precisam ser sistemáticas. Por exemplo, um gato ainda não é para uma criança pequena um mamífero, felino, doméstico, mas o animal concreto que ela conhece, que tem determinada aparência física, que prefere certos alimentos, etc. Evidentemente, nem todos os elementos linguísticos seguem esse percurso com a mesma velocidade.

Embora tardios, são frequentes os estudos sobre o *discurso* e o *texto*[3], ou seja, os níveis que envolvem a combinação de orações (os níveis supraoracionais). O texto, na verdade, é mais do que a soma das orações que o compõe. Alguns dos processos necessários para compreender e produzir os textos iniciam no nível da oração, como a referência (p. ex., em "João procurou *seu* gato", "seu" é "o gato de João"). Muitos estudos envolvem a coesão textual (presente em todo o tipo de texto), já que, antes dos 4 ou 5 anos de idade, os elementos gramaticais (como o pronome "seu") são empregados para indicar significações dentro da mesma oração, enquanto, a partir destas idades, começam a ser utilizados para assinalar relações entre orações (KARMILOFF-SMITH, 1992). Neste sentido também são analisadas as habilidades das crianças para construir progressivamente as narrações, descrições, explicações, etc., ou seja, diferentes tipos de texto.

Também se desenvolve, acompanhando esses progressos, a *capacidade metalinguística* (GOMBERT, 1990; MATEOS, 2001), a qual, assim como toda habilidade metacognitiva, é tardia e não obrigatória. São inúmeros os processos que exigem esta capacidade de reflexão – explícita ou implícita – sobre a própria linguagem, já que o domínio de qualquer gênero secundário a exige. Entre eles, podemos mencionar o ingresso na escrita, tanto na alfabetização inicial como na habilidade de compor ou compreender um texto.

Para aqueles que propõem modelos que se concentram nas interações humanas, apesar das diferenças entre eles, é importante reiterar que as representações da linguagem e as do conhecimento do mundo são geradas simultaneamente, não como uma "excrescência natural" da mente infantil, mas graças às interações com membros da sociedade e da cultura à qual a criança pertence.

A discussão entre modelos continua vigente e em geral foca os argumentos que os biologicistas apresentaram para sustentar sua proposta, que desenvolveremos neste capítulo.

OS PROBLEMAS EM DEBATE

A pobreza do estímulo linguístico

Segundo o conhecido argumento biologicista da pobreza do estímulo, as crianças adquirem a linguagem ainda que o estímulo que recebam dela seja pobre: frases complexas ou incompletas que os adultos trocam entre si ou locutores de rádio e televisão que, é claro, não seguem sequências de crescente complexidade em seus enunciados. Se o estímulo (*input*) que vem da sociedade é fraco, o componente biológico ganha mais importância.

Trata-se do argumento mais controvertido e do primeiro que foi discutido. Da perspectiva cognitiva, se admite há tempo que a fala dirigida à criança tem características que ajudam ao seu desenvolvimento (Snow; Ferguson, 1977). Essa teoria considera que a fala à qual a criança está exposta (o *input*) não é um estímulo pobre e desorganizado. No início, esse tipo de fala foi chamado *motherese*, já que as interações privilegiadas com a criança costumam estar a cargo da mãe (*mother*). No entanto, hoje se prefere falar de cuidador para denominar a pessoa que, seja qual for seu sexo ou sua relação biológica com a criança, estabelece a maior parte das interações com ela.

A fala dirigida à criança tenta compensar sua falta de maturidade comunicativa e cognitiva: seu ritmo é lento, a entonação é mais marcada, as frases são breves e respeitam a ordem canônica das orações na língua que está sendo aprendida e o léxico ainda pobre do aprendiz. Essa perspectiva leva em conta como se comporta a pessoa que conhece a língua quando se dirige a uma criança, mas não observa que ações a criança faz como resposta. A incidência do *input*, então, continua sendo um fator controvertido (Rivero, 1993; Tomasello, 2005).

Talvez a objeção mais importante ao argumento da pobreza do estímulo provenha de Bruner (1982), que, de uma perspectiva vygotskiana, afirmou em sua polêmica explícita com Chomsky que, para o bebê, as situações de exposição à linguagem não têm efeito na aquisição, e sim as interações nas quais a criança participa com um membro de sua sociedade que domine a linguagem. Uma interação é uma ação recíproca, compartilhada por dois ou mais sujeitos, na qual cada um emite sua parte em função da ação realizada pelo outro. É claro que devemos adotar uma acepção ampla de "ação" em relação à imaturidade da criança, de modo que, por exemplo, olhar para a direção correta é considerado uma ação para uma criatura que apenas consegue manter sua cabeça erguida.

Para Bruner e outros representantes dessa corrente, a comunicação transita desde aspectos não verbais (gestos, olhares e ações com os quais a criança estabelece um vínculo com aqueles que a rodeiam) até o verbal, a linguagem. Essa ideia tem importantes consequências metodológicas para a pesquisa, já que mostra que não é suficiente registrar o verbal, aquilo que a criança diz e, portanto, é preciso considerar também com quem ela interage, que gestos realiza, quem ela olha. Esse registro visual acontece muito cedo, já que o não verbal precede no mínimo em um ano as primeiras emissões verbais. Ou seja, a criança consegue se comunicar com quem a rodeia desde o momento em que nasce, apesar de ainda não ter desenvolvido uma linguagem humana, e essas diversas formas de comunicação estão relacionadas entre si. Evidentemente, a comunicação não verbal não desaparece no adulto, embora se modifique quando aparecem os novos códigos.

Um dos mitos que Bruner (1982) combate é o da espontaneidade absoluta nas relações com os infantes. Para que aprendam, são necessárias ações extremamente estruturadas, as quais ele chama de *formatos*. Na aquisição da linguagem em geral, esses formatos se combinam (ainda que se observem alguns exclusivamente linguísticos) com a aprendizagem de outras rotinas – o ritual do banho, o do cumprimento, o de comer, o de ir dormir, as brincadeiras infantis (como "Escravos de Jó" e "O sapo não lava o pé"), entre outras – nas quais são inseridos, a partir de certa idade, componentes da linguagem que lhe permitem acessar o léxico inicial: as palavras concretas relativas a seu contexto imediato. Cada sociedade e cada momento da história tem formatos próprios, que podem diferir, mas o que há em comum é que eles sempre estão presentes.

A aprendizagem com base neles, evidentemente, é gradual, assim como o domínio que os membros de uma comunidade têm de sua língua. Como toda interação assimétrica (um dos membros domina o instrumento, o outro é um aprendiz), depende de pelo menos dois fatores: o nível de domínio do instrumento por parte do sujeito que sabe mais e sua habilidade para "formatar", ou seja, para se relacionar com a criança e estabelecer ações recíprocas que se adaptem ao que ele já sabe e ao que ainda desconhece.

Esta gradualidade garante que o bebê possa adquirir a linguagem. Suas interações mais frequentes podem se dar com adultos ou com irmãos ou outras crianças mais velhas, cujo domínio verbal será, é claro, menor que o dos adultos, bem como também será menor sua habilidade para estabelecer formatos[4], mas, inclusive de forma restrita, com menos "riqueza", haverá aprendizagem.

A noção de formato se baseia explicitamente em conceitos vygotskianos, como o da *zona de desenvolvimento proximal*. Esse conceito pressupõe que toda aprendizagem especificamente humana ocorre com a mediação de outras pessoas, ou seja, passa do interpessoal ao intrapessoal, segundo uma rigorosa sequência de dificuldade (veja o Capítulo 2 deste livro).

À medida que a criança adquire a linguagem, vão surgindo outras capacidades intelectuais e afetivas específicas do homem. Esta é uma das premissas mais importantes dos modelos interacionistas: a aprendizagem linguística é solidária a outras funções mentais próprias do ser humano.

Uma das mais estudadas destas funções é a *atenção*, inicialmente compartilhada com alguém que já conhece a linguagem. Prestar atenção ao mesmo objeto que o adulto garante a referência (ainda que a noção de objeto nem a de referência sejam idênticas no sistema comunicativo do bebê e do adulto). Assim, esse modelo de aquisição corresponde às afirmações biologicistas que consideram que a referência é um mistério (Bloom, 1994), já que, perante uma nova palavra empregada pelo adulto, o número de "candidatos" consistentes com a situação é infinito. Por exemplo, se o adulto emprega pela primeira vez a palavra "cachorro" em um parque, como a criança "sabe" se ela se refere ao animal, a uma parte dele, à sua cor, às árvores, à grama, às brincadeiras, etc.? Para o bebê, no entanto, interessa a comunicabilidade, não a precisão de suas frases nem a segurança em sua referência (Nelson, 1985).

É provável, como já comentamos, que os diferentes modelos atribuam relevância distinta aos múltiplos planos da linguagem. Para os inatistas, o primordial é o aspecto formal, a morfossintaxe, o nível no qual os formatos não parecem ter mais incidência, já que nas interações iniciais não há marcações gramaticais por parte de quem domina a linguagem (Pinker, 1991). Já os partidários da interação social focam os níveis léxico-semânticos, o da palavra e seus significados, e o pragmático, que corresponde aos diversos usos (p. ex., pedir, exigir, compartilhar informações, etc.), ambos muito suscetíveis ao formato.

É muito provável que os diversos planos da linguagem sejam adquiridos por diferentes mecanismos. Assim, a criança pode ter "conhecimento" perceptivo de determinados objetos manipuláveis antes de saber falar e, quando chega a linguagem, o "nome" desses objetos é agregado a eles, com mais uma propriedade. Por outro lado, as chamadas "palavras funcionais" (p. ex., em espanhol ou português, os artigos e as conjunções), que são de aquisição posterior e que dependem menos dos formatos, não correspondem a nenhuma realidade do entorno que rodeia a criança, somente adquirem significado dentro de um enunciado em uma língua particular (Gentner. Boroditsky, 2001; Slobin, 2003).

O desenvolvimento inicial e obrigatório

Um dos argumentos mais fortes dos modelos inatistas é a emergência cedo e obrigatória. Realmente o fato de que em diferentes culturas e meios sociais a linguagem sempre aparece, na mesma idade e com padrões similares em termos de sua sequência de aquisição, sugere uma base biológica independente do contexto no qual a criança nasce.

Lembremo-nos de que, para outros modelos, a interação social não é o único fator envolvido no processo de aquisição da linguagem, de modo que pode existir um sistema nervoso especializado – como o humano – que tenha a capacidade potencial de gerar a compreensão e a produção sintáticas (Bruner, 1982). Mas, para que estas ocorram, é necessário que a criança cresça em uma sociedade que já disponha de linguagem simbólica e de membros que lhe deem apoio mediante interações adequadas. O fato de que em geral a aquisição da linguagem ocorre não é, para essas teorias, um argumento a favor da base genética com exclusividade.

Do ponto de vista cognitivo, essa possibilidade do sistema nervoso tem sido analisada nos estudos sobre a *aprendizagem implícita* (Reber, 1993). Trata-se de um tipo de aprendizagem que permite captar regularidades do estímulo (a linguagem, neste caso) sem que a consciência esteja envolvida.

Duas destas formas de aprendizagem implícita – as covariações e a reação serial – não são exclusivas do ser humano e, portanto, indicariam um vínculo com outras espécies. Ambas já foram observadas em outros animais (embora perdurem no ser humano) e podem ser explicadas por alguma forma de condicionamento. A terceira forma, por sua vez, a aprendizagem implícita *estrutural*, que já foi testada mediante gramáticas artificiais, parece ser própria do ser humano. É esta que teria maiores consequências na aquisição da linguagem, já que a criança – que ainda não tem consciência – pode "notar" regularidades na estrutura do *input* linguístico que recebe.

Esse paradigma continua sendo investigado e muitas perguntas se referem ao problema da aquisição da linguagem. Por exemplo, como muda a aprendizagem implícita quando o sujeito já dispõe de uma linguagem primária, de consciência, no caso das aprendizagens tardias (Fayol et al., 2001)? O fato de que a aprendizagem implícita estrutural tenha sido provada mediante gramáticas artificiais demonstra que existe uma capacidade gramatical inata, ou a possibilidade de perceber regularidades gramaticais é somente um caso – importante, mas não único – desta forma de aprendizagem própria do ser humano?

Quanto à universalidade, nos encontramos, de fato, perante um "universal social", a linguagem oral (RIVIÈRE, 2003). Ela é universal uma vez que não existe ser humano ou sociedade que não a tenha e, além disso, é sua presença que define a condição humana. Ainda que a universalidade geralmente seja um atributo do biológico, a linguagem simbólica é um produto social.

Uma das diferenças entre os processos universais exclusivamente biológicos e os "universais sociais" (como a linguagem oral, primária) é a diversidade na maneira em que eles são gerados. Inclusive, se levamos em consideração somente os processos cerebrais, a pré-programação genética natural, biológica não é o mesmo que a necessidade de um *input* que provém da sociedade e leva a um processo chamado morte neuronal (NARBONA; CHEVRIE-MULLER, 2001). Uma vez produzida a configuração neuronal definitiva, ou seja, quando o sistema nervoso já adotou sua forma final, os universais biológicos já não têm como serem diferenciados dos sociais, já que adotam características idênticas. Para realizar essa distinção, então, é necessário levar em conta o processo de aquisição.

A morte neuronal se estende da infância à puberdade, motivo pelo qual ela tem sido relacionada com o *período crítico* assinalado por Lenneberg (1967). As funções primárias (entre as quais se encontra a linguagem oral) têm um período crítico, o que não ocorre com as secundárias, que podem ser adquiridas em qualquer momento da vida[5].

A facilidade de aquisição e a sequência uniforme

Os biologicistas comparam a aparente simplicidade com a qual a criança ingressa no mundo da linguagem com outras aprendizagens nos quais se investe mais tempo e esforço, como o aprendizado da escrita ou da matemática na escola (CHOMSKY, 1968). Essa facilidade, segundo eles, teria a ver com funções geneticamente determinadas.

Do ponto de vista das ideias que desenvolvemos neste capítulo, essa comparação não é válida, uma vez que é feita entre funções primárias e secundárias (RIVIÈRE, 2003), cujos processos de aquisição são diferentes.

Por outro lado, se adotamos um modelo vygotskiano e consideramos que a aprendizagem ocorre segundo um trabalho na zona de desenvolvimento proximal, essa facilidade se torna apenas aparente, já que é gerado um crescimento nas funções apenas quando há uma exigência cada vez maior por parte de quem domina o instrumento. Quanto ao aprendiz, recordemos que a interação opera sobre funções que ainda não foram desenvolvidas por completo (a linguagem, no caso que nos interessa), de modo que ele ainda não pode executá-las de forma autônoma, mas interagindo, e com um grande esforço de sua parte.

Quanto à sequência uniforme, é provável que seja uma consequência metodológica da coleta de dados da aquisição feita por poucas crianças, em uma mesma língua (e outras parecidas com ela) e em uma única cultura. As pesquisas mostram que há grandes variações na língua nativa que a criança aprenderá – a primeira língua – devido aos diferentes recursos dos quais ela dispõe (Pérez Pereira, 1988). Por exemplo, a futura criança anglofônica se baseará na ordem das palavras, relevante para a língua inglesa, para aprender as orações. Já uma criança que aprende turco – uma língua que possui uma flexão muito rica – prestará pouca atenção à ordem das palavras e focará mais sua morfologia, pouco importante no inglês.

As diferenças se dão não apenas entre as línguas nativas, mas também entre indivíduos: os aprendizes mostram diferentes velocidades na aquisição, especialmente na fala, já que a compreensão é mais homogênea. Assim, há crianças que conseguem emitir suas primeiras palavras por volta do 1º ano de vida, enquanto outras – dentro do que se considera normal – apenas o fazem com 3 anos de idade (Bloom, 2000).

Contudo, essa não é a única diferença. Já se comentou que há estilos muito distintos de aprendizagem: há crianças que mostram uma forma mais analítica, predominante em nossa sociedade, e outras que empregam estratégicas holísticas, que começam com enunciados socialmente significativos (p. ex., os enunciados de cumprimento). Estes seguem uma prosódia muito adequada, mas consistem em sequências de sons ininteligíveis, das quais, pouco a pouco, emergirão palavras conhecidas (Reuchlin, 2001). Essas diferentes estratégias também não são excludentes e frequentemente aparecem combinadas na mesma criança.

As bases genéticas da aquisição da linguagem

Todas as considerações que fizemos se aplicam a crianças sem problemas genéticos nem orgânicos que possam afetar a aquisição da linguagem. Entretanto, para desenvolver o tema das bases genéticas (muito importante para os biologicistas, já que consideram que ali está inscrita a faculdade da linguagem), diferentes autores recorrem a patologias e, assim, coletam dados indiretos.

Uma das síndromes mais analisadas pelos inatistas é a Síndrome de Williams, um transtorno genético de baixa incidência na população geral, o qual demonstraria a independência entre a linguagem e a inteligência: trata-se de indivíduos que sofrem de um grande déficit intelectual, mas dispõem de uma linguagem aparentemente fluente (Pinker, 1994).

As pesquisas ainda não terminaram (Donnai; Karmiloff-Smith, 2000), mas nos limitaremos a assinalar que a linguagem das crianças que padecem dessa síndrome não é tão fluente quanto parece e que seus mecanismos de aquisição são diferentes (Stevens; Karmiloff-Smith, 1977). Como resultado, a organização de seu léxico mental se torna aberrante e distinta daquela das crianças normais. Embora o léxico que elas possuam seja muito amplo, medir somente o tamanho de seu vocabulário pode distorcer as conclusões sobre sua linguagem. Aqueles que sofrem dessa síndrome, entre outros problemas, não respondem à chamada restrição taxonômica, a classificação inicial do significado das palavras que vão sendo incorporadas. Portanto, eles não identificam que um significado pertence à mesma classe de outro objeto com forma e textura similares (como uma luva e um boneco, ambos de veludo) ou que tenha relação temática com eles (p. ex., "cachorro" e "osso").

Essa deficiência tem grandes consequências no plano intelectual e evidencia a importância de que levemos em conta o processo pelo qual se chega a um resultado – neste caso, o da aquisição por meio da qual se chega a uma linguagem, que é normal apenas na aparência.

UMA TRAJETÓRIA POSSÍVEL

Como comentamos, não há uniformidade entre as crianças que adquirem uma mesma língua, de modo que apenas podemos descrever de modo breve a trajetória mais frequente em nossa língua, que depende em grande parte dos formatos predominantes[6].

É claro que a coleta de dados está sustentada por uma teoria, de modo que a descrição sempre traz implícita uma forma de percepção da aquisição da linguagem. Por exemplo, nem todas as perspectivas consideram que se deve coletar a informação inicial, necessariamente visual, sobre a comunicação da criança mediante gestos, olhares, etc., prévia à sua entrada na linguagem.

Em geral, os pesquisadores se especializam em um dos planos da linguagem – o fonológico, o morfológico, o léxico, o sintático ou o semântico (ao contrário dos teóricos, que apresentam suas ideias sobre a aquisição da linguagem em geral). Seja qual for o nível escolhido, a compreensão precede a produção.

Quanto à aquisição fonológica, devemos ressaltar que existe uma etapa inicial (durante os primeiros 5 meses de vida) que não afeta a aquisição do sistema da linguagem, embora neste momento já se comecem a gerar formas de interação positiva (ou negativa) entre o adulto e a criança, que serão importantes mais adiante, de modo que costuma ser estudada por aqueles que veem nessas interações uma forma de linguagem.

Essa etapa se sobrepõe à segunda, na qual se observam, na compreensão, as primeiras correspondências entre som e sentido, ambos ainda muito difusos. A partir dos 8 meses de vida, aproximadamente, começa o desenvolvimento linguístico propriamente dito, de modo que a criança já possa se beneficiar do estilo de fala com o qual se dirigem a ele (o chamado *motherese*).

Em 1970 começa o estudo, que ainda hoje continua, da percepção dos sons da linguagem em crianças muito pequenas, inclusive em recém-nascidos. O método empregado é a sucção não nutritiva, já que se considera que a criança suga com mais força quando está na presença de um estímulo novo.

Trata-se de métodos muito sutis cuja aplicação gera inúmeras questões: a partir de que idade (em meses) a criança discrimina os contrastes fonéticos? Qual é a sequência que ocorre? Ela distingue línguas diferentes? Ela prefere sua língua nativa? Os pesquisadores mais biologicistas falam inclusive de uma dotação genética inata para a detecção dos sons da fala.

O sistema fonológico termina de se desenvolver por volta dos 5 anos de idade, embora, conforme a língua, alguns fonemas às vezes ainda não sejam corretamente articulados neste momento (p. ex., o /r/ em espanhol).

Também são estudados os sons que a criança produz, sempre levando em conta que a fala é posterior à compreensão e que, como vimos, seu ritmo difere muito de uma criança para a outra.

Neste caso, analisa-se uma etapa da *pré-linguagem*, que começa no período pré-natal e vai até cerca dos 6 meses de vida. Entre as inúmeras emissões do bebê, algumas (como o choro) não são fontes da fala, embora sejam consideradas geradoras de outras formas de comunicação.

Já outras emissões desse período (sons de arrulho ou excitação), que ocorrem em um estado de prazer em resposta aos estímulos do adulto, se constituem em fonte da fala.

Entre os 6 e os 8 meses de vida, aparece o *balbucio*, uma emissão contínua e reiterativa (p. ex., da-da-da). Em relação a esse fenômeno, existem inúmeras discussões sobre a continuidade dos sons do balbucio com o desenvolvimento fonológico da criança, com os sons de sua língua nativa. Ainda que haja controvérsias sobre sua função, se aceita que ele seja uma chave para os processos de desenvolvimento da fala, já que a criança que balbucia adquire maior controle sobre seu aparato articulatório: ao repetir sempre os mesmos sons, ela treina sua própria produção vocal. Além disso, se observa uma forma de balbucio na qual o bebê responde ao som emitido pelo adulto, em uma espécie de formato.

A etapa da linguagem propriamente dita começa ao redor dos 10 ou 11 meses de idade, com a emissão das primeiras palavras, também chamadas "protopalavras", que diferem do balbucio por consistirem em formas fônicas estáveis (ainda que não necessariamente iguais às apresentadas na linguagem adulta), que em determinadas situações recebem a mesma interpretação.

A partir desse momento, em um dos estilos predominantes, a criança emite de maneira prolixa enunciados de uma palavra, de duas palavras, de três palavras, e assim sucessivamente. O enunciado de uma palavra (também chamado *holofrase*) pode ocorrer entre os 10 meses e os 2 anos (ou mesmo aos 3, no caso dos falantes tardios), o que mostra as enormes diferenças entre os indivíduos na sua produção.

Seu sentido é completado pelo adulto, de acordo com o contexto: ainda que seja uma única palavra, o enunciado representa uma oração completa no contexto do diálogo, da interação. Essa palavra isolada representa o léxico inicial da criança, que é formado – segundo a classificação adulta – por substantivos concretos (aparentemente a primeira classe de palavras que surge em qualquer língua), os quais se referem a indivíduos ("mama"), objetos ("carro") ou substâncias ("água"), sempre que estão presentes no entorno da criança. Também cedo aparecem verbos de ação (como "dar") e advérbios (como "não" ou "aqui")[7].

De qualquer maneira, a referência inicial das palavras infantis não é estável. Por exemplo, com "papá" pode ser referir a um alimento qualquer, à sensação de fome, aos objetos que se relacionam com sua situação concreta de comer, etc.

Por volta dos 2 anos acontece a chamada "explosão léxica" (sobre a qual continua havendo controvérsia), devido ao notável incremento no vocabulário da criança, que passa de uma média de 50 palavras, 6 meses antes, para cerca de 300 palavras em seu léxico de produção (BLOOM,

2000). Não é a etapa na qual o aumento do léxico é maior no indivíduo, mas provavelmente seja o momento no qual as capacidades de comunicação se modificam de maneira mais radical.

Neste período (que pode se sobrepor ao seguinte, que é o da construção de orações), o vocabulário sofre uma importante mudança, já que a criança começa a fazer referência, por meio de suas palavras ou objetos, a ações que não são imediatamente perceptíveis. Esta etapa já foi associada à formação da função simbólica (PIAGET, 1945), que permite a representação na mente de objetos ausentes (veja o Capítulo 6 deste livro).

A sintaxe começa no período das duas palavras, que pode iniciar com 1 ano e meio ou 2 anos de idade. Nesta etapa, segundo a língua que está sendo adquirida, observa-se a importância da ordem das palavras e da morfologia. Também aparecem novas classes de palavra: os adjetivos e os pronomes, por exemplo.

Um instrumento que tem sido útil para a avaliação da linguagem da criança é o comprimento médio do enunciado (MLU, sigla do termo em inglês), que mede a quantidade de palavras ou morfemas que formam cada emissão. Por exemplo, uma criança pode emitir de maneira predominante enunciados de três palavras (como "nenê joga bola"), embora às vezes produza alguns com maior número de unidades.

Esse estilo de fala já foi chamado "telegráfico", já que nele aparecem somente palavras de conteúdo, ou seja, aquelas que trazem consigo a maior carga de significação, e não as palavras funcionais, como artigos, conjunções, etc.

A ESCOLA PODE CONTRIBUIR PARA O DESENVOLVIMENTO DA LINGUAGEM?

Para os modelos mais fortemente biologicistas, a aquisição da linguagem ocorrerá de qualquer maneira, já que seus fundamentos se encontram inseridos nos genes: não se trata de uma aprendizagem, mas sempre de um desenvolvimento do sistema nervoso.

Sob outra perspectiva, o ensino e a aprendizagem, formais ou informais, têm um importante papel neste processo. Na medida em que existe a desigualdade social, há crianças que em tese poderiam ter desenvolvido uma linguagem com léxico amplo e estruturas gramaticais complexas, mas que, no entanto, não o fizeram, por terem participado de interações sociais insuficientes e pouco elaboradas, o que lhes provocou um déficit intelectual e afetivo.

Ainda que na seção anterior tenhamos indicado os momentos mais prováveis nos quais ocorre a aquisição da linguagem, o desenvolvimento não se dá por etapas, com limites tão bem definidos. Ao mesmo tempo, podem-se observar na criança tanto estratégias mais imaturas como mais avançadas do que as predominantes (NELSON, 1996), de modo que algumas crianças possuem uma notável imaturidade na linguagem, sem que por isso fiquem fora do que se considera normal.

Segundo essa teoria, a linguagem oral primária é adquirida obrigatoriamente a partir de interações informais, de práticas sociais que não exigem instrução especial. No entanto, nos últimos anos, muitos estudos sobre contextos de pobreza e marginalidade mostram que as crianças criadas nessas situações possuem um déficit linguístico e intelectual muito marcante (MOREAU; RUIZ, 2001).

Essa carência pode ser revertida pela escola, desde que se trate de crianças que ainda não tenham finalizado seu período crítico, isto é, se encontrem em seu nível pré-escolar ou nos primeiros anos do ensino fundamental, aproximadamente entre os 4 e os 6 anos de idade. Além disso, deve-se considerar a relevância da aprendizagem social.

Desta maneira, o professor, a partir de seu maior conhecimento da linguagem e de sua habilidade para estabelecer formatos, pode, entre outras coisas, possibilitar que a criança se familiarize com um vocabulá-rio mais amplo e com estruturas sintáticas mais complexas (BORZONE DE MANRIQUE; ROSEMBERG, 2000). É claro que essa habilidade do professor também pode ser ensinada e, consequentemente, aprendida.

As técnicas mais comuns utilizadas pelos docentes são, no contexto dos diálogos com pequenos grupos de alunos[8], o ajuste da linguagem do professor para a compreensão da criança segundo o estilo de fala analisado inicialmente por Snow e Ferguson (1977) e seu complemento, a *reformulação*, que se realiza a partir da emissão da criança, para aproximá-la mais da linguagem que é aprendida. Esse jogo entre ajuste e reformulação representa a oscilação própria entre tornar os formatos mais simples ou mais complexos. Quanto aos processos cognitivos exigidos, o princípio é a *atenção conjunta*, fundamental para efeitos da aprendizagem.

Nessa etapa pré-escolar, deveria começar o ensino dos gêneros secundários, as formas escritas, que se sobrepõem, no início, com a linguagem oral, coloquial, e o modificam irreversivelmente. Como já foi mencionado, a escrita consiste em uma revisão metalinguística da oralidade. Essa reflexão é observada, por exemplo, na primeira etapa do longo processo de ensino dos gêneros secundários: o domínio do código da alfabetização, o alfabeto, que exige métodos[9] que insistam na consciência (ou metaconsciência) fonológica, já que os sons da língua serão representados por grafemas (letras) que terão maior ou menor equivalência, conforme o idioma ensinado. Por volta dos 5 anos de idade, a criança está capacitada para começar essa aprendizagem. No entanto, nessa idade nem todos se encontram na mesma situação: alguns mostram um pobre domínio dos recursos verbais, que lhes dificultará a alfabetização.

O domínio ativo dessa capacidade de gerar infinitos enunciados adequados à situação comunicativa e à tarefa mental que se deseja executar é a base necessária sobre a qual se podem edificar as competências que desejamos estimular nas crianças: que possam escolher o enunciado adequado para comunicar seu pensamento; que possam desenvolver seu pensamento com palavras precisas; que possam, perante o enorme leque de recursos que os produtos sociais da linguagem lhes oferecem, construir uma autêntica palavra baseada no domínio da expressão e não no desconhecimento. Caso contrário, as crianças permanecem limitadas a um acesso pobre e fragmentado ao instrumento de comunicação e conhecimento mais poderoso do qual o ser humano dispõe: a linguagem.

NOTAS

1 O sistema morfológico e o sintático (e, eventualmente, o fonológico) são também denominados sistemas gramaticais, embora as concepções sobre a gramática variem enormemente.
2 Os únicos resquícios do condutismo na psicologia estão na teoria (os modelos biologicistas continuam discutindo com os empiristas, já que o materialismo dialético, próprio de Vygotsky, nunca entrou nesse campo intelectual) e na prática terapêutica (a terapia cognitivo-comportamental, muito diferente quanto às premissas de conduta).
3 Ainda que na psicologia da linguagem "discurso e "texto" costumem ser empregados como sinônimos, existe desde o início uma grande discussão sobre eles nas ciências da linguagem. Geralmente, a acepção de texto é mais formal, e a de discurso se refere ao contexto social no qual os enunciados são produzidos.
4 A partir dos 4 anos e meio ou 5 de idade, a criança igualmente já domina um dos componentes do formato, que é a adaptação do próprio enunciado ao conhecimento do interlocutor.

5 Em todo caso, quem inicia tardiamente a aprendizagem de um gênero secundário (como a escrita) terá menos anos de prática do que aquele que começar cedo.
6 Para se aprofundar na descrição da aquisição do castelhano, pode-se consultar o clássico de Hernández Pina (1984). Em Moreno Ríos (2005), por sua vez, desenvolvem-se as principais tendências teóricas e investigações empíricas. Para uma tendência mais centrada nas mudanças cerebrais, pode-se consultar a obra de Nardona e Chevrie-Muller (2001).
7 Lembremo-nos de que a pronúncia não coincide necessariamente com a linguagem que está sendo aprendida, de modo que, por exemplo, a criança pode dizer /'aua/, em vez de "água".
8 A capacidade de aprender em grupos, ou seja, de se beneficiar com a interação mantida com outra pessoa ou outras pessoas, é específica do ser humano e exige formas especiais de atenção. O número de integrantes do grupo no qual se aprende aumenta com a idade e com as práticas de desenvolvimento da atenção.
9 Trata-se de métodos de ensino e aprendizagem, não de "descobertas" por parte da criança, já que os códigos de escrita são convencionais e as convenções não são descobertas.

REFERÊNCIAS

BAJTÍN, M. M. *Estitika slovesnogotvorchestva*. Moscú: Iskisstvo, 1979.
BLOOM, P. *How children learn the meaning of word*. Cambridge: MIT, 2000.
BLOOM, P. Overview: Controversies in Language Acquisition. In: P. Bloom (Ed.). Language Acquisition. Core Readings. Cambridge: MIT, 1994. p. 5-48.
BORZONE DE MANRIQUE, A.; ROSEMBERG, C. *Qué aprenden los niños cuando aprenden a hablar? El desarrollo lingüístico y cognitivo en los primeros años*. Buenos Aires: Aique, 2000.
BRUNER, J. The formats of language acquisition. *American Journal of Semiotics*, v. 1, p. 1-16, 1982.
CASSIRER, E. *Essay on man*. Connecticut: Yale University, 1967.
CHOMSKY, N. A review of B. F. skinner 'verbal behavior'. *Language*, v. 35, n. 1, p. 26-58, 1959.
CHOMSKY, N. *Knowledge of language*: its nature, origin, and use. Nova York: Praeger, 1986.
CHOMSKY, N. *Language and mind*. Boston: Houghton Mifflin Harcourt, 1968.
CHOMSKY, N. *The minimalist program*. Cambridge: MIT, 1995.
DONNAI, D.; KARMILOFF-SMITH, A. williams syndrome: from genotype through to the cognitive phenotype. *American Journal of Medical Genetics: Seminars in Medical Genetics*, v. 97, n. 2, p. 164-171, 2000.
FAYOL, M. et al. Implicit learning out of the lab: the case of orthographic regularities. *Journal of Experimental Psychology*, v. 130, n. 3, p. 401-423, 2001.
GENTNER, D.; BORODITSKY, L. Individuation, relativity and early word learning. In: BOWERMAN, M.; LEVINSON, S. (Ed.). *Language acquisition and conceptual development*. Cambridge: CUP, 2001. p. 215-256.

GOMBERT, E. *Le développement métalinguistique.* Paris: PUF, 1990.
HALLIDAY, M. *Learning how to mean*: explorations in the development of language. Londres: Edward Arnold, 1975.
HERNÁNDEZ PINA, F. *Teorías psico-sociolingüísticas y su aplicación a la adquisición del español como lengua materna.* Madrid: Siglo XXI, 1984.
HOCKETT, C. F. The origin of Speech. *Scientific American*, v. 203, p. 88-96, 1960.
IGOA, J. M. Lenguaje humano y comunicación animal. In: PELLÓN, R. (Ed.). *Cognición comparada.* Madrid: UNED, 2010. p. 2-39.
KARMILOFF-SMITH, A. Auto-organización y cambio cognitivo. *Substratum*, v. 1, n. 1, p. 19-43, 1992.
LENNEBERG, E. H. *Biological foundations of language.* Oxford: John Wiley & Sons, 1967.
LURIA, A. *Iazik i soznanie.* Moscú: Universidad de Moscú, 1979.
MATEOS, M. *Metacognición y educación.* Buenos Aires: Aique, 2001.
MOREAU, L.; RUIZ, V. El desarrollo infantil en contextos de pobreza. *Cultura y Educación*, v. 13, n. 4, p. 373-386, 2001.
MORENO RÍOS, S. *Psicología del desarrollo cognitivo y adquisición del lenguaje.* Madrid: Biblioteca Nueva, 2005.
NARBONA, J.; CHEVRIE-MULLER, C. *El lenguaje del niño*: desarrollo normal, evaluación y transtornos. Barcelona: Masson, 2001.
NELSON, K. *Language in cognitive development*: emergence of the mediated mind. Cambridge: CUP, 1996.
NELSON, K. Making sense: the acquisition of shared meaning. Orlando: Academic, 1985.
PEIRCE, C. S. Collected papers. In: HARSTSHORNE, C. et al. (Ed.). *Collected papers.* Cambridge: Harvard University, 1965. 8 v.
PÉREZ PEREIRA, M. La atención a factores intralingüísticos en la adquisición del linguaje. *Estudios de Psicología*, v. 34-35, p. 211-227, 1988.
PIAGET, J. *La formation du symbole chez l'enfant*: imitation, jeu et rêve, image et representation. Neuchâtel: Delachaux et Niestlé, 1945.
PINKER, S. *Learnability and cognition*: the acquisition of argument structure. Cambridge: MIT, 1991.
PINKER, S. *The language instinct*: how the mind creates language. London: Penguin, 1994.
REBER, A. *Implicit language and tacit knowledge.* Nova York: Oxford University, 1993.
REUCHLIN, M. *La psychologie différentielle.* Paris: PUF, 2001.
RIVERO, M. La influencia del habla de estilo materno en la adquisición del lenguaje: valor y límites de la hipótesis del input. *Anuario de Psicología*, v. 57, p. 45-64, 1993.
RIVIÈRE, A. *Obras escogidas.* Madrid: Panamericana, 2003.
RIVIÈRE, A. Origen y desarrollo de la función simbólica en el niño. In: PALACIOS, J.; MARCHESI, A.; COLL, C. (Ed.). *Desarrollo psicológico y educación I*: psicología evolutiva. Madrid: Alianza, 1990. p. 145-174.
SLOBIN, D. Language and thought online: cognitive consequences of linguistic relativity. In: GENTNER, D.; GOLDIN-MEADOW, S. (Ed.). *Language in mind*: advances in the study of language and thought. Cambridge: MIT, 2003. p. 157-192.

SNOW, C.; FERGUSON, C. *Talking to children*: language input and acquisition. Cambridge: Cambridge University, 1977.

STEVENS, T.; KARMILOFF-SMITH, A. Word learning in a special population: do individuals with williams syndrome obey lexical constraints? *Journal of Child Language*, v. 24, n. 3, p. 737-765, 1977.

TOMASELLO, M. *Constructing a language*: a usage-based theory of language acquisition. Cambridge: Harvard University, 2005.

VIGOTSKY, L. S. *Mind in society*: the development of higher psychological processes. Cambridge: Harvard University, 1978.

10
Teoria da mente: o desesenvolvimento da psicologia natural

María Núñez

TEORIA DA MENTE, RACIOCÍNIO INTERPESSOAL E PSICOLOGIA NATURAL

As pessoas tendem a associar o raciocínio e as inferências com questões abstratas e com a lógica. Entretanto, a maioria dos problemas que resolvemos diariamente por meio de inferências tem pouco a ver com a matemática e muito mais com as relações com as outras pessoas, ou seja, com a maneira como interagimos com elas e como conseguimos "ler suas mentes" a partir de pequenos indícios. A professora, por exemplo, pode adivinhar se Joãozinho fez a lição de casa simplesmente pela maneira como ele lhe dá bom dia, ou prever como Ana fará uma pergunta "capciosa", ou se Felipe está sonhando acordado apenas olhando para seu rosto. Essa espécie de psicologia natural (HUMPHREY, 1983) que nos permite ler em uma face sinais dos pensamentos dos outros ou prever seu comportamento com base no que inferimos que elas pensam, sentem, lamentam, etc. (e que também nos ajuda a explicar e entender nosso próprio comportamento) é o que os psicólogos cognitivos têm chamado de teoria da mente (*theory of mind, ToM*).

Por mais banais que pareçam, do ponto de vista cognitivo, os problemas interpessoais são quase sempre complexos, têm inúmeros elementos que devem ser coordenados, com informações procedentes de múltiplas entradas sensoriais e exigem *inferências* com base em dados fragmentados.

Eles exigem, além disso, respostas imediatas, decisões sobre a continuidade e vários controles simultâneos. Todavia, nos condicionamos bastante bem para responder a todas estas demandas e fazemos os cálculos e as inferências que elas exigem de maneira muito rápida. Por quê? Porque a teoria da mente é uma ferramenta cognitiva de cômputo especializado, de rápido acesso e de funcionamento ágil que torna os seres humanos hábeis psicólogos naturais (Núñez; Rivière, 1994).

Neste capítulo, focaremos esse instrumento que está a serviço do raciocínio interpessoal e apresentaremos uma revisão crítica das pesquisas sobre o desenvolvimento da teoria da mente ao longo das três últimas décadas. Em primeiro lugar, compararemos as descobertas que o paradigma clássico da teoria da mente revelou com os dados mais recentes de estudos que buscam compreender o problema da inferência mental imediata, incluindo as medidas de seus correlatos naturais. Depois, discutiremos as implicações desse contraste para entender o processo de desenvolvimento da teoria da mente, tanto em termos de sua trajetória típica como de suas alterações. Por fim, dedicaremos algumas linhas sobre como uma melhor compreensão do desenvolvimento das crianças como hábeis psicólogos naturais (antes de sua instrução formal) pode contribuir para as práticas educativas escolares.

A TEORIA DA MENTE E SEU PARADIGMA EXPERIMENTAL: A PERSPECTIVA CLÁSSICA

As pesquisas sobre a teoria da mente começaram há mais de três décadas e, curiosamente, não aconteceram dentro da psicologia do desenvolvimento, mas no estudo do comportamento animal. O famoso artigo de Premack e Woodruff (1978) deu nome a essa competência para explicar as "façanhas" de Sarah (uma chimpanzé muito inteligente e bem treinada) em seu laboratório. Sarah parecia entender não somente questões de meios-fins (p. ex., como agarrar bananas que estão fora de seu alcance utilizando um instrumento), mas também os problemas de outros indivíduos em circunstâncias similares. Ela parecia ser capaz de atribuir estados internos aos outros (ao menos intenções e desejos) e utilizar estas atribuições para prever seu comportamento. As intenções e os desejos (como as crenças, a ignorância e outros estados mentais) não são observáveis, mas "inferíveis", e constituem construtos de grande utilidade para prever e entender o que as pessoas fazem. Por essa razão, a capacidade de atribuição e inferência dos estados mentais originariamente recebeu o nome de teoria da mente.

O debate incitado pela pergunta com a qual Premack e Woodruff (1978) intitularam seu artigo ("O chimpanzé tem uma teoria da mente?") foi intenso, polêmico e extrapola muito os objetivos deste capítulo (CALL; TOMASELLO, 2008). Uma das consequências diretas desse debate, no entanto, foi chave para a psicologia evolutiva, já que instigou a elaboração de uma prova estrita, fácil de aplicar e adequada para crianças pequenas, com a qual se mediu e estudou o desenvolvimento da teoria da mente em seres humanos: a famosa tarefa da *crença falsa*, que se transformou desde então no paradigma experimental da teoria da mente (PERNER; WIMMER, 1985). Esse teste apresenta um problema, aparentemente muito simples, que exige prever o que alguém fará em uma situação na qual está equivocado sobre onde se encontra um objeto. Por exemplo: alguém põe seus óculos sobre a mesa e, enquanto se levanta para buscar um livro, eles caem no chão sem que ele se dê conta. Onde irá procurá-los quando voltar? Se você pensar que "naturalmente" irá procurá-los sobre a mesa, onde os havia deixado (e onde ele imagina que estão), passou no teste. Essa é uma situação típica de crença falsa. Uma previsão correta serve de prova da teoria da mente, pois, como observadores, nos obriga a fazer uma inferência que vai contra o estado das coisas e de nosso próprio conhecimento sobre ele. Para dar uma resposta correta, precisamos distinguir entre a situação real (os óculos estão no chão) e a da pessoa que precisa procurá-los (para a qual os óculos estão sobre a mesa). Inferimos a crença do agente "contra os fatos" (lhe atribuímos uma crença falsa) e, em função disso, prevemos corretamente o que ele fará.

As crianças são capazes de fazer atribuições desse tipo a partir dos 4 anos e meio de idade em uma situação padrão como a que é mostrada na Figura 10.1A, a famosa tarefa da teoria da mente em sua versão da *mudança inesperada* (WIMMER; PERNER, 1983).

A outra versão com a qual esse paradigma é frequentemente apresentado é a tarefa do *conteúdo inesperado* (LEEKAM; PERNER; WIMMER, 1987), na qual a própria criança primeiro experimenta a crença falsa sobre o que um recipiente contém, e depois tem de prever o que outra criança pensará que há ali dentro ao ver o recipiente fechado (p. ex., uma caixa de balas que contém lápis em vez de balas). Ao contrário das crianças com desenvolvimento típico, as crianças com autismo são totalmente reprovadas nesta prova (BARON-COHEN; LESLIE; FRITH, 1985) ou, quando conseguem ser aprovadas, apresentam um retardo notável (BARON-COHEN, 1989).

Sara e Ana

Onde Sara irá procurar sua bolinha? (Pergunta de crença falsa de primeira ordem)

Figura 10.1A Tarefa de crença falsa da mudança inesperada.
Fonte: Baron-Cohen, Leslie e Frith (1985) e Wimmer e Perner (1983).

Similar à tarefa de primeira ordem, mas mudam o episódio 4 e a pergunta do teste

Onde Ana imagina que Sara irá procurar sua bolinha? (Pergunta de crença falsa de segunda ordem)

(Desenho de Ángel Rivière)

Figura 10.1B Tarefa de crença falsa de segunda ordem.
Fonte: Nuñez (1993).

Após estes primeiros estudos, muitos outros têm confirmado tais descobertas (WELLMAN; CROSS; WATSON, 2001). O paradigma da crença falsa tem sido extremamente útil para que possamos entender as características da capacidade de atribuição de estados mentais e seu padrão evolutivo. Ele apresenta a vantagem de ser fácil de aplicar e, apesar de simples, suas respostas "garantem" que o indivíduo possui tal habilidade.

Os dados de quase 30 anos de pesquisas sobre a teoria da mente baseadas neste paradigma em seu formato clássico coincidem ao definir essa competência como:

1. Uma competência cognitiva especificamente humana, com uma *agenda evolutiva precisa* e de transformação rápida. A atribuição de

crenças falsas de primeira ordem é adquirida entre os 3 e os 5 anos de idade. Em geral, as crianças de 3 anos são reprovadas nesta prova, enquanto a maioria das de 5 anos são aprovadas sem problemas. Essa mudança é seguida de uma segunda etapa na evolução (mais quantitativa do que qualitativa), que ocorre entre os 5 e os 7 anos de idade, na qual as crianças se tornam capazes de atribuir crenças de segunda ordem ("crenças sobre crenças") (Núñez; Rivière, 2007; Perner; Wimmer, 1985; Sullivan; Zaitchik; Tager-Flusberg, 1994). Por exemplo, elas conseguem prever onde Ana acredita que Sara irá buscar sua bolinha quando Sara, sem ser vista, vê que Ana está guardando-a em sua bolsa (Figura 10.1B).

2. Esse padrão de mudança ocorre de maneira *universal*, como demonstram estudos feitos com inúmeras populações e culturas muito diferentes. Por exemplo, as crianças *baka* da República dos Camarões apresentam o mesmo padrão que as crianças britânicas quando lhes é apresentada uma tarefa de crença falsa de primeira ordem (Avis; Harris, 1991); as crianças zapotecas da Península de Yucatán apresentam uma resposta idêntica à das crianças urbanas de Monterrey (México) e de Madri, tanto na atribuição de crenças de primeira ordem quanto na de crenças de segunda ordem (Quintanilla; Sarriá, 2003; Wellman et al., 2006).

3. Os mecanismos cognitivos que dão suporte à competência da teoria da mente devem ser de *domínio específico*, ou seja, independentes de mecanismos gerais de inferência e de outros domínios cognitivos. Três fontes de dados corroboram essa característica. A primeira é o fato de que as crianças com autismo não passam na prova da crença falsa, enquanto as crianças com retardo geral de desenvolvimento (p. ex., com Síndrome de Down) e com idades mentais inferiores são aprovadas (Baron--Cohen; Leslie; Frith, 1985, 1986; Frith, 2003). A segunda fonte de dados é o fato de que existe uma dissociação no desenvolvimento típico entre superar a falsa crença e executar tarefas gerais de inferência, estruturalmente equivalentes (Núñez; Rivière, 2007), enquanto ambos os tipos de inferências estão associados nas crianças com autismo (Rivière; Castellanos, 2003). Ou seja, enquanto as crianças com desenvolvimento típico e as crianças com Síndrome de Down fazem inferências sobre crenças sem nenhum problema e têm dificuldades com outras inferências estruturalmente idênticas, mas não "mentais" (p. ex., em tarefas opera-

cionais), as crianças com autismo parecem usar apenas um mecanismo para realizar ambas. Em terceiro lugar, a dissociação que existe entre a tarefa da crença falsa e a da *fotografia falsa* (um experimento análogo, mas sobre a representação pictórica – não mental – dos fatos) (Leekam; Perner, 1991; Leslie; Thaiss, 1992), em crianças com autismo, indica que os mecanismos da teoria da mente servem de apoio às inferências sobre representações mentais internas, e não sobre outras representações não mentais e externas, como fotografias, mapas, desenhos, etc.
4. Os modelos teóricos dominantes durante as duas primeiras décadas (modelos da teoria-teoria) explicam essa especificidade propondo mecanismos inatos de caráter modular (Baron-Cohen, 1995; Leslie, 1987, 1992) ou postulando mecanismos sobre a compreensão mais gradual, porém rápida, das representações mentais (Gómez; Núñez, 1998, Perner, 1991; Rivière; Núñez, 1996).

Por meio das pesquisas com o paradigma da crença falsa, a compreensão da teoria da mente é então definida como uma competência universal, um padrão evolutivo preciso do tipo *tudo ou nada* (possui-se ou não a capacidade de atribuir crenças) e é uma competência *específica de domínio* e *especificamente humana*. Essa perspectiva clássica, no entanto, enfrenta alguns desafios questionados por dados mais recentes e outros modelos. As controvérsias provêm de três fontes: 1) dos estudos que trazem informações sobre os processos da teoria da mente *online* (imediata) com medidas mais implícitas; 2) dos dados da evolução que levam em conta a atribuição de outros estados mentais além das crenças; e 3) de outras trajetórias atípicas no desenvolvimento da psicologia natural.

A TEORIA DA MENTE "IMEDIATA": QUESTIONAMENTOS SOBRE A PERSPECTIVA CLÁSSICA

No início do capítulo comentamos que uma das características da teoria da mente como ferramenta de raciocínio interpessoal é a aparente facilidade, rapidez e eficácia com a qual fazemos inferências sobre os estados mentais. Ao longo de nossas interações cotidianas, as fazemos de maneira quase automática, sem nos dar conta, e imediatamente (*online*). O paradigma clássico, entretanto, mede melhor a inferência da crença *offline* (não imediatamente), ou seja, a pergunta do teste é feita com certa demora com relação ao momento no qual a criança deve fazer a inferência e exige uma resposta verbal que também obriga a deixar mais explícito o que em uma interação real teria ocorrido imediata e implicitamente. Quando observamos os dados de medidas temporais, implícitas e/ou mais participativas por parte da criança, alguns dos pressupostos da perspectiva clássica são postos em dúvida. Um deles é a mudança evolutiva rápida, com um momento evolutivo preciso.

As crenças falsas são atribuídas antes dos 3 anos de idade?

Desde os primeiros estudos evolutivos da teoria da mente, tem havido defensores da ideia de que as crianças com desenvolvimento típico entendem as crenças falsas antes dos 4 anos e meio de idade, ainda que não sejam aprovadas na tarefa padrão (LESLIE; ROTH, 1993). Na década de 1990, alguns estudos demonstraram essa competência com outras tarefas, diferentes à do paradigma padrão, que exigiam respostas imediatas por parte das crianças. Por exemplo, Hala, Chandler e Fritz (1991) provaram que as crianças de 3 anos de idade são capazes de enganar propositalmente um adversário, lhe dando pistas falsas para que encontre um tesouro escondido e lhe gerando, portanto, uma crença falsa. Clements e Perner (1994) mostraram que ao final dos 2 anos de idade as crianças observam ansiosamente o esconderijo onde o enganado acredita que está o objeto em questão, mesmo que sua resposta explícita à pergunta experimental da crença falsa seja incorreta.

Mais recentemente, estudos que medem respostas de inspeção visual com dispositivos técnicos sofisticados (rastreadores oculares), que permitem "traçar" a trajetória do olhar da criança enquanto observa uma cena ou um vídeo, têm permitido utilizar tarefas não verbais que indicam que as inferências sobre as crenças falsas são feitas muito antes dos 4 anos de idade. Com um engenhoso teste de crença falsa não verbal, Southgate, Senju e Csibra (2007) comprovaram que as crianças de apenas 24 meses olham primeiro para o recipiente onde o agente com a crença falsa está a ponto de se dirigir, e não para o recipiente que realmente contém o objeto. Utilizando um paradigma de violação de expectativas (veja o Capítulo 6 deste livro), observou-se que inclusive bebês de 15 meses "se surpreendem" (olham por mais tempo) quando uma pessoa que possui uma crença falsa procura o objeto onde ele de fato está, mas não o fazem (isto é, olham menos) quando ela busca onde "acredita" que esteja (ONISHI; BAILLARGON, 2005; SURIAN; CALDI; SPERBER, 2007).

Outras medidas imediata demonstram essa defasagem evolutiva entre as respostas implícitas e explícitas na compreensão das crenças falsas. Uma nova tarefa, na qual as crianças "criam" pequenas histórias (observam cada vinheta no monitor de um computador e ouvem a narração que a acompanha, clicando no *mouse*) (Figura 10.2), mostra que: as crianças de 3 anos de idade, assim como as de 5, detectam imediatamente inconsistências nas histórias relativas às crenças e às emoções dos personagens, tanto por seus tempos de resposta como pelos tempos e padrões de inspeção visual dos marcos-chave, ainda que as respostas explícitas e os padrões de respostas implícitas sejam diferentes para esses dois grupos de idade. A Figura 10.2 mostra dois exemplos da inspeção visual das vinhetas de uma das histórias sobre emoções no momento-chave (clímax) de uma das histórias, quando aparece a informação relativa à informação do personagem e antes que se chegue à vinheta final. A vinheta 3 pode ser consistente com a emoção esperada (Condição 1) ou não (Condição 2). Como pode-se observar, os padrões são muito distintos: a criança reage imediatamente à incongruência inspecionando as vinhetas anteriores, em busca, provavelmente, de informações que possam ter passadas despercebidas e que lhe ajudem a resolver a inconsistência. Na condição consistente, ao contrário, seus olhos simplesmente se movem para o episódio que falta para o término da história (NÚÑEZ, 2008, 2011a; NÚÑEZ; BYRNE, 2007).

Uma maneira de entender a defasagem evolutiva entre as respostas imediatas e as não imediatas que indicam as inferências sobre as crenças (sejam elas provas verbais ou não) em um padrão evolutivo mais coerente do que o da perspectiva clássica é propor o desenvolvimento do implícito ao explícito na compreensão de crenças (RUFFMAN, 2000) e considerar o processo de desenvolvimento da teoria da mente de uma forma mais gradual, com a intervenção convergente de outras competências, como a linguagem, em momentos-chave de seu desenvolvimento (ASTINGTON; BAIRD, 2005; ASTINGTON; JENKINS, 1999). Entretanto, antes de entrar na interpretação evolutiva, revisaremos as questões impostas pelos dados sobre os correlatos neurais (as respostas cerebrais) da teoria da mente.

Condição de emoção consistente   Condição de emoção inconsistente

Figura 10.2 Tarefa de "evolução de pequenas histórias": inspeção visual nas duas condições experimentais (atributos de emoção).
Fonte: Núñez (2011b).

Correlatos neurais da teoria da mente: especificidade de domínio desde o princípio?

Ainda são poucos os dados evolutivos sobre os correlatos neurais da teoria da mente em crianças. Os estudos com adultos mostram respostas cerebrais (*temporais* e *estruturais*) específicas para as situações de crença falsa. Quanto às respostas temporais, os estudos de potenciais evocados (ERPs, na sigla em inglês) indicam que há dois componentes eletroencefalográficos associados à atribuição de crenças: as ondas de surgimento tardio e lento (aproximadamente 800 metros a partir da apresentação do estímulo), registradas nas zonas pré-frontais da superfície do crânio (que também surgem com a atribuição de outros estados mentais de desejo) e na parte posterior lateral direita (que surgem somente em situações de crença), respectivamente (LIU; MELTZOFF; WELLMAN, 2009; SABBAGH; TAYLOR, 2000; SABBAGH et al., 2009). Esses dois componentes específicos de atribuição mental também são registrados em crianças de 5 anos (não nas de 3 anos), mas o surgimento das ondas é mais lento e sua distribuição mais difusa do que nos adultos (LIU et al., 2009).

Quanto aos componentes estruturais, medidos mediante ressonância magnética funcional (RMf), somente há um estudo até o momento que compara a distribuição da ativação cerebral de crianças e adultos quando estes recebem tarefas que exigem inferências sobre duas crenças. Saxe e Powell (2006) comprovaram que, embora haja várias estruturas cerebrais envolvidas no processamento de estados mentais (o circuito mental, em termos de Frith, 2003), há uma que é ativada seletivamente quando são feitas inferências sobre crenças: a junção temporoparietal direita (rTPJ, na sigla em inglês), localizada na metade lateral do córtex cerebral. Ao comparar as respostas de adultos com as de crianças de 7 a 11 anos, Saxe et al. (2009) descobriram que a junção temporoparietal direita também é ativada nas crianças quando elas processam crenças, ainda que essa ativação seja muito menos seletiva do que no caso dos adultos, ou seja, também ocorre em outras tarefas que envolvem interações entre pessoas, mas não necessariamente crenças.

Os dados dos dois grupos de estudo sugerem, portanto, que o desenvolvimento das respostas cerebrais à atribuição de crenças falsas não é desde o princípio (desde o momento no qual as crianças passam a ser aprovadas no teste padrão) idêntico ao dos adultos e que seu amadurecimento é mais lento do que as evidências comportamentais sugerem. Portanto, os dados de ativação cerebral não corroboram o postulado da especificidade de domínio desde o princípio do desenvolvimento apresentado pelos modelos modulares da perspectiva clássica. O padrão que esses estudos apresentam está mais coerente com uma perspectiva de modularização progressiva (Karmiloff-Smith, 1992).

ALÉM DAS CRENÇAS FALSAS: O DESENVOLVIMENTO TÍPICO E ATÍPICO DA PSICOLOGIA NATURAL E O PAPEL DA COMUNICAÇÃO

No início do capítulo definimos a teoria da mente como uma espécie de psicologia natural que nos permite fazer inferências sobre os estudos mentais. Ao longo do capítulo, nos referimos fundamentalmente às inferências sobre um tipo especial de estados mentais: as crenças. Isso reflete o "curso" que a pesquisa evolutiva também tem seguido, determinado pelo fato de que seu paradigma experimental se baseia na atribuição deste tipo de estados mentais e de que a maioria dos estudos sobre a teoria da mente utilizou o paradigma da crença falsa. Contudo, no "curso" do desenvolvimento evolutivo contamos também com dados da atribuição de outros estados mentais mais simples do que as crenças e que as precedem evolutivamente.

A atribuição de intenções e desejos em atenção conjunta

As primeiras manifestações da atribuição de intenções aparecem por volta do 1º ano de vida, quando as crianças começam a usar gestos comunicativos referenciais e a responder a eles (p. ex., o gesto de apontar – veja o Capítulo 7 deste livro) em contexto de atenção compartilhada (ou atenção conjunta) (CARPENTER; NAGELL; TOMASELLO, 1998; veja também o Capítulo 8 deste livro). A criança realiza todos estes atos iniciais de comunicação intencional já no primeiro ano de vida (eles estão presentes desde os nove meses), com o propósito de dividir a atenção ou uma experiência sobre algo (gestos *protodeclarativos*) ou com o objetivo de pedir algo (atos *protoimperativos*) (BATES, 1979; FRANCO; BUTTERWORTH, 1996; SARRIÁ; RIVIÈRE, 1991). A partir deste momento, a comunicação intencional se expande, cumprindo funções diversas, e evidencia uma compreensão suficiente na complexidade das interações e dos desejos (próprios e alheios).

A complexidade com a qual as crianças de 12 a 24 meses de idade compreendem a ação intencional tem sido demonstrada por inúmeros estudos experimentais publicados nas últimas décadas. Por exemplo, desde os 12 meses os bebês são capazes de distinguir entre ato realizado com uma intenção genuína de compartilhar um brinquedo (mesmo que impedido por alguma barreira alheia à vontade do comunicador) e um ato igualmente impedido, mas devido ao desejo do comunicador de não querer compartilhar (BEHNE et al., 2005). Desde os 14 meses distinguem entre as ações que acontecem acidentalmente e as ações intencionais e imitam somente estas últimas em um contexto de aprendizagem com atenção conjunta (CARPENTER; AKHTAR; TOMASELLO, 1998; OLINECK; POULIN-DUBOIS, 2005). A partir dos 14 meses oferecem espontaneamente sua ajuda para um experimentador que tenta "vagarosamente" completar uma tarefa, mas não a consegue (WARNEKEN; TOMASELLO, 2006), e a partir dos 12 meses já são capazes de ajudar um experimentador "ignorante", apontando (LISZKOWSKI; CARPENTER; TOMASELLO, 2008). Todas essas pesquisas explicam uma intencionalidade compartilhada neste momento do desenvolvimento, na qual, para alguns autores, está a origem da teoria da mente em nossa espécie (TOMASELLO, 1999, 2009).

O desenvolvimento na atribuição de outros estados mentais

O desenvolvimento da produção linguística dos estados mentais parece ser um bom indicador do caminho evolutivo que segue à compreensão dos estados mentais, ainda que a produção frequentemente vá além da compreensão. A partir do 2º ano de vida, as crianças empregam termos intencionais em uma sequência que inclui primeiramente os desejos, as intenções e as emoções e incorpora, a partir dos 3 anos, termos epistêmicos como "saber" ou "conhecer" (Bartsch; Wellman, 1995; Bretherton; Beeghly, 1982). O vocabulário mental que inclui as crenças começa a ser empregado antes dos 4 anos, mas sua compreensão coincide com a mudança evolutiva da crença falsa (Bartsch; Wellman, 1995).

A atribuição de outros estados mentais, medida por tarefas experimentais, também mostra um desenvolvimento "gradual" que começa com a atribuição da intenção comunicativa no 1º ano de vida e é "completada" com a compreensão das crenças de segunda ordem por volta dos 6 anos (Wellman; Liu, 2004). O desenvolvimento alterado desta competência no autismo também ocorre segundo um *padrão evolutivo ordenado* (Baron-Cohen, 1989; Núñez; Rivière, 1994). Podemos "graduar" os problemas de atribuição mental das crianças com autismo em uma relação inversa à do curso evolutivo da aquisição de atribuições. Ou seja, a atribuição de crenças está mais alterada do que a da ignorância e, por sua vez, a atribuição de outros estados epistêmicos, como a ignorância, é mais complexas do que a de intenções e desejos. Isso não quer dizer, contudo, que as trajetórias evolutivas do autismo e do desenvolvimento típico sejam as mesmas. A ideia de déficit específico pode coexistir com a trajetória ordenada, de acordo com a hipótese das estratégias compensatórias que mencionávamos na primeira seção (Rivière; Castellanos, 2003).

Na seção a seguir, analisaremos então o desenvolvimento atípico da teoria da mente e veremos o que ele nos revela sobre o papel da comunicação intencional e a linguagem no desenvolvimento desta capacidade.

DÉFICITS E RETARDOS NA TEORIA DA MENTE (ToM): O PAPEL DA LINGUAGEM E DA COMUNICAÇÃO

Desde que Baron-Cohen, Leslie e Frith (1985) demonstraram que as crianças com autismo carecem de uma teoria da mente, a proposta do déficit específico nesta competência tem se constituído em uma das mais sólidas hipóteses que explicariam o transtorno e que perdura há três décadas. Os graves problemas de relacionamento interpessoal, comunicação intencional e imaginação (a tríade de alterações que caracteriza o autismo) podem ser explicados pela falta dos mecanismos de inferência com os quais as pessoas com desenvolvimento típico atribuem com naturalidade estados mentais aos outros indivíduos e a si próprias (Núñez, 2011b; Valdez, 2007). Como comentamos no início do capítulo, o fato de que esse déficit seja exclusivo do autismo e não se mostre no retardo mental constitui uma prova de que os mecanismos da teoria da mente devem ser de domínio específico.

No entanto, no final da década de 1990, vários estudos comprovaram que as crianças surdas também apresentam um retardo considerável na teoria da mente (Deleau, 1996; De Villiers; De Villiers, 2000; Figueras-Costa; Harris, 2001; Peterson; Russell et al., 1998; Siegal, 1995, 1999). Essa descoberta põe em dúvida não somente a especificidade do transtorno mental no autismo como também sua independência de outras capacidades cognitivas, como a linguagem. Estudos posteriores qualificam esse retardo na teoria da mente, demonstrando que ele somente ocorre em crianças surdas que não tiveram acesso a um meio de comunicação criado em seu contexto familiar (normalmente crianças surdas filhas de pais que ouvem), enquanto os que tiveram acesso a esse meio de comunicação desde um momento inicial de seu desenvolvimento (em geral, crianças surdas filhas de pais também surdos) são tão competentes quanto as crianças não surdas de idades similares (Corina; Singleton, 2009; Meristo et al., 2007; Núñez; Donaldson; Byrne, 2010; Peterson; Wellman; Liu, 2005; Siegal, 2002; Woolfe; Want).

Para explicar esse retardo seletivo em crianças surdas, inúmeros autores têm recorrido ao papel da linguagem no desenvolvimento da teoria da mente, questionando a suposta independência dessas duas competências (Astington; Baird, 2005). Não obstante, continua sendo tema de debates qual aspecto concreto da linguagem seria determinante. Alguns o atribuem às aquisições da estrutura *sintática* das orações subordinadas (De Villiers; De Villiers, 2000; Shick et al., 2007), enquanto outros propõem a hipótese *conversacional* e argumentam que se trata de uma influência *semântica* (Deleau, 1996; Siegal; 1999; Siegal; Varley; Want, 2001) e/ou *pragmática* (Harris, 1996, 2005). A comunicação, uma vez que conta com uma linguagem (seja com signos seja verbal), permite que se faça referência ao rico vocabulário de estados mentais e se fale explicitamente sobre eles. A hipótese semântica se apoia no fato de que existe uma associação positiva entre o uso da linguagem mental que as mães empregam ao se dirigirem às crianças, mesmo antes que elas sejam capazes de falar e de seu posterior desenvolvimento da teoria da mente (Meins et al., 2002; Ruffman; Slade; Crowe, 2002). Conversar, no entanto, implica também um exercício de habilidades pragmáticas, que podem ajudar a construir ou a exercitar a teoria da mente, considerando-se ou não explicitamente a semântica mental na conversação. Por exemplo, Harris (1996, 2005) argumenta que, durante as conversas, se exercita a adoção do ponto de vista dos interlocutores de maneira natural e que os pais tendem a insistir nesta mudança de perspectiva nos diálogos com seus filhos pequenos.

Além do diálogo, a comunicação em geral (verbal ou não verbal, oral ou escrita) pode servir de plataforma evolutiva das inferências sobre os estados mentais, uma vez que constitui o "campo de treinamento" da ToM (inclusive quando já está adquirida) e também pode ter um papel não somente "exercitante", mas construtivo no desenvolvimento da competência mental. Assim, tanto o retardo das crianças surdas como o déficit do autismo poderiam ter uma origem comum (ainda que tenham causas distintas) na comunicação intencional. Nas crianças com autismo, a atenção conjunta e a comunicação intencional estão gravemente afetadas (BARON--COHEN, 1995) e tal alteração é um dos sintomas precoces da patologia (CHARMAN, 2003). Quando são empregados testes adaptados a suas necessidades sensoriais, as crianças surdas não apresentam uma alteração básica na atenção conjunta (LICHTER, 2003), mas as oportunidades de estabelecer uma comunicação conjunta são severamente reduzidas devido à sua deficiência sensorial, sobretudo se os interlocutores não contam com meios de comunicação sensorialmente adaptados, como sucede quando os pais não são surdos. Em ambos os casos, ainda que por razões distintas, existe uma *privação* precoce de oportunidades comunicativas em contextos de intencionalidade compartilhada, e isto pode ter um papel determinante na aquisição dos mecanismos de inferência mental (NÚÑEZ; DONALDSON; BYRNE, 2010). Ainda que seja especulativo, o postulado anterior tem, sem dúvida, consequências importantes para a prática educativa, que é construída em um contexto regrado de comunicação e transmissão de conhecimentos. No entanto, antes de passar para esse assunto, resumiremos as implicações dos dados apresentados nas últimas seções.

As medições imediatas e/ou interativas da crença falsa, os dados sobre a aquisição de outros estados mentais diferentes da crença e a comparação de distintas trajetórias atípicas da teoria da mente nos permitem concluir que: 1) a atribuição mental surge muito antes dos 4 anos, mas não antes do 1º ano de vida, com a compreensão da ação intencional; 2) há evidência, ao menos implícita, de inferências sobre crenças falsas antes dos 3 anos; 3) há um desenvolvimento escalonado da teoria da mente, desde a compreensão das intenções e dos desejos até a compreensão mais explícita da crença falsa; 4) os correlatos temporais e estruturais das inferências sobre as crenças apoiam uma mudança qualitativa entre os 3 e os 5 anos de idade, que demora para "amadurecer", e que provavelmente chega à especificidade adulta muitos anos depois; e 5) os dados das distintas trajetórias atípicas da teoria da mente revelam o papel-chave da comunicação no desenvolvimento dessa capacidade e o efeito que a linguagem tem (uma vez adquirida) na maximização da passagem do implícito para o explícito.

Feita esta revisão da perspectiva "clássica" do desenvolvimento da teoria da mente, agora passaremos a analisar algumas de suas implicações na educação.

A TEORIA DA MENTE NA ESCOLA: A PSICOLOGIA NATURAL NO CONTEXTO DA EDUCAÇÃO FORMAL

Quando as crianças começam sua escolarização obrigatória, por volta dos 5 anos de idade, já são, como vimos ao longo deste capítulo, "hábeis psicólogos naturais" e contam com uma bagagem interativa do contexto familiar e informal de aprendizagem. De que modo as habilidades mentais que as crianças trazem consigo contribuem para sua adaptação social na escola? Como a sua psicologia natural lhes ajuda a adquirir os conhecimentos do currículo que passam a receber? Até que ponto a sensibilidade do professor às diferenças de competências intelectuais e interpessoais de seus alunos afeta sua aprendizagem? Estas, entre outras, são questões sobre as quais não temos dados suficientes, mas de cujas respostas temos alguns indícios.

Assim como ocorre com outras competências, nem todas as crianças chegam à escola com a mesma bagagem nem com o mesmo nível de habilidades na teoria da mente. Sabemos que existem diferenças individuais bastante precoces (Repacholi; Slaughter, 2003) que talvez afetem (e inclusive preveem) sua adaptação à escola. Parte da bagagem familiar que afeta o nível da teoria da mente das crianças é o número de irmãos (e sua posição entre eles): as crianças com mais irmãos mais velhos têm pontuações mais elevadas na teoria da mente (Perner; Ruffman; Leekam, 1994; Ruffman et al., 1998). Outros estudos mostram que as diferenças individuais no nível da teoria da mente afetam a dinâmica e a aceitação social na escola. Por exemplo, existe uma correlação positiva entre o nível da teoria da mente e a aceitação social por parte dos colegas de turma das crianças na pré-escola. A precocidade para a aprovação na tarefa da crença falsa nesta idade também é um sinal para prevermos a aceitação das crianças na escola de ensino fundamental por parte de seus colegas de turma (LALONDE; CHANDLER, 1995). Os "psicólogos naturais" mais hábeis também são as crianças mais populares (SLAUGHTER; DENNIS; PRITCHARD, 2002). Pode-se argumentar que a habilidade mental contribui para promover comportamentos de cooperação social e para uma melhor compreensão dos pontos de vista dos demais, o que tornaria mais populares os melhores "psicólogos". No entanto, um alto nível de teoria da mente também está associado a comportamentos negativos na dinâ-mica de relações na escola. Sutton, Smith e Swetenham (1999) e Sutton (2003) confirmaram que os *bullies*, apesar de mostrar pouca empatia com suas vítimas, costumam ter um nível mais alto de teoria da mente, bem como uma compreensão mais sofisticada das consequências de seus atos sobre as emoções de suas vítimas. Neste caso, a habilidade na teoria da mente mostra seu lado "maquiavélico" também na escola, ao contrário da psicologia natural (RIVIÈRE; NÚÑEZ, 1996).

Além de seu papel na adaptação social na escola, a teoria da mente também se relaciona com o próprio processo de ensino e aprendizagem. Antes da escola, essas capacidades precoces permitiam às crianças a aprendizagem informal de muitos aspectos culturais de seu entorno, desde como funciona um objeto desconhecido até como ele é utilizado ou se chama. É exatamente o contexto de atenção conjunta e de comunicação intencional que permite a aprendizagem cultural (TOMASELLO, 1999; 2009; TOMASELLO et al., 2005), na qual os adultos se comportam espontaneamente como "professores", usando uma "pedagogia natural" que garante a transmissão de informações culturalmente relevantes (CSIBRA; GERGELY, 2009). Não há dúvida de que a aprendizagem de conhecimentos "culturalmente relevantes" começa de maneira efetiva muito antes da escola, mas será que os princípios da pedagogia natural funcionam na prendizagem formal?

Uma das características da aprendizagem informal é se basear na atribuição de intenções e ser realizado em um contexto interativo de "primeira pessoa", no qual a criança é mais atriz do que observadora da situação de aprendizagem. A aprendizagem se relaciona com o ato comunicativo participativo de duas pessoas. A situação tradicional de aprendizagem escolar implica, em contraste, um distanciamento da relação interpessoal e uma posição de observador na "terceira pessoa". Esse distanciamento do intencional ocorre não somente no formato da aprendizagem, mas também na construção do conteúdo a ser aprendido, isto é, nas explicações que a criança deve construir para adquirir o conhecimento formal. No processo de aprendizagem, as crianças pequenas utilizam explicações "intencionais" para entender os demais e as ações dos outros, além das causas de alguns fenômenos (WELLMAN; LAGATTUTA, 2004). A ciência e as disciplinas escolásticas que devem ser aprendidas na escola não se baseiam em explicações intencionais. Essa construção desperso-nalizada e objetiva do conhecimento pode ser um dos grandes desafios que vêm com a educação formal das crianças pequenas, que são obrigadas a ajustar seus mecanismos de aprendizagem natural, baseados na ação e na explicação intencional, para uma situação de aprendizagem "objetiva". Quando chegam à escola, devem "reaprender a aprender". Uma recomendação decorrente dessa análise é que as práticas educativas pré-escolares deveriam inicialmente estar apoiadas nos princípios da aprendizagem natural e intencional e, a partir de então, *estruturar* a transição a uma aprendizagem formal mais objetiva (veja o Capítulo 7 deste livro).

Além disso, há várias razões que sustentam que o fomento da teoria da mente na escola traz outras vantagens para a aprendizagem escolar. Bruner (1996) propôs que equipar as crianças com uma boa teoria da mente as ajuda a aprender e refletir sobre seus próprios processos de pensamento e aprendizagem, ou seja, a alcançar as habilidades metacognitivas que também são necessárias para a aprendizagem e que se adquirem durante os anos escolares. Posteriormente, demonstrou-se que, de fato, existe uma relação positiva entre o nível da teoria da mente nos anos pré-escolares e a aquisição de habilidades metacognitivas no ensino fundamental (SCHNEIDER, 2008). Os "psicólogos naturais" mais habilidosos acabam também sendo os alunos mais conscientes, por exemplo, de como se raciocina ou de quais estratégias de memorização lhes ajudam a recordar melhor as matérias escolares. Como propõe Astington (1998), isso pode ser o resultado de um processo no qual os conceitos implícitos da psicologia natural se tornam explícitos na escola e se convertem, então, em uma ferramenta de aprendizagem. Isso ocorre, em parte, por meio da discussão e da reflexão sobre os processos de pensamento e da contraposição de diferentes pontos de vista. Esse ganho metacognitivo tem implicações não somente para a aprendizagem em si, mas também para a própria dinâmica interativa de relações na escola.

Se a teoria da mente ajuda os alunos a aprender, podemos considerar que a psicologia natural do professor também é fundamental para o processo de aprendizagem. Um bom professor utiliza sua própria teoria da mente na *transmissão dos conhecimentos*, calculando o quanto seus alunos sabem e adaptando a informação conforme os princípios de relevância (SPERBER; WILSON, 1995). Da mesma maneira, uma teoria da mente "madura" ajudará a estruturar e maximizar o conhecimento metacognitivo e a fomentar as interações cooperativas entre os alunos no contexto de aprendizagem.

Em síntese, as crianças chegam à escola equipadas de uma poderosa ferramenta cognitiva, a teoria da mente, que as práticas educativas deveriam aproveitar e otimizar. Como vimos ao longo deste capítulo, esse instrumento é a chave que abre para as crianças não somente o mundo mental próprio e dos demais, mas também o mundo dos conhecimentos culturalmente valiosos. A escola também poderia fazer uso instrumental da teoria da mente, ao menos de três maneiras: 1) valendo-se dos ricos conhecimentos implícitos que as crianças possuem do mundo, para fomentar o conhecimento metacognitivo dos próprios processos de pensamento; 2) aproveitando as capacidades naturais para a aprendizagem intencional que as crianças trazem consigo e estruturá-las em formatos mais objetivos; e 3) levando as interações ao contexto de aprendizagem (p. ex., mediante práticas de tutoria entre iguais), que ajudem a fomentar a função cooperativa da psicologia natural na dinâmica das relações entre pares.

REFERÊNCIAS

ASTINGTON, J. W. Theory of mind goes to school. *Educational Leadership*, v. 56, n. 3, p. 46-48, 1998.
ASTINGTON, J. W.; BAIRD, J. A. *Why language matters for theory of mind*. Nova York: Oxford University, 2005.
ASTINGTON, J. W.; JENKINS, J. A longitudinal study of the relation between language and theory of mind development. *Developmental Psychology*, v. 35, p. 1311-1320, 1999.
AVIS, J.; HARRIS, P. L. Belief-desire reasoning among baka children: evidence for a universal conception of mind. *Child Development*, v. 62, p. 460-467, 1991.
BARON-COHEN, S. *Mindblindness*: an essay on autism and theory of mind. Massachusetts: MIT, 1995.
BARON-COHEN, S. The autistic child theory of mind: a case of specific developmental delay. *Journal of Autism and Developmental Disorders*, v. 30, p. 285-298, 1989.
BARON-COHEN, S.; LESLIE, A. M.; FRITH, U. Does the autistic child have a theory of mind? *Cognition*, v. 21, p. 37-46, 1985.

BARON-COHEN, S.; LESLIE, A. M.; FRITH, U. Mechanical, behavioural and intentional understanding of picture stories in autistic children. *British Journal of Developmental Psychology*, v. 4, p. 113-125, 1986.

BARTSCH, K.; WELLMAN, H. M. *Children talk about the mind*. New York: Oxford University, 1995.

BATES, E. *The emergence of symbols*: cognition and communication in infants. New York: Academic, 1979.

BEHNE, T. et al. Unwilling versus unable: infant's understanding of intentional action. *Developmental Psychology*, v. 41, n. 2, p. 328-337, 2005.

BRETHERTON, I.; BEEGHLY, M. Talking about internal states: the acquisition of an explicit theory of mind. *Developmental Psychology*, v. 18, p. 906-921, 1982.

BRUNER, J. *The culture of education*. Cambridge: Harvard University, 1996.

CALL, J.; TOMASELLO, M. Does the chimpanzee have a theory of mind? 30 years later. *Trends in Cognitive Science*, v. 12, p. 187-192, 2008.

CARPENTER, M.; AKHTAR, N.; TOMASELLO, M. 14- to 18-month old infants differentially imitate intentional and accidental actions. *Infant Behavior and Development*, v. 21, p. 315-330, 1998.

CARPENTER, M.; NAGELL, K.; TOMASELLO, M. Social cognition, joint attention, and communicative competence from 9 to 15 months of age. *Monographs of the Society for Research in Child Development*, v. 63, n. 4, p. 1-143, 1998.

CHARMAN, T. Why is joint attention a pivotal skill in autism? *Philosophical Transactions of the Royal Society*, v. 358, p. 315-324, 2003.

CLEMENTS, W. A.; PERNER, J. Implicit understanding of belief. *Cognitive Development*, v. 9, p. 377-395, 1994.

CORINA, D.; SINGLETON, J. Developmental social cognitive neuroscience: insights from deafness. *Child Development*, v. 80, n. 4, p. 952-997, 2009.

CSIBRA, G.; GERGELY, G. Natural pedagogy. *Trends in Cognitive Sciences*, v. 13, p. 148-153, 2009.

DE VILLIERS, J.; DE VILLIERS, P. Linguistic determinism and the understanding of false beliefs. In: MITCHELL, P.; RIGGS, K. (Ed.). *Children´s reasoning and the mind*. New York: Psychology, 2000. p. 191-228.

DELEAU, M. L´attribution d'etats mentaux chez des enfants sourds et entendents: une approche du role de l'expérience langagiére sur une théorie de l´esprit. *Bulletin de Psychologie*, v. 427, p. 48-56, 1996.

FIGUERAS-COSTA, D.; HARRIS, P. L. Theory of mind in deaf children: a non verbal test of false belief understanding. *Journal of Deaf Studies and Deaf Education*, v. 6, p. 92-102, 2001.

FRANCO, F.; BUTTERWORTH, G. Pointing and social awareness: declaring and requesting in the second year. *Journal of Child Language*, v. 23, p. 307-336, 1996.

FRITH, U. *Autism*: explaining the enigma. Oxford: Blackwell, 2003.

GÓMEZ, J. C.; NÚÑEZ, M. La mente social y la mente física: desarrollo y domínios de conocimiento. *Infancia y Aprendizaje: Journal for the Study of Education and Development*, v. 84, 5-98, 1998.

HALA, S.; CHANDLER, M.; FRITZ, A. Fledgling theories of mind: deception as a marker of three-year-olds' understanding of false belief. *Child Development*, v. 62, p. 83-97, 1991.

HARRIS, P. L. Conversation, Pretence, and Theory of Mind. In: ASTINGTON, J. W.; BAIRD, J. (Ed.). *Why language matters for theory of mind*. New York: Oxford University, 2005. p. 70-83.

HARRIS, P. L. Desires, belief and language. In: CARRUTHERS, P. (Ed.). *Theories of theory of mind*. New York: CUP, 1996, p. 200-220.

HUMPHREY, N. K. *Consciousness regained*. Oxford: Oxford University, 1983.

KARMILOFF-SMITH, A. *Beyond modularity*: a developmental perspective on cognitive science. Cambridge: MIT, 1992.

LALONDE, C. E.; CHANDLER, M. J. False belief understanding goes to school: on the social-emotional consequences of coming early or late to a first theory of mind. *Cognition y Emotion*, v. 9, n. 2-3, p. 167-185, 1995.

LEEKAM, S.; PERNER, J. Does the autistic child have a metarepresentational deficit? *Cognition*, v. 40, p. 203-218, 1991.

LESLIE, A. M. Pretense, autism and the theory of mind module. *Current Directions in Psychological Science*, v. 1, p. 18-21, 1992.

LESLIE, A. M. Pretense and representation: the origins of 'theory of mind. *Psychological Review*, v. 94, n. 4, p. 412-426, 1987.

LESLIE, A. M.; ROTH, D. What autism teaches us about meta-representation. In: BARON-COHEN, S.; TAGER-FLUSHBERG, H.; COHEN, D. (Ed.). *Understanding other minds*: perspectives from autism. Oxford: Oxford University, 1993. p. 83-111.

LESLIE, A. M.; THAISS, L. Domain Specificity: neuropsychological evidence from autism. *Cognition*, v. 43, p. 225-251, 1992.

LICHTER, F. G. Assesing intentional communication in deaf toddlers. *Journal of Deaf Studies and Deaf Education*, v. 8, n. 1, p. 43-56, 2003.

LISZKOWSKI, U.; CARPENTER, M.; TOMASELLO, M. Twelve-month-old communicate helpfully and appropriately for knowledgeable and ignorant partners. *Cognition*, v. 108, p. 732-739, 2008.

LIU, D. et al. Neural correlates of children's theory of mind development. *Child Development*, v. 80, n. 2, p. 318-326, 2009.

LIU, D.; MELTZOFF, A. N.; WELLMAN, H. M. Neural correlates of beliefand desire-reasoning. *Child Development*, v. 80, n. 4, p. 1147-1162, 2009.

MEINS, E. et al. Maternal mind-mindedness and attachment security as predictors of theory of mind understanding. *Child Development*, v. 73, n. 6, p. 1715-1726, 2002.

MERISTO, M. et al. Language access and theory of mind reasoning: evidence from deaf children in bilingual and oralist environments. *Developmental Psychology*, v. 43, n. 5, p. 1156-1169, 2007.

NÚÑEZ M.; DONALDSON, M.; BYRNE, L. Interpersonal reasoning and communication in deaf children: the silent, signing access to emotions and thoughts. *Metis*, v. 18, n. 1, p. 201-220, 2010.

NÚÑEZ, M. 'Eye-tracking' inferences about beliefs and emotions by young children. In: SOCIETY FOR RESEARCH IN CHILD DEVELOPMENT BIANNUAL MEETING, 2011, Montreal. *Proceedings*... Montreal: SCRD, 2011a.

NÚÑEZ, M. Cognición social y autismo: ¿hacia una explicación del enigma 20 años después? In: VALDEZ, D.; RUGGIERI, V. (Ed.). *Autismo*: del diagnóstico al tratamiento. Buenos Aires: Paidós, 2011b. p. 337-356.

NÚÑEZ, M. Looking at theory-of-mind 'on-line': a new procedure to track mental state inferences in young children. *Frontiers in Human Neuroscience*, 2008. Disponível em: <http://www.frontiersin.org/10.3389/conf.neuro.09.2009.01.330/event_abstract>. Acesso em: 03 set. 2013.

NÚÑEZ, M. *Teoría de la mente*: metarrepresentación, creencias falsas y engaño en el desarrollo de una psicología natural. 1993. Tesis (Doctoral). Universidad Autónoma de Madrid, Madrid, 1993.

NÚÑEZ, M.; BYRNE, L. Tracking mental state inferences 'on-line': pre-schoolers' response times to false and true beliefs and the emotions that follow. In: SOCIETY FOR RESEARCH IN CHILD DEVELOPMENT BIANNUAL MEETING, 2007, Boston. *Proceedings...* Boston: SCRD, 2007.

NÚÑEZ, M.; RIVIÈRE, A. Una reevaluación del paradigma de la creencia falsa. *Infancia y Aprendizaje: Journal for the Study of Education and Development*, v. 30, n. 3, p. 289-308, 2007.

NÚÑEZ, M.; RIVIÈRE, A. Una ventana abierta hacia autismo. *Siglo Cero*, v. 25, n. 156, p. 17-31, 1994.

OLINECK, K. M.; POULIN-DUBOIS, D. Infants ability to distinguish between intentional and accidental actions and its relation to internal state language. *Infancy*, v. 8, p. 91-100, 2005.

ONISHI, K. H.; BAILLARGEON, R. Do 15-month-old infants understand false beliefs? *Science*, v. 308, n. 5719, p. 255-258, 2005.

PERNER, J. Understanding the representational mind, MIT, 1991.

PERNER, J.; LEEKAM, S. R.; WIMMER, H. Three-year olds' difficulty with false belief: the case for a conceptual deficit. *British Journal of Developmental Psychology*, v. 5, p. 125-137, 1987.

PERNER, J.; RUFFMAN, T.; LEEKAM, S. R. Theory of mind is contagious: you catch it from your sibs. *Child Development*, v. 65, p. 1228-1238, 1994.

PERNER, J.; WIMMER, H. 'John thinks that Mary thinks that...': attribution of second order beliefs by 5 to 10 year old children. *Journal of Experimental Child Psychology*, v. 39, p. 437-471, 1985.

PETERSON, C. C.; SIEGAL, M. Deafness, Conversation and Theory of Mind. *Journal of Child Psychology and Psychiatry*, v. 36, p. 459-474, 1995.

PETERSON, C. C.; SIEGAL, M. Representing inner worlds: theory of mind in autistic, deaf and normal heraing children. *Psychological Science*, v. 10, p. 126-129, 1999.

PETERSON, C. C.; WELLMAN, H. M.; LIU, D. Steps in theory of mind development for children with deafness or autism. *Child Development*, v. 76, p. 502-517, 2005.

PREMACK, D.; WOODRUFF, G. Does the Chimpanzee have a Theory of Mind? *Brain and Behavioral Sciences*, v. 1, p. 515-526, 1978.

QUINTANILLA, L.; SARRIÁ, E. Realismo, animismo y teoría de la mente: características universales y culturales del conocimiento mental. *Estudios de Psicología*, v. 24, p. 315-345, 2003.

REPACHOLI, B.; SLAUGHTER, V. (Ed.). *Individual difference in theory of mind*. Hove: Psychology, 2003. p. 99-120.

RIVIÈRE, A.; CASTELLANOS, J. L. Autismo y teoría de la mente. In: BELINCHÓN, M. et al. (Org.). *Ángel Rivière*: obras escogidas. Madrid: Panamericana, 2003. v. 2., p. 143-164.

RIVIÈRE, A.; NÚÑEZ, M. *La mirada mental*. Buenos Aires: Aique, 1996.

RUFFMAN, T. et al. Older (but not younger) siblings facilitate false belief understanding. *Developmental Psychology*, v. 34, p. 161-174, 1998.
RUFFMAN, T. Nonverbal theory of mind: is it important, is it implicit, is it simulation, is it relevant to autism? In: ASTINGTON, J. (Ed.). *Minds in the making*. Oxford: Blackwell, 2000. p. 250-266.
RUSSELL, P. et al. The development of theory of mind in deaf children. *Journal of Child Psychology and Psychiatry*, v. 39, n. 6, p. 903-910, 1998.
SABBAGH, M. A. et al. Neurodevelopmental correlates of theory of mind in preschool children. *Child Development*, v. 80, n. 4, p. 1147-1162, 2009.
SABBAGH, M. A.; TAYLOR, M. Neural correlates of theory-of-mind reasoning: an event-related potential study. *Psychological Science*, v. 11, p. 46-50, 2000.
SARRIÁ, E.; RIVIÈRE, A. Desarrollo cognitivo y comunicación intencional: um estudio longitudinal multivariado. *Estudios de Psicología*, v. 46, p. 35-42, 1991.
SAXE, R. et al. Brain regions for perceiving and reasoning about other people in school age children. *Child Development*, v. 80, n. 4, p. 1197-1209, 2009.
SAXE, R.; POWELL, L. J. It's the thought that counts: specific brain regions for one component of theory of mind. *Psychological Science*, v. 17, p. 692-699, 2006.
SCHNEIDER, W. The development of metacognitive knowledge in children and adolescents: major trends and implications for education. *Mind Brain and Education*, v. 2, n. 3, p. 114, 2008.
SHICK, B. et al. Language and theory of mind: a study of deaf children. *Child Development*, v. 78, n. 2, p. 376-393, 2007.
SIEGAL, M. Beyond methodology: frequently asked questions on the signicance of conversation for development. *Developmental Science*, v. 2, p. 29-34, 1999.
SIEGAL, M.; VARLEY, R.; WANT, S. Mind over grammar: reasoning in aphasia and development. *Trends in Cognitive Sciences*, v. 5, p. 296-301, 2001.
SLAUGHTER, V.; DENNIS, M. J.; PRITCHARD, M. Theory of mind and peer acceptance in preschool children. *British Journal of Developmental Psychology*, v. 20, p. 545-564, 2002.
SOUTHGATE, V.; SENJU, A.; CSIBRA, G. Action anticipation through attribution of false belief by 2-year-olds. *Psychological Science*, v. 18, p. 587-592, 2007.
SPERBER, D.; WILSON, D. *Relevance*: communication and cognition. 2nd ed. Oxford: Blackwell, 1995.
SULLIVAN, K.; ZAITCHIK, D.; TAGER-FLUSBERG, H. Preschoolers can attribute second order beliefs. *Developmental Psychology*, v. 30, n. 3, p. 395-402, 1994.
SURIAN, L.; CALDI, S.; SPERBER, D. Attribution of beliefs by 13-month-old infants. *Psychological Science*, v. 18, n. 7, p. 580-586, 2007.
SUTTON, J. Tom goes to school: social cognition and social values in bullying. In: REPACHOLI, B.; SLAUGHTER, V. (Ed.). *Individual difference in theory of mind*. Hove: Psychology, 2003. p. 99-120.
SUTTON, J.; SMITH, P.; SWETENHAM, J. Bullying and theory of mind a critique of the social deficit approach to antisocial behavior. *Social Development*, v. 8, p. 117-127, 1999.
TOMASELLO, M. et al. Understanding and sharing intentions: the origins of cultural cognition. *Behavioral and Brain Sciences*, v. 28, p. 675-691, 2005.
TOMASELLO, M. *The cultural origins of human cognition*. Cambridge: Harvard University, 1999.
TOMASELLO, M. *Why we cooperate*. Massachusetts: MIT, 2009.
VALDEZ, D. *Necesidades educativas especiales en trastornos del desarrollo*. Buenos Aires: Aique, 2007.

WARNEKEN, F.; TOMASELLO, M. altruistic helping in human infants and young chimpanzees. *Science*, v. 31, p. 1301-1303, 2006.

WELLMAN, H. M. et al. Scaling of theory of mind understanding in Chinese children. *Psychological Sciences*, v. 17, p. 1075-1081, 2006.

WELLMAN, H. M.; CROSS, D.; WATSON, L. Meta-analysis of theory of mind development: the truth about false belief. *Child Development*, v. 72, n. 3, p. 655-684, 2001.

WELLMAN, H. M.; LAGATTUTA, K. H. Theory of mind for learning and teaching: the nature and role of explanation. *Cognitive Development*, v. 19, p. 479-497, 2004.

WELLMAN, H. M.; LIU, D. Scaling of theory of mind tasks. *Child Development*, v. 75, p. 523-541, 2004.

WIMMER, H.; PERNER, J. Beliefs about beliefs: representation and the constraining function of wrong beliefs in youngs chidlren's understanding of deception. *Cognition*, v. 13, p. 103-128, 1983.

WOOLFE, T.; WANT, S.; SIEGAL, M. Signpost to development: theory of mind in deaf children. *Child Development*, v. 73, p. 768-778, 2002.

Leitura recomendada

VALDEZ, D.; HUERTAS MARTÍNEZ, J. A. *Evaluación de indicadores sutiles de inferencias mentalistas y competências comunicativas sutiles en personas con Síndrome de Asperger*. Madrid: Universidad Autónoma de Madrid, 2005.

11

Desenvolvimento das habilidades argumentativas

Gustavo Faigenbaum

O DISCURSO ARGUMENTATIVO

De acordo com um lugar-comum muito difundido, nós, os seres humanos, utilizamos a linguagem de duas formas: 1) *literalmente*, para descrever a realidade; e 2) *poeticamente*, para gerar experiências estéticas em nosso público. Essa ideia é apresentada em diversas versões: se costuma opor a razão ao coração, a lógica às paixões, o hemisfério esquerdo ao direito e a ciência à arte, a verdade objetiva à vivência subjetiva e a inteligência dedutiva à emocional.

Todavia, existe um terceiro uso da linguagem, que não é pura lógica nem pura arte. Observamo-los cada vez que um vendedor nos mostra que uma camisa está *de graça*, quando um político acusa o governo de ser *um ninho de cobras* ou uma criança se isenta de qualquer responsabilidade por quebrar uma janela, afirmando que *foi sem querer*. Em nossa vida cotidiana, todos utilizamos recursos estilísticos como a metáfora, o símile ou a hipérbole, recorremos a precedentes relevantes para o tema que queremos discutir e defendemos nossos pontos de vista nos apoiando em lugares-comuns, como as boas intenções por trás de nossas ações, a justiça ou a eficiência. Quando nos envolvemos em uma conversa, não é a lógica formal que alinhava a sequência de nossas opiniões, mas uma fibra mais sutil e complexa, maquinada pelo orador que está dentro de cada um de nós. Durante a maior parte do dia, em suma, não falamos como poetas nem como cientistas, mas como *retóricos* (PERELMAN; OLBRECHTS-TYTECA, 1959).

Os seres humanos não aprendem a falar para comunicar a verdade nem para fazer literatura, mas para poder operar no interior do espaço intersubjetivo, que inicia aproximadamente a partir dos 9 meses de vida (ROCHAT, 2009), no momento em que as crianças começam a poder dirigir a atenção dos demais para certos objetos que lhes interessam (a atenção conjunta ou *joint attention*), seja para pedi-los (*protoimperativos*) ou simplesmente para compartilhar algum fenômeno interessante com outras pessoas (*protodeclarativos*; veja BARON-COHEN, 1991, e o Capítulo 7 deste livro). Inúmeros autores concordam que a atenção conjunta constitui um marco fundamental do desenvolvimento que possibilita novos formatos de interação subjetiva, tais como os jogos de se esconder e aparecer, como a brincadeira de esconde-esconde, e muitos outros "jogos de linguagem" (BRUNER, 1983). A partir desse momento, e ao longo do desenvolvimento da criança, as brincadeiras que envolvem duas ou mais pessoas, assim como os outros formatos de interação, vão se tornando mais complexas e ricas e exigirão cada vez mais a negociação entre os participantes, que deverão conciliar com quais objetos devem prestar atenção, assim como sobre o próprio significado do jogo.

Os recursos discursivos utilizados pelos seres humanos na negociação de significados (BRUNER, 1986), e em toda negociação em geral, são exatamente os recursos da retórica e da argumentação. Usamos a linguagem sobretudo para interagir, seja para compartilhar um fenômeno interessante, para persuadir uma pessoa a adotar certo curso de ação seja para convencê-la da verdade de determinada tese, no contexto de uma controvérsia. A linguagem da ciência e da poesia constituem formas específicas e derivadas dessa capacidade retórica básica da qual todos os seres humanos desfrutam.

O discurso argumentativo é nosso meio ambiente, nossa forma de vida. Contudo, ele também é um daqueles fenômenos que, por ser onipresente, se torna invisível. Como distingui-lo de outros gêneros de discurso? Já neste ponto tão elementar encontramos discrepâncias entre as abordagens teóricas alternativas. No entanto, há um denominador mínimo comum: todos reconhecem que no discurso argumentativo sempre há uma *posição* que se quer defender e que pode ser expressa por meio de um enunciado, o qual deve ser distinguido de outros enunciados que são utilizados para reforçar ou enfraquecer tal posição. Assim, na oração "O Barcelona certamente vencerá o Real Madrid, por que na última vez eles venceram com facilidade e estão em um ótimo momento", é fácil distinguir a tese ou posição adotada ("O Barcelona vencerá") dos argumentos que a justificam ("na última vez eles venceram", "estão em um ótimo momento").

Os argumentos não são utilizados apenas para obter adesão a pontos de vista teóricos, mas também para persuadir os interlocutores a realizar alguma ação, como quando nos dizem "Votem em mim, não vou decepcioná-los", ou mesmo "Compre este produto; jamais conseguirá de novo um preço tão baixo". Em ambos os casos há uma tentativa de persuasão ("vote", "compre") que é sustentada por razões ou justificativas ("não vou decepcioná-los", "está barato"). Ao contrário, podem ser identificados fragmentos discursivos, como "Sinto uma profunda tristeza", "Te prometo que é a última vez que faço isto" ou "Teus olhos são duas estrelas que iluminam a madrugada", que não podem ser divididos explicitamente em um posicionamento discursivo (seja esta uma tese teórica ou um pedido de ação) e enunciados que servem de apoio a ele (as justificativas ou razões). Não obstante, esses enunciados, em um contexto discursivo mais amplo, poderiam fazer parte de uma trama argumentativa.

Essa primeira delimitação do discurso argumentativo, apesar de ser tão elementar e geral, já apresenta um conjunto de problemas. Em primeiro lugar, o discurso epistêmico também é argumentativo neste sentido amplo. Por exemplo, se um biólogo diz "Este novo animal que descobrimos sem dúvida é uma ave, por que tem penas e sangue quente e fica de pé sobre duas patas", é fácil distinguir a tese dos argumentos que a sustentam. A argumentação cotidiana inclui um conjunto de variedades discursivas mais extenso, já que não compreende unicamente os raciocínios dedutivos, mas abarca todo tipo de estratégias discursivas baseadas na verossimilhança, naquilo que é *crível*. Em quase todos os contextos cotidianos (incluindo o cotidiano dos cientistas, que discutem sobre o andamento de seus trabalhos), o uso de precedentes, comparações, analogias e exemplos é totalmente pertinente. Os argumentos com autoridade, os argumentos *ad hominem*, que constituem falácias para a lógica formal, são válidos em muitas situações ("Com que autoridade você me critica, se já errou sobre esse assunto tantas vezes?").

Também há zonas nebulosas, no limite entre o discurso argumentativo e o poético, já que o bom orador se vale de recursos estilísticos (imagens, metáforas, hipérboles) e presta atenção aos aspectos prosódicos do discurso e da musicalidade das frases em geral (rimas, aliterações, etc.). A manipulação das emoções dos interlocutores e a simulação de certos traços de caráter (p. ex., o político que se mostra sério e comedido ao criticar seus adversários, para ter credibilidade) também são muito comuns. A multiplicidade de registros nos quais a retórica opera, como disse Aristóteles (2005), aproxima-a do teatro. Ainda que no contexto da discussão atual não nos interesse traçar uma distinção taxativa entre *retórica* e *teoria da argumentação*, geralmente se tende a relacionar a primeira disciplina à poesia e às artes dramáticas, enquanto a segunda costuma ser vinculada à lógica, à dialética e à teoria do debate.

Em suma, o discurso argumentativo é aquele que busca levar um interlocutor a determinada posição teórica ou a certa predisposição prática, sobretudo por meio da utilização de certos argumentos ou razões, mas se apoiando muitas vezes em um conjunto de recursos e gestos que excedem o mero raciocínio (sem chegar à coação ou à sedução diretas, estratégias que ficam fora da argumentação). Essa definição da argumentação, ainda que seja um pouco imprecisa, nos permite ao menos identificar um conjunto de fenômenos que saturam a vida cotidiana dos seres humanos desde a infância e que, como tentaremos provar, são muito significativos para a psicologia do desenvolvimento.

OS PRINCIPAIS MODELOS TEÓRICOS NO ESTUDO DA ARGUMENTAÇÃO

Para os fins deste trabalho, consideramos suficiente mencionar as três principais correntes no campo dos estudos da argumentação, que também têm sido as de maior influência nas outras disciplinas como a linguística, a psicologia e as ciências sociais.

A nova retórica

Chaïm Perelman é uma das principais figuras do renascimento da disciplina da argumentação na segunda metade do século XX. Em um clima dominado pelo positivismo lógico, concluiu seu doutorado em 1934 com uma tese sobre a obra de Gottlob Frege, um dos pais da filosofia analítica. A seguir se interessou pela filosofia do direito e a ética. Em 1944, publicou um ensaio no qual concluiu que, como a aplicação das leis sempre envolve juízos de valor e estes não podem ser submetidos aos rigores da lógica, a justiça é, em última análise, arbitrária. Mais tarde compreendeu que esse corolário era inaceitável, uma vez que chegamos a esses juízos de valor e os defendemos por meio de raciocínios; em outras palavras, eles não surgem de meros caprichos ou intuições imediatas.

Em 1948, Perelman conheceu Lucie Olbrechts-Tyteca, com quem começou a desenvolver uma teoria para explicar a lógica dos juízos de valor. Para realizar essa tarefa, se inspiraram na obra de Aristóteles (2005), o qual, em seu tratado inicial, *La retórica*, de modo magistral e jamais superado, havia descrito, classificado e analisado a pluralidade de recursos lógicos, estilísticos e teatrais muito utilizados a serviço da arte do convencimento. Perelman tomou um dos aspectos da proposta aristotélica, a tentativa de estabelecer uma taxonomia dos esquemas argumentativos, e iniciou uma ampla revisão de textos de jornais, da literatura, filosofia e ciências jurídicas a fim de fazer uma atualização do catálogo completo de formas de argumentação utilizadas nas práticas de discurso do século XX. Perelman e Olbrechts-Tyteca (1958) publicaram sua pesquisa no monumental: *Traité de l'argumentation*, de 800 páginas. O objeto da teoria da argumentação é definido pelos autores como o estudo das técnicas de discurso que permitem provocar ou promover a adesão das pessoas a certas teses (PERELMAN; OLBRECHTS-TYTECA, 1958).

Perelman identificou dois componentes centrais de todo discurso razoável: a *regra da justiça* e o *público universal* (PERELMAN; OLBRECHTS-TYTECA, 1958). A primeira é uma norma muito geral que observamos continuamente em nossa vida cotidiana e que nos ordena, simplesmente, a "tratar os casos similares de forma similar". Suponhamos que alguém diga: "O casamento dos Ferreiras está condenado ao fracasso; ela é sete anos mais velha do que ele". De maneira implícita, o falante está pressupondo que, em geral, os matrimônios nos quais a mulher é mais velha que o homem não têm futuro. Alguém poderia discordar, dizendo: "Mas e o casamento dos Silvas? Ela é oito anos mais velha do que ele, e eles estão bem". Assim, estamos lembrando ao primeiro interlocutor que, de acordo com a regra da justiça, sua previsão do fracasso da união entre os Ferreiras o compromete discursivamente com um panorama igualmente sombrio para os Silvas. É importante notar que a aplicação da regra da justiça não exige que se encontrem casos idênticos, basta que possuam um grau de semelhança que permita que sejam tratados como permutáveis sob determinado ponto de vista (PERELMAN; OLBRECHTS-TYTECA, 1958). Ou seja, com respeito à regra segundo a qual "quando a mulher é mais velha do que o homem, os casamentos fracassam", ambas as situações são similares ou, como disse Perelman, pertencem à mesma categoria.

O orador que previa o fracasso matrimonial dos Ferreiras pode contra-argumentar a réplica que menciona os Silvas afirmando que eles representam uma *exceção à regra*. Ele também pode alegar que os Silvas aparentemente se dão bem, mas que *no fundo, por trás daquela fachada*, sua vida conjugal é um inferno, traçando uma distinção entre aparência e essência. Observe que nenhum desses julgamentos argumentativos contradiz a regra da justiça; na verdade, tenta-se limitar sua aplicação a certo exemplo. Em outras palavras, ninguém pode fugir da adesão a algum tipo de critério estável sem renunciar, às vezes, à própria razão. Se aplicamos as regras de modo caprichoso – em um caso sim, mas no outro, não – seremos chamados de arbitrários e irracionais. O argumento que é convincente para um caso, portanto, deve sê-lo para todos os exemplos similares (PERELMAN, 1990).

Perelman afirma, além disso, que nossos argumentos sempre estão adaptados às características particulares de nosso público. Por exemplo, os argumentos que usamos em uma conversa com amigos em uma cafeteria não são os mesmos que apresentamos em um debate acadêmico, na universidade. Todavia, os argumentos apropriados para um tipo particular de público sempre devem estar combinados com outros que pareçam *capazes de convencer um "público universal"*. Ilustremos este ponto. No dia 7 de abril de 2008, manifestantes que protestavam contra a repressão chinesa no Tibete bloquearam a passagem da tocha olímpica em Paris. Rapidamente foi feito um comunicado à imprensa em Pequim, no qual uma porta-voz do governo chinês declarou: "O público geral está revoltado com essa sabotagem feita por uns poucos separatistas. [...] acreditamos que todas as pessoas do mundo que amam a paz apoiam o percurso da tocha olímpica [...]" (BENNHOLD; ROSENTHAL, 2008). A funcionária chinesa nos lembra de que o público universal ama a paz e, portanto, desaprova a ação dos manifestantes.

No entanto, na realidade somente existem públicos particulares. O público universal não é uma entidade corpórea; trata-se de um ser imaginário moldado segundo nossa conveniência e invocado para convencer nossos ouvintes. Quando tentamos ser eloquentes, tratamos nossos interlocutores como se eles representassem esse público universal, nos dirigimos a milhões de pessoas ou a um único indivíduo, e o fazemos, inclusive, na deliberação interna, quando falamos com nós próprios (PERELMAN; OLBRECHTS-TYTECA, 1958). Sempre nos abrigamos embaixo desse guarda-chuva, decorando-o com as cores que mais combinam com nossa fala: Deus, os homens sensatos, a história, a ciência, etc. Cada orador poderia ser caracterizado pela imagem que faz de si mesmo quando se trata de conquistar a audiência com suas opiniões (PERELMAN; OLBRECHTS-TYTECA, 1958).

O legado da teoria de Perelman pode ser resumido nos seguintes quatro pontos centrais: a) a revalorização da razão deliberativa e a correspondente refuta à tentativa positivista de limitar a racionalidade à lógica; b) a criação de um compêndio sistemático dos esquemas argumentativos mais utilizados, o qual representa uma magnífica caixa de ferramentas para a análise de produções discursivas; c) o postulado da regra da justiça, segundo o qual os oradores devem aplicar os mesmos critérios a distintas situações, de modo consistente, para que sejam convincentes; e d) a intuição de que a universalidade à qual a retórica aspira consiste em falar ao público universal, ou seja, em oferecer argumentos que a princípio deveriam convencer qualquer pessoa, e não apenas um grupo particular.

O modelo processual

Toulmin teve, no mundo intelectual anglo-americano, um impacto comparável ao de Perelman no contexto europeu. De fato, sua influente obra, *The uses of argument* (TOULMIN, 1958), é contemporânea à obra *Tratado* de Perelman, embora ambas tenham sido concebidas de forma independente, e os autores não conhecessem seus respectivos trabalhos. Entre os inúmeros pontos em comum de ambos os livros, um ponto central é sua oposição a conferir à lógica dedutiva o monopólio da racionalidade, reconhecendo, em troca, uma ampla jurisdição às argumentações razoáveis. Toulmin busca, assim como Perelman, identificar os *critérios formais* dessa razoabilidade, isto é, aspira a determinar qual é a forma dos argumentos que permite aceitá-los. Além disso, ambos compartilham o intuito de buscar no Direito algumas das pistas que levam a tais critérios.

As diferenças entre esses autores refletem mais suas respectivas idiossincrasias e bagagens culturais que discordâncias fundamentais. *The uses of argument* é uma obra concisa, que se concentra em apresentar a estrutura de todo discurso argumentativo. Assim, Toulmin identifica três elementos essenciais inerentes a toda argumentação: a afirmação (*claim*[1], em inglês), os dados e a regra. Por exemplo, se digo que Jorge é uma pessoa má (afirmação ou conclusão), alguém poderia me exigir que fundamentasse meu ponto de vista. Eu poderia então dizer: "Jorge me mentiu" (dado ou evidência). Por outro lado, há uma regra implícita (que em certos casos convém explicitar) e que permite a transição dos dados à conclusão, por exemplo: "Mentir é errado; quem mente é uma pessoa má". A análise é completa por três elementos adicionais: a identificação dos atenuantes que podem relativizar a aplicação da regra a este caso particular ("Não foi tão grave, foi uma mentira inofensiva"), o respaldo ou fundamento da regra ("As mentiras causam sofrimento inútil") e a refuta do respaldo ("Esta é uma regra ingênua – há muitas situações nas quais não podemos dizer a verdade").

A inspiração jurídica do modelo é clara: a *conclusão* ou *tese (claim)* corresponde à acusação do juiz em um processo criminal, os dados equivalem à evidência que é apresentada em juízo, a *autorização* pode ser comparada ao conteúdo das normas legais ou estipulações que são aplicadas ao caso em questão, enquanto o *respaldo* e sua refuta podem ser comparados aos trechos dos códigos legais pertinentes. Por fim, tanto na esfera jurídica com na argumentação em geral, muitas vezes é necessário determinar se existem circunstâncias excepcionais que exigem uma aplicação atenuada da norma (VAN EEMEREN; GROOTENDORST; KRUIGER, 1987).

A tese de Toulmin (1958) é que os procedimentos de resolução de disputas foram cristalizados nas instituições do processo judicial do direito anglo-saxão (a *Common Law*), facilitando, portanto, a distinção dos componentes do discurso argumentativo, que em muitos contextos cotidianos podem estar misturados. Sua estratégia metodológica consiste em se apoiar nesta analogia jurisprudencial para estudar os critérios de validade da argumentação em outros cenários: um congresso de medicina, uma discussão sobre política em um programa de rádio, duas crianças brigando por um brinquedo. A lógica tradicional, para esse autor, é insuficiente para fundamentar um juízo sobre os argumentos não analíticos ou substanciais, ou seja, aqueles nos quais "a conclusão não está contida nas premissas" (VAN EEMEREN; GROOTENDORST; KRUIGER, 1987), e somente o direito (ainda que com todas as suas imprecisões e ambiguidades) pode nos oferecer uma forma idealizada do raciocínio informal. Assim como a justiça resulta da aplicação adequada do procedimento, a argumentação apropriada é feita seguindo os passos corretos e respeitando o conjunto de regras vigente em determinado campo da argumentação. A validade formal do raciocínio cotidiano é então mais equiparável à dos procedimentos legais do que a da lógica formal.

Observemos que, de acordo com Toulmin (1958) (que segue neste ponto, mais uma vez, Aristóteles), quando argumentamos não estamos tirando conclusões das premissas sem saber aonde queremos chegar. Ao contrário (a agora nos lembremos de qualquer controvérsia da vida real), em geral começamos propondo certas afirmações que desejamos defender, e depois buscamos evidências e regras que as sustentem. Isso vale dizer (como acontece com os advogados) que na argumentação *a conclusão precede as premissas*.

O argumentativismo radical

Suponhamos que um Ministro da Economia diga: "A inflação de maio foi apenas 0,8%". À primeira vista, trata-se de uma proposição que dá certa informação sobre o mundo e que, portanto, pode ser verdadeira ou falsa, dependendo de seu conteúdo corresponder ou não à realidade. Então, que função cumpre o advérbio "apenas" nesta frase? Talvez a de calar outra voz que acredita que o percentual é mais elevado ou que considera que 0,8% é um valor alto. Neste caso, a frase completa seria "Algumas pessoas pensavam que a inflação seria maior, mas no fim foi apenas 0,8%", ou, então, "Não foi tão alta, mas apenas 0,8%". O enunciado não tem, portanto, valor informativo, mas polêmico, e o advérbio serve para admitir certas conclusões ("A inflação foi baixa") e desacreditar outras.

Na década de 1980, Anscombre e Ducrot (1983) deram uma importante contribuição para os estudos sobre a argumentação, com sua teoria do *argumentativismo radical*. O ponto de vista desta abordagem é o conceito de *polifonia*, que sugere que tudo o que dissemos deve ser interpretado no contexto de um diálogo no qual participam muitas vozes, as quais sustentam pontos de vista antagônicos. Portanto, mais do que fazer uma análise linguística da argumentação, esses autores propõem um estudo argumentativo das produções linguísticas, que se caracteriza por um grande interesse em palavras como "quase", "somente", "mas", "inclusive", etc., que conferem força e direção aos argumentos com os quais podemos decompor todo discurso.

Outra contribuição relevante desses autores é sua identificação dos lugares-comuns ou *topoi* por meio dos quais os falantes encadeiam seus enunciados. Por exemplo, quando alguém diz "Está quente, vamos à praia", o lugar-comum segundo o qual "quanto mais quente estiver, mais vontade de ir à praia" é o que permite a transição da primeira proposição à segunda. Tais lugares-comuns estão por trás de grande parte dos encadeamentos discursivos cotidianos, como, por exemplo, "Estou tentando economizar, é melhor comermos em casa" ou "P. é um fofoqueiro, não converse com ele sobre a nossa vida". Um *topos* ou lugar-comum é, em resumo, uma regra geral aceita pelo senso comum. Uma abordagem formalista ou puramente sintática não teria como compreender essas transições. Nesse sentido, a análise do discurso de Anscombre e Ducrot envolve o nível semântico, necessário para entender como certos predicados ("Está quente", "É um fofoqueiro", "Estou tentando economizar") nos autorizam a continuar a conversa em determinada direção, mas não em outra.

Por questões de espaço, excluímos desta apresentação dos modelos teóricos a teoria dos atos da fala, representada principalmente por Austin (1962) e Searle (1969), a qual ainda que não se ocupe especificamente da argumentação, oferece elementos valiosos para a compreensão dos aspectos pragmáticos das interações discursivas. Tampouco discutiremos aqui as *figuras de retórica* que, longe de serem meros adornos da linguagem, são ingredientes essenciais de todo discurso eficaz. Resumiremos esta breve introdução à teoria da argumentação em seis teses fundamentais:

1. O discurso argumentativo não descreve a realidade de modo objetivo, mas implica uma *tomada de posição* polêmica e controvertida frente a outros pontos de vista possíveis.
2. As posições teóricas ou práticas (conclusões, teses, etc.) adotadas pelo falante se apoiam em outros enunciados (os argumentos propriamente ditos).
3. Existem regras (a *regra da justiça* e os esquemas argumentativos de Perelman, a *autorização* de Toulmin, os *topoi* de Anscombre e Ducrot) que permitem a transição dos argumentos às conclusões.
4. Estas e outras regras nos oferecem critérios de razoabilidade para avaliar a sensatez de uma argumentação. Esses critérios operam sobretudo no nível semântico (para avaliar sua aplicação é preciso compreender o significado das argumentações).
5. Estes critérios aproximam a lógica da argumentação mais ao direito e à ética do que à lógica formal ou à matemática. Quando discutimos com alguém, prestamos atenção a sua *conduta* como orador, ou seja, tentamos determinar se respeita a regra da justiça e os critérios semijurídicos de validade formal. Por exemplo, se oferece evidências que sustentem suas afirmações.
6. A argumentação é um fenômeno onipresente na vida cotidiana e, como mostraremos a seguir, que desde cedo aparece nas crianças.

A ARGUMENTAÇÃO DAS CRIANÇAS

Nesta seção dividiremos o desenvolvimento das habilidades de argumentação das crianças em cinco grandes períodos: as interações duais sujeito-objeto e objeto-sujeito (que vão do nascimento aos 9 meses de idade), o surgimento da argumentação (dos 18 aos 36 meses), a utilização de esquemas argumentativos (entre os 3 e os 6 anos de idade) e a argumentação lógica no sentido estrito (a partir dos 6 anos).

Interações duais sujeito-objeto e sujeito-sujeito (0 a 9 meses)

As interações dos bebês com os objetos e com outras pessoas têm um forte componente inato (reflexos e outros sistemas mais complexos de organização do comportamento; veja o Capítulo 6 deste livro). Estas interações são principalmente duais. Por exemplo, desde o nascimento são observadas interações rítmicas entre a mãe e o bebê, reguladas pela prosódia da voz materna e outros aspectos corporais (Stern, 1985; veja o Capítulo 8 deste livro). A partir dos 2 meses de idade, as crianças começam a agir intencionalmente com relação aos objetos do mundo (agarrar, chupar, chutar, etc.; Rochat, 2009). Nesta idade também começam a responder à presença de outra pessoa com um "sorriso social". Alguns autores (Stern, 1985; Trevarthen, 1979) consideram que esse tipo de interações envolve uma *intersubjetividade primária*, a qual distinguem da *intersubjetivade secundária*, que surge aproximadamente a partir dos 9 meses. Entende-se por *intesubjetividade primária* essa interação direta, não mediada por terceiros (objetos e outros sujeitos) entre a criança e outros indivíduos. De maneira correlativa, o acesso dos recém-nascidos a objetos não exige que coordenem simultaneamente suas ações com outros sujeitos, e muito menos um acordo verbal e explícito, do tipo que é feito mediante a argumentação.

Ações comunicativas (9 a 18 meses)

Anteriormente nos referimos ao marco dos 9 meses. O que acontece neste ponto do desenvolvimento? Entre outras coisas, surge uma conduta muito interessante: as crianças que querem chamar a atenção de um adulto, às vezes o fazem lhe oferecendo um objeto (Rochat, 2009).

Essa conduta também é formalizada nos jogos do tipo "toma e dá", os quais envolvem dar e receber um objeto qualquer apenas pelo prazer de passá-lo de mão em mão. As crianças costumam possuir uma paciência infinita para fazer esta ação tão simples centenas de vezes. Ao mesmo tempo, durante este período começam a incluir os outros em suas explorações do mundo, apontando-lhes objetos interessantes, desejados ou temidos, ou monitorando a atenção de seus pais quando eles se afastam muito deles, para ler em seus olhares a iminência de algum perigo. Em suma, o que aparece a partir dos 9 meses são as competências triádicas (sujeito-objeto-sujeito) que têm sido bem documentadas nos estudos sobre atenção conjunta e referência social (*social referencing*). Trevarthen (1979) utiliza o termo intersubjetividade secundária para descrever esta nova dinâmica. Neste momento do desenvolvimento, nas palavras de Rochart (2009), começamos a ser conscientes com outros ou coconscientes.

De acordo com Bates (1976), a partir desta idade começam também a surgir os primeiros atos comunicativos, os quais classificam em *protodeclarativos* e *protoimperativos* (veja o Capítulo 7 deste livro). Nos primeiros destes atos, o bebê utiliza o contato visual e os gestos para generalizar um episódio de atenção conjunta e coordenada com outro ator (p. ex., apontar para um automóvel que está passando na rua). Nos atos protoimperativos, por outro lado, utilizam o contato visual e os gestos para obter um objeto ou modificar um evento (p. ex., esticar o braço até o pote para pegar um biscoito). Atualmente, existe consenso na literatura de que esses atos representam as funções comunicativas pré-linguísticas mais básicas (veja os Capítulos 7 e 8 deste livro). Observemos, mais uma vez, que a função destas ações não é poética nem epistêmica, mas *retórica*, no sentido amplo de que buscam *afetar* um público, manipular sua atenção e compeli-lo para realizar determinada ação. Portanto, elas prefiguram (são precursoras) da argumentação.

Surgimento da argumentação (18 a 36 meses)

Ainda que os bebês entre os 12 e os 18 meses já costumem empregar algumas palavras, é a partir dos 18 meses que se inicia a aquisição acelerada de vocabulário, ao qual os investigadores costumam se referir como a explosão do vocabulário ou *vocabulary spurt*. No contexto desta aprendizagem, por volta dos 24 meses começam a utilizar os pronomes pessoais. Um dos primeiros pronomes que aparecem é "meu", que os bebês empregam em geral para expressar sua vontade de usar ou possuir certo objeto. As brigas entre os colegas por um brinquedo constituem-se em um cenário privilegiado no qual escutamos com insistência o uso desta forma possessiva, que costuma anteceder outros vocábulos que, à primeira vista, podem parecer mais básicos, como "eu" ou "mim", mas que, na maior parte dos casos, são utilizados mais tarde (DEUTSCH, 2000). O surgimento do pronome "meu" ocorre em sincronia com outros marcos relacionados com a construção da identidade, tais como a identificação do nome próprio nas conversas alheias e o reconhecimento de si mesmo na imagem no espelho (LEWIS; RAMSAY, 2004).

As crianças de 18 a 36 meses ainda não argumentam, mas já se interesam muito pelos brinquedos e objetos que estão sendo utilizados pelos seus pares e costumam tentar tomá-los. Os puxões e empurrões que começam a ser frequentes nesta idade costumam ser acompanhados do grito "Meu!". "Meu!", em outras palavras, é algo como uma *conclusão*, uma *tese* ou um *posicionamento* que ainda carece de *evidência*, *topoi* ou *raciocínios* que a sustentem. É uma protoargumentação ou uma "argumentação sem argumentos". Por isso, ainda não há solução negociada possível e os conflitos costumam terminar no choro ou com a intervenção de um adulto.

De acordo com Dunn (1988), uma psicóloga inglesa que estudou as interações entre irmãos no contexto familiar, entre os 2 e os 3 anos de idade as crianças começam a reforçar o pedido de que as deixem fazer algo (sair para brincar, utilizar certo objeto) por meio de expressões do tipo "Eu quero", "Porque sim" ou "Porque quero". Ainda que essas frases não façam mais do que reafirmar o enunciado original sem contribuir com nada novo, elas podem ser consideradas como precursoras da argumentação, uma vez que já incluem a invocação à vontade do falante (que sempre se expressa adotando uma posição) e são um primeiro esboço de articulação de um argumento separado da afirmação que se busca sustentar.

O emprego de esquemas argumentativos ou topoi (3 a 6 anos)

Aos 3 anos de idade, as crianças começam a utilizar argumentos genuínos ao discutir sobre a *posse* de determinado objeto (BANKS-LEITE, 1996). O argumento mais frequente que empregam é o do "primeiro possuidor", que assume diversas formas, como "Eu peguei primeiro", "*Tava* comigo", "Me deram" ou "Eu vi primeiro".

Reiteramos mais uma vez que os conflitos pela posse dos objetos são fontes geradoras de discurso argumentativo. Em comparação, a destruição acidental de objetos, as agressões físicas aos irmãos ou os conflitos ocasionados pela transgressão de regras convencionais (que ocorrem, por exemplo, quando as crianças se negam a tomar banho ou quando não respeitam os bons modos durante as refeições) não constituem um terreno tão fértil para a argumentação. Dunn (1988) afirma que as crianças de 3 anos de idade argumentam mais em situações similares às que as irritavam e lhes causavam sofrimento quando tinham 1 ano e meio, tais como os conflitos sobre o direito de usar determinado brinquedo ou realizar certa atividade. Os bebês de 18 meses que querem um brinquedo que está nas mãos de outra criança costumam recorrer aos empurrões, aos gritos e ao pranto; aos 36 meses de idade, ainda que a angústia não seja menor, aparece a argumentação como mediadora do conflito.

Aparentemente, então, o choro da criança de 1 ano e meio, os pseudoargumentos da de 2 anos ("Por que eu quero") e os primeiros argumentos genuínos da criança de 3 anos surgem principalmente em função de disputas pela posse de um bem (Dunn, 1988). Outros pesquisadores (Ross; Conant, 1992) concordam a respeito da capacidade progressiva das crianças para resolver estes conflitos por meio de procedimentos de mediação, em lugar de recorrerem à violência física. Por exemplo, elas podem defender um ponto de vista ("Este boneco é meu") por meio de uma justificação ("Eu ganhei de presente").

Em uma observação realizada por Newman (1978), uma criança de 3 anos de idade nega permissão a outra para brincar com algumas caixas (com as quais ela e um amigo estão construindo um trem) "porque só nós estamos construindo". Newman (1978, p. 222) observa: "[...] o fato de terem distribuído as caixas de determinado modo produz efeitos somente durante o momento da atividade para a qual elas foram ordenadas daquele modo [...]". Essas observações permitem deduzir uma relação de solidariedade entre as categorias de propriedade e *autoridade*: somente os participantes legítimos da brincadeira têm direito a opinar e a tomar decisões sobre ela, e enquanto as crianças mantêm a coerência temática de sua brincadeira, também mantêm sua autoridade sobre os objetos que utilizam (Newman, 1978).

A relação entre propriedade e argumentação é dupla: por um lado, os conflitos pela propriedade geram uma argumentação; por outro, o fato de ser o proprietário de uma coisa confere autoridade ao dono, pois sua vontade deve ser respeitada no que concerne ao objeto possuído e, neste sentido, o dono se converte em um "orador autorizado". Muitas crianças (e um bom número de adultos) compartilham essa ideologia patrimonialista, segundo a qual o dono tem autoridade ilimitada sobre a coisa e pode fazer com ela o que quiser. Por exemplo, na praça de nossa infância se reconheciam diversos privilégios do dono da bola de futebol, tais como o de decidir a formação das equipes, recusar a jogar como goleiro e declarar que uma partida havia terminado. Pavia (1994), que observou a brincadeira espontânea durante o recreio em escolas públicas da Patagônia argentina, descobriu que as crianças muitas vezes estabelecem um "dono do jogo", que desfruta do direito de aceitar ou recusar novos jogadores.

À medida que estendem seu domínio sobre um conjunto de objetos de sua propriedade (brinquedos, figurinhas, guloseimas), começam a trocá-los com seus pares, uma situação que também se constitui em um terreno fértil para a argumentação e, em particular, para os esquemas argumentativos ou *topoi* relacionados com a quantidade. As crianças que ainda não dominam as operações aritméticas já podem defender com vigor as razões pelas quais uma figurinha com holograma vale por duas das comuns (FAIGENBAUM, 2005). De modo similar, em um estudo que realizamos sobre as crianças entre 3 e 9 anos de idade que concorrem individualmente para comprar em uma loja (FAIGENBAUM; ZELAYA, 2000), observamos o caso de uma criança de 4 anos que exigia que o vendedor lhe desse três doces por que havia lhe dado três moedas. Esse argumento apela a um esquema de correspondência de quantidades que, segundo Piaget e Szeminska (1941), pode ser visto como um precursor da noção de número.

Uma das características mais interessantes do discurso argumentativo, e que em geral aprendemos a utilizar de maneira estratégica desde os 3 ou 4 anos de idade, é que o orador está comprometido com seus enunciados. As crianças sabem que têm razão quando, por exemplo, argumentam: "Você disse que, se eu me comportasse bem, iria me levar ao parque". Essa capacidade da linguagem de se objetivar nos leva a analisar as palavras de seus "adversários" para encontrar pontos fracos que lhes permitam fortalecer sua posição. Nos termos de Plantin (2001), uma das operações fundamentais da argumentação consiste em *evitar um discurso com outro discurso*. As situações de conflito argumentativo incentivam as crianças a empregar uma hierarquia de níveis de discurso, na qual os níveis superiores adotam como objeto o dito nos inferiores, para criticá-lo, legitimá-lo ou derrubá-lo. Embora até onde sabemos não existam pesquisas sobre a utilização dessas estratégias argumentativas em crianças nem sobre seu possível impacto nos processos de mudança conceitual, em princípio os contextos de argumentação parecem favorecer a diferenciação de níveis ou tipos lógicos e dos processos de abstração envolvidos na construção de tais hierarquias.

Finalmente, durante esse período (dos 3 aos 6 anos de idade), por meio do desenvolvimento das capacidades mentais (veja o Capítulo 10 deste livro) e do florescimento da brincadeira simbólica, os indivíduos começam a compreender e a produzir algumas expressões metafóricas. Por exemplo, Vosniadou e Ortony (1983) descobriram que as crianças de 4 anos já conseguem distinguir as comparações metafóricas das literais e das "anômalas" ou absurdas. A metáfora é, junto com outras figuras retóricas (como a hipérbole ou a sinédoque), um recurso essencial no discurso argumentativo, utilizado cada vez mais ao longo do desenvolvimento do indivíduo.

A argumentação lógica no sentido estrito (a partir dos 6 anos)

A partir dos 6 anos, observa-se um forte aumento da atividade argumentativa das crianças, estimulada por vários fatores simultâneos:

- O início da escolarização fundamental oferece inúmeras oportunidades de interação com uma instituição burocrática, na qual, para que a criança "sobreviva" ela deve aprender a se defender de acusações, explicar suas condutas e, eventualmente, culpar os outros. Em outras palavras, trata-se de um contexto no qual são exercitadas práticas de argumentação formalmente reguladas por normas institucionais.
- A aprendizagem da língua escrita e a discussão explícita dos textos e das regras gramaticais contribuem de modo decisivo para que as crianças objetivem a linguagem, ou seja, considerem os enunciados linguísticos como "coisas ditas" que têm existência autônoma e que podem ser analisadas e criticadas. Deste modo, se consolidam as capacidades metalinguísticas que, como mencionamos, são um compromisso crucial das habilidades argumentativas.
- A aquisição de diversas categorias lógicas e matemáticas (como se descreve, por exemplo, na teoria piagetiana a categoria dos estádios) possibilita a formulação de argumentos dedutivos, faci-

lita a identificação de falácias e permite a articulação de raciocínios de uma validade cada vez maior.
- A partir dos 6 anos, aumenta muito a frequência das trocas de objetos entre as crianças (figurinhas, guloseimas, brinquedos, etc.) que envolvem avaliações econômicas e um interesse crescente na equivalência dos objetos que podem ser trocados (Faigenbaum, 2005). Tal incremento na frequência das trocas que envolvem esta "reciprocidade estrita" propicia o surgimento de argumentos relativos ao valor dos objetos trocados e a equidade das permutas, bem como a utilização dos *topoi* da quantidade.

Em resumo, a partir dos 6 anos de idade, observa-se que as crianças se tornam cada vez mais hábeis na brincadeira da *linguagem de apresentar razões* (Brandom, 2000) com base em sua maior capacidade para avaliar argumentos e evidências nos contextos institucionais (tais como a escola) que favoreçam o exercício de tais capacidades e em uma cultura de pares que valoriza cada vez mais o raciocínio lógico e a referência à quantidade. Esse desenvolvimento é acompanhado do crescimento das habilidades retóricas em geral, tais como o uso da linguagem figurada e de outros recursos de expressão.

O "mapa do percurso" que apresentamos tenta elucidar o processo pelo qual as crianças adquirem habilidades retóricas e argumentativas, observando as diferenças qualitativas entre crianças de diferentes idades. No entanto, não estamos postulando aqui estádios nem transformações de alcance geral, mas que este apanhado tem um propósito heurístico. A divisão que propomos em períodos ou momentos teoricamente não é neutra, mas reflete as teses que já apresentamos em trabalhos anteriores (Faigenbaum, 2010):

- A argumentação infantil acompanha o contexto dos conflitos entre pares, e, em particular, os litígios pelo uso de objetos. Esses conflitos são o principal combustível que promove o desenvolvimento de suas atividades retóricas.
- As práticas argumentativas de um grupo dado guardam estreita relação com os conteúdos institucionais nos quais têm lugar, visto que as instituições se manifestam por meio de atos de fala (como o de argumentar), modelados por meio de normas e procedimentos.

A ARGUMENTAÇÃO EM SALA DE AULA

O filme *Por favor, vote em mim*, realizado pelo cineasta Weijun Chen, em 2007, documenta um experimento feito na cidade de Wuhan, no centro da China, na qual pela primeira vez se permitiu a uma turma eleger o assistente da professora por meio de uma votação democrática. Para isso, a professora escolheu um trio, formado por dois meninos e uma menina, que foram autorizados a realizar uma campanha para promover suas candidaturas. As crianças prepararam discursos e mostraram seus talentos, tentando seduzir seu eleitorado. Muito rapidamente aprenderam todos os jogos sujos da democracia: difamar seus adversários às escondidas para depois se fingir de inocentes e de ter boa fé em relação a eles em público, construir alianças que depois trairiam, buscar os pontos fracos dos oponentes para ridicularizá-los ou humilhá-los frente a seus companheiros e (a técnica mais efetiva) comprar votos dando presentes. Todos esses subterfúgios têm o aval de seus pais, que discutem a estratégia com seus filhos, os forçam a treinar para os debates e lhes incitam a tramar os planos mais maquiavélicos contra seus concorrentes.

O filme pode ser interpretado como uma advertência sobre os perigos de abrir o jogo democrático a indivíduos que não estão preparados para este desafio e, inclusive, como uma exposição das misérias da natureza humana, onipresentes e independentes da cultura ou idade dos atores. No entanto, e sem querer minimizar as tensões e o sofrimento desnecessário que a competência causou nos protagonistas, em certos momentos do documentário pode-se ver as crianças fazerem genuinamente pela primeira vez perguntas do tipo: Qual é realmente o papel do assistente da professora? Ele deve ser uma espécie de ditador que mantém o bom comportamento da turma a qualquer preço, inclusive sendo cruel, ou então ele é igual aos outros alunos e somente ajuda a manter a ordem na sala de aula? Somente o mecanismo democrático do debate e das eleições livres permite a discussão explícita desses dilemas.

Em uma de suas conferências recentes, Lloyd (2010) compara a retórica da China Antiga com a da Grécia Antiga. Na China, os textos sobre retórica enfatizavam a manipulação psicológica do público, enquanto na Grécia focavam principalmente a análise formal dos esquemas argumentativos. Essa diferença de estilos pode se relacionar com os conteúdos institucionais nos quais se originam as práticas discursivas.

O típico contexto político para os conselheiros chineses era aquele no qual se enfrentavam um governante e seus representantes, indivíduos com autoridade, ministros ou nobres. A maioria dos intelectuais aos quais chamamos "filósofos" chineses (embora, evidentemente, nem todos) serviu como conselheiros a diferentes governantes. (LLOYD, 2010, p. 7).

O discurso do conselheiro sempre mostra como distorcer a vontade do governante, procurando evitar qualquer oportunidade de que seja culpado pelas possíveis consequências ruins de seus conselhos e evitando mostrar que estes tenham segundas intenções ou que tentem conspirar. Por outro lado, no caso dos gregos, os discursos ocorriam no contexto de assembleias ou julgamentos com o objetivo de persuadir outros cidadãos, ou seja, os "iguais". Nos conselheiros chineses não havia nada comparável a tais contextos políticos e legais de persuasão em massa de concidadãos.

Enquanto a democracia grega estimula uma análise da racionalidade dos esquemas argumentativos aptos a convencer todos os cidadãos, o sistema político chinês, centrado na manipulação psicológica do monarca, o desmotiva. As crianças da escola de ensino fundamental de Wuhan desfrutam de uma oportunidade que os grandes filósofos e oradores chineses da antiguidade não tiveram: sua atividade discursiva é estimulada pelo objetivo de convencer seus pares e suas razões serão consideradas e criticadas sob pontos de vista múltiplos; portanto, eles devem exercitar a arte de identificar em cada caso que argumentos são adequados para convencer a todos e a cada um dos membros do auditório.

Devemos mencionar, neste ponto, a obra de Kuhn (2005), uma pesquisadora de psicologia e educação que liderou um programa de investigação sobre a capacidade de argumentação racional das crianças, cujas grandes consequências para as práticas da educação são muito esclarecedoras. Esta autora não somente estuda o desenvolvimento do pensamento crítico das crianças, mas também propõe uma série de atividades e formatos de interação que ajudam a fomentar bons hábitos intelectuais nos alunos da escola de ensino fundamental e médio, tais como avaliar os fatos que suportem uma conclusão, apresentar argumentos de forma ordenada e valorizar as várias perspectivas sobre uma controvérsia. Em suma, seu programa busca ensinar a pensar e a argumentar, tomando como modelo de racionalidade a pesquisa científica. No contexto deste capítulo, é interessante notar que a transmissão das habilidades de argumentação não se dá de maneira direta, mas sempre supõe a criação de formatos de interação, e, em última análise, de contextos institucionais que propiciem os hábitos intelectuais desejados.

Neste capítulo apresentamos uma breve introdução às contribuições dadas por Perelman, Toulmin, Anscombre e Ducrot à teoria da argumentação. Também propusemos que o discurso argumentativo consiste fundamentalmente em utilizar esquemas argumentativos (*topoi*, regras, etc.) para a defesa de determinadas posições. Com base nesta primeira caracterização, realizamos uma rápida revisão ontogenética dos principais marcos no desenvolvimento das habilidades argumentativas, desde o nascimento até os 6 anos. Vimos que as crianças começam a argumentar principalmente para defender posições, em especial *posses*. Compreende-se então o parentestco entre as formas jurídicas e as argumentativas, frequentemente observado pelos teóricos: em todos os casos, o que se busca é convencer um público sobre a justiça de nossa posição. Esta é a relevância dos conceitos de *regra da justiça* e *público universal*, identificados por Perelman.

O estudo da argumentação, além disso, oferece uma perspectiva que permite o distanciamento de concepções mais "representacionais" da linguagem. Em vez de ver a mente da criança como um recipiente de ideias e noções sobre o qual os educadores podem influir (agregando ou corrigindo suas representações), a abordagem argumentativa nos propõe um modelo de criança como agente cultural que participa de trocas com outros agentes (pais, docentes, pares), negociando significados e pontos de vista no contexto de uma instituição. A teoria da argumentação (em suas diferentes versões) pode ser utilizada como marco hermenêutico para a interpretação das ações e da linguagem das crianças em contextos formais e de interação livre. Como sustentamos em um trabalho anterior (Faigenbaum, 2010), o conceito de *ação argumentativa* é muito promissor para as ciências sociais e para a psicologia, uma vez do que permite repensar o conceito de ação, em geral, e é mais adequado do que as metáforas inspiradas na biologia para elucidar a interação entre sujeitos em contextos normalizados ou em culturas específicas.

Na infância (e, na verdade, durante toda sua vida) os indivíduos dedicam muito tempo e energia para o jogo de linguagem de oferecer razões. Esta perspectiva tem forte impacto em diferentes domínios de conhecimento. Viver em espaços que estimulam a argumentação prepara as pessoas para um constante treinamento na distinção dos diferentes níveis do discurso e fortalece suas habilidades metacognitivas. Inspirados na experiência relatada no filme *Por favor, votem em mim* e nos trabalhos de Kuhn (2005), podemos então nos perguntar: Quais são as normas e as práticas ideais para criar instituições que promovam a argumentação? Que impacto tem viver em um ambiente semelhante para o desenvolvimento cognitivo em geral? Consideramos que o estudo dos contextos institucionais e escolares que promovem a prática de dar razões é um campo relativamente inexplorado que possui consequências promissoras para o sistema educacional.

NOTA

1 O termo *claim* não possui uma tradução exata para o espanhol. Conforme o contexto, um *claim* pode ser uma tese teórica, uma reclamação prática (como no caso de alguém que exige uma compensação por um dano ou o pagamento de um seguro) ou a conclusão de um argumento. Esses usos distintos da palavra *claim*, no entanto, têm um denominador comum: em todos eles se afirma algo a respeito de um assunto possivelmente controvertido; em alguns casos, um *claim* sempre consiste em uma tomada de posição.

REFERÊNCIAS

ANSCOMBRE, J. C.; DUCROT, O. *L'argumentation dans la langue*. Bruselas: Mardaga, 1983.
ARISTÓTELES. *La retórica*. Madrid: Gredos, 2005.
AUSTIN, J. L. *How to do things with words*. Cambridge: Harvard University, 1962.
BANKS-LEITE, L. *Aspectos argumentativos e polifônicos da linguagem da criança em idade pré-escolar*. 1996. 207 f. Tese (Doutorado em Linguística) – Universidade Estadual de Campinas, Campinas, 1996.
BARON-COHEN, S. Precursors to a theory of mind: understanding attention in others. In: WHITEN, A. (Org.). *Natural theories of mind*: evolution, development and simulation of everyday mindreading. Oxford: Basil Blackwell, 1991. p. 233-251.
BATES, E. *Language and context: the acquisition of pragmatics*. New York: Academic, 1976.
BENNHOLD, K.; ROSENTHAL, E. Olimpyc Torch goes out, briefly, in Paris. *New York Times*, 8 abr. 2008. Disponível em: < http://www.nytimes.com/2008/04/08/world/europe/08torch.html?pagewanted=all&_r=0>. Acesso em: 03 set. 2013.
BRANDOM, R. *Articulating reasons*: an introduction to inferentialism. Cambridge: Harvard University, 2000.
BRUNER, J. *Actual minds, possible worlds*. Cambridge: Harvard University, 1986.
BRUNER, J. *Child's talk*: learning to use language. New York: Norton, 1983.
DEUTSCH, W. Who is me? identity development in twins. In: REUNIÓN ANUAL DE LA JEAN PIAGET SOCIETY, 30., 2000. *Proceedings...* Montreal: [s.n.], 2000.
DUNN, J. *The beginnings of social understanding*. Cambridge: Harvard University, 1988.
FAIGENBAUM, G. *Children's economic experience*: exchange, reciprocity and value. Buenos Aires: LibrosEnRed, 2005.

FAIGENBAUM, G. La argumentación en los niños. In: CASTORINA, J. A. (Org.). *Desarrollo del conocimiento social*. Buenos Aires: Miño e Dávila, 2010. p. 139-162.
FAIGENBAUM, G.; ZELAYA, G. Intercambios en el quiosco. In: ELICHIRY, N. (Org.). *Aprendizaje de niños y maestros*. Buenos Aires: Manantial, 2000. p. 67-84.
KUHN, D. *Education for thinking*. Cambridge: Harvard University, 2005.
LEWIS, M.; RAMSAY, D. Development of self-recognition, personal pronoun use, and pretend play in the second year. *Child Development*, v. 75, n. 6, p. 1821-1831, 2004.
LLOYD, G. E. R. La retórica en la antigüedad griega y china. *Revista Iberoamericana de Argumentación*, v. 1, p. 1-12, 2010.
NEWMAN, D. Owner and permission among nursery school children. In: GLICK, J.; CLARKE-STEWART, K. A. (Org.). *The development of social understanding*. New York: Gardner, 1978.
PAVIA, V. *Juegos que vienen de antes*. Buenos Aires: Humanitas, 1994.
PERELMAN, C. *Ethique et droit*. Bruselas: Université de Bruxelles, 1990.
PERELMAN, C. La nueva retórica. *Suplementos del Seminario de Problemas Científicos y Filosóficos*, v. 20, p. 411-421, 1959.
PERELMAN, C.; OLBRECHTS-TYTECA, L. *Traité de l'argumentation*: la nouvelle rhétorique. Paris: Presses Universitaires de France, 1958.
PIAGET, J.; SZEMINSKA, A. *La genese du nombre chez l'enfant*. Neuchâtel: Delachaux et Niestlé, 1941.
PLANTIN, C. *La argumentación*. 2. ed. Barcelona: Ariel, 2001.
PLEASE, vote for me. Direção: Weijun Chen. China: [s.n.], c2007. 1 DVD.
ROCHAT, P. *Others in mind*: social origins of self-consciousness. New York: Cambridge University, 2009.
ROSS, H. S.; CONANT, C. L. The social structure of early conflict: interaction, relationships, and alliances. In: SHANTZ, C.; HARTUP, W. W. (Org.). *Conflict in child and adolescent development*. Cambridge: Cambridge University, 1992. p. 153-185.
SEARLE, J. R. *Speech acts*: an essay in the philosophy of language. Cambridge: Cambridge University, 1969.
STERN, D. N. *The interpersonal world of the infant*. New York: Basic Books, 1985.
TOULMIN, S. *The uses of argument*. Cambridge: Cambridge University, 1958.
TREVARTHEN, C. Communication and cooperation in early infancy: a description of primary intersubjectivity. In: BULLOWA, M. (Org.). *Before speech*: the beginning of interpersonal communication. Cambridge: Cambridge University, 1979. p. 321-347.
VAN EEMEREN, F. H.; GROOTENDORST, R.; KRUIGER, T. *Handbook of argumentation theory*. Providence: Foris, 1987.
VOSNIADOU, S.; ORTONY, A. The emergence of the literal-metaphorical: anomalous distinction in young children. *Child Development*, v. 54, p. 154-161, 1983.

Leitura recomendada

VAN EEMEREN, F. H. et al. *Fundamentals of argumentation theory*: a handbook of historical backgrounds and contemporary developments. Mahwah: Lawrence Erlbaum, 1996.